Our Enemies and US : America's Rivailries
and the Making of Political Science

アメリカ政治学と国際関係
論敵たちとの対応の軌跡

★

イド・オレン 著
中谷義和 訳

★

御茶の水書房

母のメリアム・オレンの追憶に

「理念の系譜を暴露するような発見ほど癪にさわるものはない」
(アクトン卿『自由の歴史』)

「文化的現実についての知識のすべては、予測され得るように、常に、特定の視点からの知識である」
(マックス・ウェーバー「社会科学と社会政策の客観性」)

IDO OREN

Our Enemies and US :
America's Rivailries and the Making
of Political Science

Copyright © 2002 by Cornell University
Japanese translation rights arranged with Cornell University Press
through Japan UNI Agency, Inc., Tokyo.

日本語版への序文

　20世紀に至って、アメリカ合衆国は軍事的・経済的にのみならず、学界レベルでも世界の指導的地位を占めることになった。また、英語が学界の公用語となるとともに、アメリカの大学は世界の指導的研究センターとなり、日本を含めて、世界中から多くの大学院生を呼び得る留学地となった。私も、そうした院生のひとりとして、1983年にイスラエルからニューヨーク市に入り、政治学の研究を始めている。

　私が研究の対象としたのは政治学であって、アメリカの政治学ではなかった。アメリカ政治学は、客観的で普遍的な科学を自称し、社会科学の知識とは「常に固有の視点に立った知識である」とするマックス・ウェーバーの指摘を無視するものであった。院生期に限らず、その後の数年間も、私の研究はアメリカ政治学の主潮流の枠内にあり、政治学が客観的科学であるとする考えを疑うことなく受け入れていた。実際、この考えに疑念をはさむような、いわんや、はさむべきとする訓練を経ることはなかった。

　だが、本書の序文で明らかにしている理由から、アメリカ政治学の客観性に疑念を強くした。この疑問を抱きつつ、私はアメリカの政治学史と外交史との関係を体系的に明らかにしようとした。本書は、こうした知的変化の所産であり、アメリカの政治学者たちが帝政ドイツ、ナチ・ドイツ、ファシスト・イタリア、スターリンのソ連が自らの論敵に転じた後に、批判的に捉えだしたことを明らかにしている。さらには、こうしたレジームと対決するなかで、政治学者たちはアメリカ自身の描き方を大きく変え、アメリカの論敵との違いを徐々に強調しだしたことを明らかにしている。また、政治学者の重要なサークルとアメリカ政府の対外機関との関係が深まるなかで、重要な研究プログラムが浮上する過程も辿っている。以上の分析を基礎に、政治学

がアメリカのパースペクティブに直接的に発していることを明らかにし得たと思っている。したがって、アメリカ政治学は客観的科学であるというより、ひとつの言説であって、自覚されていないにせよ、そこにはア・メ・リ・カ・が底流しているいると理解すべきものとしている。

　本書はアメリカ政治学のイデオロギー的性格について論じているが、この指摘が日本の読者の理解を呼び得ることを期待するとともに、日本の政治学者が再帰的視点から本書を検討してほしいと思っている。換言すれば、アメリカ政治学だけが固有のナショナルなパースペクティブに立っているとは言えないわけであるから、本書の指摘を受けて、ウェーバーの指摘を、つまり、社会科学の知識は「常に固有の視点に立った知識である」という警句を踏まえて自らの学問を再帰的に検討してほしいと願っている。

　最後になったが、中谷義和教授が本書に興味を持ち、邦訳の労をとってくれたことに、とりわけ、2007年夏に立命館大学の客員教授として招き、忘れがたい思い出を残してくれたことに、深く感謝する。

　　　2010年2月3日

　　　　　　　　　　　　　　　　　　　　　　　　　　　イド・オレン

序　文

　10年前に、私は軍拡競争を数学的・統計学的に分析していた。これは、実質的にも認識論的にも、主流派政治学の枠内にうまく収まるものであった。その成果を学術誌に公表しているが、その質については、今も誇りとしている。だが、本書を一瞥しただけでも、私の知的地平が大きく変化したことがわかる。本書は、私自身が社会化していた政治の科学の前提そのものを問題としている。こうした転換はどのように起こったのであろうか。

　私の研究の関心は軍拡競争にあったが、冷戦の終焉後、その関心は薄らいだ。また、共産主義が崩壊し、民主政が広まったように見えるなかで、多くの研究者は「民主的平和」の行方に興味を深くすることになった。ほんの数年前まで、共鳴する論者はほとんどいなかったにもかかわらず、1990年代中期までに、民主的諸国は互いに戦うことはないという仮説が広く支持されるようになった。この仮説は多くの統計学的分析をもって補強されたにとどまらず、クリントン政権も「民主化」が外交政策の基本原理であると述べている。国家間の平和は民主的レジームを共有することで高まるという考えには疑問を覚えつつも、国家間関係の統計学的研究からすると首肯せざるを得なかった。そこで、こうした研究の批判を説得力あるものとするためには、統計学的位置づけとは別の論拠が求められるのではあるまいかと考えるようになった。

　こうして、ひとつの疑問が浮上することになった。それは、ウッドロー・ウィルソンは帝政ドイツをどのように認識していたかということである。つまり、1917年に「民主政のために世界を安全にする」という目的で宣戦を布告した局面ではなくて、その20～30年前の局面で、帝政ドイツをどのように見なしていたかということである。ウィルソンの遺産は、注目すべきこと

に、民主的平和のテーゼの主唱者にも継承されている。ウィルソンがドイツを「専政的」であると位置づけることになったのは、米独間の対立が起こる以前のことではなく、その後のことであったとすると、このテーゼは崩れるのではないかと思うようになった。ウィルソンは政界に入る前は政治学者であったことは、それなりに知ってはいたが、政治学史の知識は持ち合せていたわけではない。だが、極めて幸運なことに、優れた研究者であるジム・ファーの知遇を得て、政治学史の教えを受けることになった。彼は、私の研究が有益なことを認めるとともに、ジョン・バージェスにも研究を広げるように勧めてくれた。というのも、バージェスは熱心なドイツびいきで、アメリカで初めて政治学の大学院を置いた研究者であったからである。

軍拡競争の研究のなかで、私は、数学的モデルによって、そうでないと明確にし得ない考察を生み得るのではないかと判断していた。だが、ウッドロー・ウィルソンとジョン・バージェスの論稿を読みふけるうちに、数学的演繹とは別の歴史的研究に刺激的なものを覚えるようになった。興味深いことに、ウィルソンやバージェスが慣例的に使っている分析カテゴリーや概念（例えば、「アーリア」などの人種的カテゴリー）が、その後、タブー視されるようになっていることに、また、今や、一般化している諸概念が一世紀前には広く使われていたわけではないことに、さらには、概念のなかには意味変化を起こしている言葉もあることに気付くようになった。

私は現状中心型政治学の文化が強い影響のなかにいたとはいえ、こうして、概念の柔軟性に気付くことで民主的平和の観念を批判するための地歩を得ることになった。そして、政治学者たちは個別の局面で「民主政」を理解しているとしても、それは、部分的にしろ、アメリカが国際的対立関係にかかわるなかで形成されたのではないかと思うようになった。アメリカが自らの敵に似せることになった民主政の諸側面が長いあいだに周辺化する一方で、両者の見かけの距離が広く重視されることになった。すると、個別局面の民主政の規定が過去に投影されるとき、現状の分析をもって民主的諸国間の平和に関する科学的主張が正当視されるのも驚くべきことではない。というの

も、民主政の概念とは歴史のパターンの所産であって、これに照らして「検証」されるからである。私は、民主的平和という仮説の批判を『国際安全保障（*International Security*）』誌に公表している。この論文が本書の踏み石となったと言えるのも、この作業をもって、アメリカの政治学と外交関係との連関を深く研究すべきであると思うようになったからである。

私の「歴史的転回」の局面で、政治学の客観性の仮説に、また、政治学が民主政と結びついているとされていることに強い疑問を覚えることになったが、幸いなことに、親切な仲間に恵まれ、新しい道へと導いてくれた。この点では、とりわけ2人の名前を挙げないわけにはいかない。ひとりはジム・ファーである。彼はかけがえのない師であり、私を常に指導し、激励してくれた。彼の計り知れない尽力に敬意を表する。もうひとりはバド・ドゥボールである。彼は、このプロジェクトを当初から支援し、執筆の重要な局面で私には及び得ない助言をもって行論の展開を明確なものとしてくれた。

本書の作業過程において、ほかにも多くの恩恵を受けている。ピーター・カッツェンシュタインは早い局面でこのプロジェクトの重要性を認め、本書にまとめようと思い立つまえに、その必要を示唆し、作業過程では、彼の助言と激励を受けている。サイモン・ライヒは本書の原稿を2度も読み返し、補正の必要を指示している。また、ダン・モンクからは、私の歴史分析にとって哲学的意味が重要であるとの指摘を受け、この点に注目し得ることになった。そして、コーネル大学出版部のロジャー・ハイドンは、秀でた編集者として、私の提案が彼の机上に乗ってから、このプロジェクトについて歯に衣を着せぬ批判を寄せ、要求と示唆にとどまらず、考えや資料を提供してくれた。そのことで、本書をはるかに良いものとすることができた。ほかにも有益な助言と情報を、あるいは精神的支援を受けた人々として、次の方がたを挙げないわけにはいかない（ただ、不注意から漏らしている方がいることを懸念している）。タラク・バーカウィ、サミー・バーキン、ブルース・カミングス、ラリー・ドッド、デヴィッド・イーストン、ジェオフ・エレー、マリア・フェニス、ジェームズ・フェスラー、デビッド・ギブス、ジャッ

ク・ガネル、アン・ホーソン、アイダ・ホズィック、ラリー・ヤコブズ、ペギー・コーン、フリードリッヒ・クラトチウィル、マーク・ラフェイ、ジェフ・レグロ、ジョン・メアシャイナー、ジョン・オーエン、サミュエル・ホプキン、ルイス・E.ロビンス、ブライアン・シュミット、ロジャーズ・M.スミス、ジョー・アンダーヒル・キャディ、ロバート・バイテリス、ケネス・ウォルツ、である。

　本書の当初の執筆には、世界変化における平和と安全に関する社会科学研究評議会マッカーサー財団ポストドクトラル・フェローシップの援助を受けている。また、フロリダ大学のリベラル・アーツと科学部の人文研究強化基金の助成を得ることで、研究を深化させることができた。

　第1章と第4章の初出は次である。*International Security* 20 (fall 1995) : 147-84; *European Journal of International Relations* 6 (December 2000): 543-73. 両誌を出版しているマサチューセッツ工科大学（MIT）出版部とセージ出版が本書への転載を認めてくれたことに感謝する。また、ロバート・ダールとデヴィッド・イーストンは、親切にも、ケンタッキー大学図書館所蔵のオーラル・ヒストリーのインタビュー記録の引用を許可してくれた。そして、W.ミチェル・ライスマンは、ハロルド・ラスウェルの著作管理者として、イエール大学図書館所蔵のラスウェル文書の、また、フレッド・リグズは彼の書簡の引用を認めてくれた。チャールズ・E.メリアム・ペーパーの引用については、シカゴ大学特別コレクションズ・リサーチ・センターの恩恵に浴している。さらには、次の資料については、各図書館の方針に従って利用の便宜を受けた。カール・フリードリッヒとブルース・キャンベル・ホッパーのペーパー（いずれも、ハーバード大学アーカイブ）、ジェームズ・W.フェスラーのペーパー（イエール大学図書館）、ジェームズ・K.ポロックのペーパー（ミシガン大学ベントレー歴史図書館）、ハーバート・W.シュナイダーのペーパー（コロンビア大学稀覯本と原稿図書館）、以上である。

　本書を公刊するにあたって、変わることなく知的成長を支えてくれた2人の恩師に感謝の意を表しておきたい。ひとりは、テルアビブ大学の中東史学

序文

部のイスラエル・ガーショニーである。彼は私のシニア・ペーパーの作成を指導し、その過程で研究者であることの意味を教えてくれた。研究者となる過程で、彼を幾度も模範とすることになった。もうひとりは、クリス・アチェンである。彼は私の学位論文の審査員であり、学生としてのみならず、仲間としての厚遇を受けるなかで、私を理論的高みに導くとともに、批判的に考え、分析を旺盛にすることを教えてくれた。

私の両親のミリアムとピンチャス・オレンは、学ぶことの重さを説き、応えるべきものがない状況においても、常に自信を持てるように配慮してくれた。母は、本書の執筆中に癌にかかってしまった。本書の上梓を見ることができたら、どんなに喜んだことであろう。本書を母に捧げたい。最大の恩恵はジョディに負っている。彼女のお陰で安住の地を得ることができている。彼女の愛と本書への支援なくしては本書は生まれ得なかったであろうし、我々の最愛のアビゲイル・マヤとアイタン・オレンについては言うまでもない。

　　　　フロリダ州ゲインズビルにて　　　　　　　　　　　　　イド・オレン

アメリカ政治学と国際関係
目　次

目　次

日本語版への序文　i

序　文　iii

序　章……………………………………………………………… 3
　　　　イデオロギーとしてのアメリカ政治学　3
　　　　イデオロギーとしての政治学　23
　　　　知的連関：構成主義（コンストラクティヴィズム）、社会科学史、科学の社会学　28

第1章　帝政ドイツ……………………………………………… 41
　　　　ジョン・W. バージェスの国民主義（ナショナリスト）理論　47
　　　　国民・国家・自由・政府　48
　　　　ドイツ：「ヨーロッパ最善の平和の砦」　53
　　　　イギリス：「海洋の僭主」　54
　　　　ウッドロー・ウィルソンの国家主義論　56
　　　　民主政国家　61
　　　　ウィルソンの行政論　63
　　　　1898年以後のウィルソンのナショナリズム　68
　　　　米独対立のインパクト　69

第2章　ナチ・ドイツ…………………………………………… 85
　　　　「ユダヤ民族の最悪の代表」　89
　　　　ドイツ行政学の訴求力　96
　　　　イタリアとソ連──「注目すべき実験」　98
　　　　ワイマールの"冬"、ナチの"太陽"　112
　　　　ヒトラーの「最も啓発的なコメント」　135
　　　　ナチとの邂逅のインパクト　139

第3章　スターリンのソ連……………………………………… 155
　　　全体主義と1950年代のアメリカ政治学　155
　　　ソ連研究における全体主義のコンセンサス　156
　　　アメリカ政治における反全体主義計画　160
　　　戦間期の調整主義イメージ　165
　　　ハーバード大学関連の研究者たち　168
　　　シカゴ大学関連の研究者たち　182
　　　手続き民主政の勝利　199

第4章　冷戦政治……………………………………………… 213
　　　公行政と途上諸国の国民　215
　　　ガブリエル・アーモンドの二重の経歴　224
　　　ルシアン・パイとＭＩＴの国際研究センター　241
　　　エブロン・カークパトリックの政治とＡＰＳＡ　251
　　　ＡＰＳＡの政治　253
　　　ＡＰＳＡとヒューバート・ハンフリーとの特別の関係　256
　　　カークパトリックと冷戦政治　260
　　　ベトナム戦争のインパクト　263
　　　ベトナム後のイデオロギー的動揺　264
　　　国家との関係の緊張　269

結　　論……………………………………………………… 289
　　　再帰的政治学を目指して　289

訳者あとがき　307

索引

アメリカ政治学と国際関係
——論敵たちとの対応の軌跡——

序　章

イデオロギーとしてのアメリカ政治学

　アメリカの政治学者たちが自らの学問的アイデンティティについて考える機会となると、少ないように思われる。自らの政治学のテキストが客観的科学であると判断している場合でも、直感的に自由や民主政と結びつけている。だから、アメリカ政治学の自己像は、特定の理念と結びついていながら、いずれの立場にも加担してはいない客観的科学であるという逆説を帯びざるを得ないことになる。

　政治学と自由民主政との結びつきは政治学において所与とされ、「アメリカ政治学会（ＡＰＳＡ）」年次総会において、恒例の会長講演において両者の結びつきが明確にされたことは、まずないと言える。だが、折に触れて浮上することもある。例えば、1987年の年次総会で、ハーバード大学のイートン政治学教授のサミュエル・ハンチントン（Samuel Huntington）は、「政治学者が政治に参加していない状況などあり得ないことである」し、「民主政と政治学とは強く結びついていて、切ることのできない関係にある」と述べている。また、「民主政が強い場合には政治学も強力なものとなるが、民主政が弱いと、政治学も弱いものとならざるを得ない」とし、さらには、「〔両者〕の関係については、第２次大戦前のドイツとイタリアのような諸国が代表的であって、この両国では、歴史学と社会理論や社会学の伝統は強力であったが、政治学はそうではなかった」と指摘している[1]。

　この講演は、政治学と民主政とは強く結びついているとしているが、注意深く読んでみると、いくつかの疑問も浮上する。ハンチントン講演の基本的テーゼは、民主政の改革には、ゆっくりとした、漸次的で、注意深い歩みが

求められるということである。この脈絡において、彼は次のように述べている。すなわち、独裁体制を慌てて取り除くべきでないと言えるのは、「たとえ所与の弊害に甚だしいものがあるとしても、もっと悪い事態は、常に、起こり得ることであるし、その事例も多いからである。この点では、キューバ、ベトナム、カンボジアを挙げることができる。……したがって、チリの反体制派〔のエイリアル・ドーフマン〕は、"ピノチェト将軍ほどの悪政に見舞われることはあるまい"と主張しているが、あるいは、アパルトヘイトの反対派が、今日の政権のなかで"南アフリカの最初のアフリカ政府ほど……悪い例は見当たらない"としているが、この種の考えについては深い疑念を覚えてしかるべきであろう」と指摘し、さらには、より悪い選択肢は「アフリカ民族会議の革命派」に指導された政府であることは明らかであると述べている[2]。

　ハンチントンが南アフリカを持ちだしたのも偶然ではない。というのも、数年前に、ヨハネスバーグを訪ね、南アフリカの役人たちに会うとともに、「南アフリカ政治学会」で政治改革について講演もしているからである[3]。彼の旅行は、アパルトヘイト政権が憲法の一部を変え、政治的権利を混血民族やアジア人に広げながらも、黒人多数派を除外しようとする試みを背景としている。この試みについて、「ニューヨーク・タイムズ」紙の南アフリカ特派員のジェセフ・レリヴェルド（Joseph Lelyveld、後に、同誌の編集主任）がコメントを残している。やや長くなるが、引用しておきたい。というのも、政治学と民主政の関係について考える素材を提供しているし、本書の今後のアプローチの方向を予示するものでもあるからにほかならない。

　　アパルトヘイトの改善について、この種のアプローチを採るためにアメリカの政治学者たちは謎めいた言葉を編み出しているが、その便利さには、いつも不思議なものを覚えざるを得ない。……国民党政権は、今や、自らを映す鏡でも持っているかのように、マサチューセッツ工科大学（ＭＩＴ）のロバート・ロットバークの言に従えば、自らが「寡頭制を近代化するモデル」となり得るとしている。「パラメーター」や「正統性」といった言葉が白人政

序 章

治家や役人たちの会話のなかで、ハイボールのエキゾチックな果物のスライスのように使われている。ステレンボスの、ある教授が「パラダイム転換」であると言ったことがある。憲法改訂の新しいアプローチに関する最初の主要文書は多人種型諮問機関の報告であり、この機関は大統領評議会と呼ばれている。また、この文書は、コーネル大学で学位を得た内輪の研究者によって執筆されている。彼は、約30名のアメリカの政治学者の名前を列挙した文献目録を添付することで議論に箔をつけるとともに、「現下と近い将来において、民主政が成功する」ためには、黒人を除外すべきであると言えるのは、「文化を異にしているし、数も多いだけでなく、利害や政治目的も異にしているからである」と述べている。換言すれば、多数派が民主政を濫用して、自らの利益のために使いかねないということである。この報告は、白人、有色人種、インディアンの「各部分の自律性」を基礎とした「限定的連合」とすることで、「既存の権力関係が乱されないようにしよう」というものである[4]。

レリヴェルドが言及している委員会報告では、アメリカの研究者のなかでハンチントンが最もしげく引用されている[5]。また、ハンチントンの南アフリカの講演ペーパーが長々と引用されているが、このペーパーにおいて、「各人には平等な政治的・市民的権利が賦与されているというリベラルな信条」はアメリカ人に訴えるものがあるとしても、この原理が南アフリカの伝統になじむかとなると、また、南アフリカの必要に応えるものであるかとなると、……疑問視せざるを得ない」と述べている[6]。

レリヴェルドの指摘に従えば、このペーパーで、ハンチントンは「権威主義を強化することが、現実には、改革期に必要であるという抽象的命題」についても検討している[7]。この点で、ハンチントンは「政治参加の範囲を狭くすることが、結局、参加を拡げることにもなると想定され得る」と、また、「権力の集中も、政府が暴力をコントロールし続けるために必要なことであって、大改革には不可欠である」と述べている[8]。ハンチントンが「権力の集中」という抽象的表現で、実際に何を言わんとしたかという問題が残るにせよ、国家警察庁長官のヨハン・コエトズィーが語っているように、南アフリカの役人たちは「ハンチントンのテーゼ」を自らの活動を正当化する

手段に使った。レリヴェルドは、「ヨハネスバーグでこうしたテーゼを提示すること」は、南アフリカで「暴力のコントロールの実施方法を検討しないままに、……いわば、お愛想のようなものを提示しているに過ぎないと受け止められることになり、各人のあいだでは、改革など困難なことであると語られるようになった」と述べている[9]。

レリヴェルドの率直なコメントをもって、アメリカの政治学者の多くがハンチントンと意見を同じくしていたと、いわんや、アパルトヘイト政権の諸見解を支持していたと言っているわけではない。むしろ、そうではなかったと、また、南アフリカの大統領評議会のレポートに列挙されている研究者たちの多くが、必ずしも、レポートの結論に同意していたわけではないと見なすべきであろう。さらには、マサチューセッツ工科大学（MIT）のウィラード・ジョンソン（Willard Johnson）のように、政治学者のなかには、アパルトヘイトに反対する闘争に積極的に取り組んだ研究者もいる[10]。だが、レリヴェルドのコメントからすると、研究者集団が公平を装うことで、抑圧を合理化することも起こり得ることになる。また、アメリカで訓練を受けた南アフリカの政治学者たちが自らの国の人種主義政権に加担したり、政治学がヨーロッパ系南アフリカの大学で人気の高い学科であったことも明らかにしている。すると、ステレンボス大学というアフリカーナ社会の学府において「神学と政治学のクラスがヘンドリック・フルウールト（Hendrik Verwoerd、南アフリカの前首相）の"大アパルトヘイト"の夢の学内実験場となっていた」ことを想起すべきことになる[11]。この事態からすると、「民主政が弱いと、政治学も弱くなる」というハンチントンの主張は妥当しないことになる。

要するに、レリヴェルドの指摘からすると、政治学者は個人的には民主政を支持しているとしても、政治学の概念や職業としての政治学が、非自由主義的で非民主的な政権と両立し得ないわけではないことになる。自由民主的価値と政治学とは、ハンチントンが主張するように、自然な結びつきにあるとは、あるいは、相互に排他的であるとは言えない。

ハンチントンの経歴からすると、政治学が民主政に腐心しているという主

張にとどまらず、アメリカ政治学の逆説的自画像についても、つまり、客観性の仮説についても疑問が浮上せざるを得ない。ハンチントンは、長いあいだ華々しい経歴を誇っている。外交官僚にとどまらず、より広くは、自らの専門領域である政治についても助言している。この経歴からも、アメリカの政治学は「民主主義」というより、母国のことに腐心してきたのではないかと思わざるを得ない。

　1961年7月、ハンチントンは、長くアメリカの国家安全保障機関のコンサルタントを務めていたハロルド・ラスウェル（Harold Lasswell）に宛てて、コスモス・クラブに推挙してくれたことに感謝の意を示すとともに、「ワシントンのコスモス・クラブを有名な研究者の適切な集まりの場とすることが、いつも私の夢であった」と、また、「現政権〔ケネディ〕のことを考えると、このクラブがしげく利用されるように努めたい」と伝えている[12]。

　国家安全保障機関や外交政策機関とハンチントンとの結びつきは、「現政権」にとどまるものではない。彼は、ジョンソン政権下のベトナム戦争の遂行過程において、その助言者であっただけでなく、国務省、国防省のオフィス、国家安全保障会議、中央情報局（CIA）を含めて「多くの政府機関のコンサルタント」を務めている。また、空軍大学（カレッジ）、国防大学（アカデミー）、軍部産業大学、空軍アカデミーで講義し、そのコンサルタントにもなっている。さらには、次の職務も務めている。国際開発に関する大統領特別研究チーム（1969－70年）、アメリカ－ラテンアメリカ関係委員会（1974－76年）、長期総合戦略委員会（1986－88年）、政府機密の保護と限定委員会（1955－97年）である。そして、1997－98年には、彼の親友で、当時、コロンビア大学にいた政治学者のズビグニュー・ブレジンスキー（Zbigniew Brzezinski）を中心とする国家安全保障会議の企画委員を務め、研究成果の出版にはCIAの助成も受けている[13]。

　ハンチントンは、アメリカ政府の多様な外交政策機関との緊密な関係を保ちつつ、20世紀の政治学において最も影響力の強い著作を残している。これには、『社会変化のなかの政治秩序（*Political Order in Changing Societies*）』（1968年）、

『アメリカの政治——不和の将来（American Politics: The Promise of Disharmony）』(1981年)、『第3の波——20世紀後期の民主化（The Third Wave: Democratization in the Late Twentieth Century）』(1991年)、『文明の衝突と世界秩序の再形成（The Crash of Civilizations and the Remaking of World Order）』(1996年) が含まれる。こうした研究歴から、グーゲンハイム・フェローシップ、ＡＰＳＡ会長、グローメイアー・ワールド・オーダー・アワードを含めて、栄誉ある賞を受け、名誉ある地位にも就いている。

　本書は、個別の研究者が政府にどのように協力したかという倫理的問題を対象とするわけではない[14]。研究者は市民であり、自らの国民のために働く権限を有し、その義務にもある。本書の目的は、アメリカの外交政策と政治学界の実態との関係を明らかにすることにある。ハンチントンの研究歴は、彼の外交政策歴と切り離し得るであろうか。両者はコインの両面ではあるまいか。また、ハンチントンの研究歴は、彼が積極的にかかわったアメリカの対外政策と無関係であったと言えるであろうか。彼の経歴からみると、アメリカの政治学は民主主義自体というより、アメリカの政権と強く結びついているのではあるまいか。そして、政治学者たちは、自らの研究が自立した科学であって、研究者と対象とは別のことであると主張するが、政治学者と政治の構造とは深く結びついているのではあるまいか。

　政治と学界とは連鎖の関係にあるという理解は、ミシェル・フーコー（Michel Foucault）やエドワード・サイード（Edward Said）に代表されるように、この数十年間に強く主張されるようになっているが、社会科学の知識を含めて、知識の相対性という、より一般的理念は、もっと古くに遡る[15]。60年以上も前に、イギリスの研究者のエドワード・H. カー（Edward H. Carr）は、カール・マルクスのイデオロギー論とカール・マンハイムの知識社会学を援用し、構想力をもって英米の国際関係学のイデオロギー的基盤を明らかにしている[16]。また、ドイツにおいては、一世紀前に、マックス・ウェーバーが社会科学における客観性論において、「文化的現実に関する知識のすべては、……常に、特定の視点からの知識である」ことを強調している。ウェーバー

は、社会科学者の視点は歴史の脈絡によって形成されるとし、次のように述べている。

> 人々を動かす文化的諸問題は不断に新しく、異なった色調のなかで形成される。こうした領域は具体的事象の無限の流れのなかにあり、この流れが意味と意義を帯びることになるし、この領域は不断の変化にも服している。こうした諸領域が観察され、科学的に分析される知的脈絡は変化する。文化科学の出発点は常に変化し、無限の将来に及ぶことになる。……文化の体系的科学は、対象とすべき諸問題を決定的で、客観的に妥当な方法で体系化するという意味に過ぎない場合といえども、それ自体、無意味なことであろう。

ウェーバーは、社会科学の「視点」は時代と国民の起源を異にすると変わらざるを得ないと指摘している。これは、国民的背景が違うと、研究者は経験的ないし論理的真理の妥当性を異にすることを意味している。別の言い方をすれば、「社会諸科学における検証が体系的で妥当なものとなるためには、中国の人々によっても正しいと認められる必要がある。……さらには、ある理念の内実や究極的公理の論理的分析が成功し、これを追求することで浮上する結果の発見は、論理的にも実践的にも、中国の人々にも妥当し得るものでなければならない」ことになる。ところが、「中国の人々が我々と同様の倫理的規範とは別の"感覚"を持ち、理念自体を、また、そこから導かれる具体的価値判断を否定することも起こり得るし、しげく起こることも確かである」こと、これが重要な問題でもある。

この指摘からすると、ウェーバーは、普遍的でアルキメデス的パースペクティブを設定し、ここから複合的で不断の変化過程にある社会の現実を分析しようとしても、無駄なことであると判断していることになる。すると、社会科学の知識が意味あるものとなるためには、特定のパースペクティブが求められることになる。また、歴史と文化が変化するなかで、社会科学には考察対象が提起され、「考察に付される概念枠組みを構築」することが求められることになる[17]。

ウェーバーとカーは現代の政治学の巨人の位置にいるが、政治学は社会科学の知識の歴史的・地理的相対性に関する彼らの認識を内面化しているわけではない。カーは、国際関係論の現実主義的思想を象徴する位置にいて、戦間期の国際関係をイデオロギー批判（*Ideologiekritik*）をもって分析している。だが、今日、この分野の研究者たちが同様の手法で自らの学問に取り組んでいるとは、まず言えない。アメリカの政治学者たちは第2次大戦以降、ウェーバーを重視するようになったとはいえ、彼が知識のパースペクティブの被拘束性を主張し、社会の体系的科学の可能性を疑問視していたということ、これが政治学に反映されているかとなると、そうとは言えない。近年、権力と知識との関連をめぐって諸議論が交差しているとしても、それは政治の理論と国際関係論の分野の少数のグループに限られている。

　政治学者が、個人的に、あるいは、回想記において、自らの研究の課題が国内の、また、国際的な事象のフローによって、あるいは、政府の、また、政治の課題にかかわるなかで形成されたことを認めることも多くなっている[18]。だが、この分野の方法論的テキストにおいては、こうした問題は実質的に無視されている。この種のテキストは、理論的命題を経験的に検証するための有効な方法を学生に教えてはいても、こうした命題がどのような背景のなかで浮上したかについは、その検討に及び得てはいない。また、その「意味」の概念も静態的であって、文化的－歴史的なものであるとは言えない。実際、政治学の範囲や方法について論じた著作には、社会科学の認識論において視点が重要であることを指摘したものはほとんど見当たらないし、政治の研究者は研究対象について批判的立場に立つべきであるとしているわけでもない。こうした視点が欠如しているから、その言説に認められる政治学のイメージは、政治の客観的科学であって、その外部に留まるものであるとし、その課題と概念構成は歴史や国民の脈絡と切り離されている。だから、アメリカ政治学がアメリカに固有の視点に立っているという理解は、事実上、無視されてしまうことになる[19]。

　本書では、アメリカ政治学の自画像について2つの疑問を提示することに

する。第1は、この自画像は、その構成要素を含めて、どの程度に精確であると言えるのか、ということである。これは、政治学が国民的起源や歴史の脈絡から自立した客観的科学と言えるのかを、あるいは、アメリカ的性格を帯びているのではないかを、また、政治学は自由と民主政と、どの程度に結びついているかを問うことである。第2の問題は、本書の結論において指摘することになるが、政治学の自画像の内部矛盾をどのように説明すべきかを問うことである。また、政治学は価値自由的であるとともに、部分的であれ、民主的価値を含んでいるとされるが、これをどのように理解すべきかということである。

　本書は南アフリカに焦点を据えるわけではないが、ジョセフ・レリヴェルドの批判的コメントが本書の分析アプローチの視点となる。つまり、外国の政治レジームが、また、こうしたレジームとアメリカとの関係が、政治学にどのように反映されているかを問題とすることになる。とりわけ、アメリカ政治学は20世紀におけるアメリカの主敵を、どのように特徴づけることでアメリカの固有性を確認するとともに、アメリカの敵との戦争にどのようにかかわることで固有の特徴を帯びることになったかを明らかにする。焦点を帝政ドイツ、ナチ・ドイツ、スターリンのソ連に据えるが（また、ファシスト・イタリアについても、簡単に検討する）、こうしたライバルたちはすべて、アメリカの主敵となる以前は、アメリカと悪い関係にはなかったし、友好的な関係にあった場合すらもある[20]。政治学が（客観的というより）アメリカに固有のパースペクティブから論述されていることを明らかにするために、対立する前後において、アメリカ政治学はこうした諸国をどのように捉えていたかを辿ることになる。また、この点を補強するために、戦争と結びついて政治学の主要理論がどのように変化したかという点から、両者の関係のパターンを明らかにする（これは、政治学者たちのアメリカ観の変化とも照応する）。さらには、政治学の主要グループとアメリカ政府との関係の強まりを辿るとともに、政治権力と政治学との関係が緊密化するなかで、主要な理論的概念や研究プログラムがどのように浮上することになったかを明示するこ

とで、政治学のアメリカ的特徴を提示する。

　政治学がアメリカの主敵をどのように特徴づけたかを検討することで、客観的であるとする仮説を、また、民主政に腐心しているという主張を批判的に検討し得ることになる。アメリカの主敵には20世紀の最も凶悪な政権も含まれているが、ファシストやスターリンの独裁との対立が浮上する以前の局面においては、主要な政治学誌やテキストは無批判的で、時には、極めて友好的な姿勢すら示している。

　第1章から第3章において、アメリカの敵となるレジームが、紛争の前後においてどのように理解され、規範的に評価されていたかを歴史的に比較する。いずれの場合も、アメリカの政治学者たちが提示しているイメージは、対立が顕在化すると、かなり暗いもの（アメリカのイメージには実質的になじまないとするもの）に変わっている。第1章では、帝政ドイツのイメージは「専政的」であって、アメリカ「民主政」のアンチテーゼとされるが、こうしたイメージを、19世紀後期の最も重要な政治学者であるジョン・バージェス（John Burgess）やウッドロー・ウィルソン（Woodrow Wilson）も共有していたわけではない。バージェスはアメリカにおいて初めて政治学の大学院を設置した研究者であるが、ドイツの政治システムをアメリカに次ぐ位置にあると見なしている。今日の政治学者たちは、皇帝が議会に対して責任を負わないシステムであったことに重大な欠点を認めているが、バージェスはウィルヘルム時代の保守的システムの特徴に、むしろ利点を認めている。同様に、ウィルソンは、1890年代に、帝政ドイツが先進的立憲国家であって、その効率的行政はアメリカの行政改革のモデルとなり得ると判断している。今日、政治学者たちは、プロシアの3級制選挙システムが平等な投票権の原則に悖るとしているが、ウィルソンは、このシステムは社会の「より、ましな」層を重視するものであって、アメリカの都市はこの制度を採用すべきであるとしている。すると、バージェスとウィルソンの規範と、今日の政治学者たちが批判するにあたって依拠している規範とを比べると、前者は帝政ドイツの政治を、はるかにアメリカ的であると見なしていたことになる。

序章

　ムッソリーニのイタリアには「ファシスト的」ないし「全体主義的」というラベルが付されている。これは、今日の意味からすると、強権的独裁体制を指している。第2次大戦後、政治学者たちはファシスト・イタリアを肯定的に評価することはなくなったが、1920年代と1930年代において、代表的政治学者たちはムッソリーニ政権を、かなり無批判的に評価し、なかには、ムッソリーニの独裁を、イタリアのような後発国民に適切な積極的近代化策であるとする論者もいたし[21]、ファシズムには、近代アメリカに適用し得る面も含まれているとする論者もいた。例えば、チャールズ・メリアム（Charles Merriam）は戦間期の最も重要な政治学者であるが、市民教育という点で、ムッソリーニの「注目すべき実験」に興味を覚えている。彼は、ファシスト政権が市民の忠誠をどのように育てているかという点で、その方法を研究するための発起人となるとともに、その方法には「市民訓練の研究者にとって極めて意義深い」ものが認められるし、アメリカの諸条件にも適用し得るものがあるとしている[22]。ファシスト・イタリアに対するメリアムの無批判的姿勢については、第2章の主要な論題を政治学者のナチ・ドイツのイメージとするので、その序曲として扱うことにする。

　ヒトラーのドイツは、今や、極悪例のパラダイムに収まっていて、ナチ・ドイツには「良い点」もあったとすることは、今日の政治学では（より広く、アメリカの文化においても）タブー視されている。だが、第2次大戦以前においては、この政権は正当な言説の枠内に収まっていた。『アメリカ政治学会誌（American Political Science Review, APSR）』は、1934年の2月にヒトラーの『我が闘争（Mein Kampf）』のイギリス版の書評を収載している。この書評は、ヒトラーの「国家の理論と政府の性格に関する最も啓発的なコメント」を含めて、「ヒトラーの極めて公平な姿」を描いているとし、その編者を高く評価している[23]。これは逸脱状況とは言えない。というのも、1930年代において、一部の代表的な政治学者たちは、ナチ・ドイツを私心なく研究すべきであるとし、ナチ政権には、とりわけ、公行政の面については積極的成果も認められると、また、その成果には、アメリカも学び得るものがあると主張し

ているからである。こうした姿勢は、1939年末までに*APSR*の諸論文にも浮上している。

　1950年代に至って、代表的にはマール・フェインソッド（Merle Fainsood）やカール・フリードリッヒ（Carl Friedrich）に見られるように、政治学者たちは全体主義の概念を精緻化するとともに、この概念をソ連にも適用している。この概念は冷戦の盛期に政治学界で広く受け入れられることになった。これはスターリン政権とヒトラー政権との類似性を前提とし、伝統的専政よりも、はるかに「恐るべきもの」であるという意味が込められている[24]。だが、第３章で論ずるように、1930年代には、アメリカの政治学者たちがソ連を積極的に評価することも稀なことではなかった。例えば、マール・フェインソッドは、1934年に、ソビエトの中央型計画化の実験に興味を覚えるとともに、スターリン政権を独裁体制と見なすことを控えている。また、シカゴ大学の指導的ソ連研究者であるサミュエル・ハーパー（Samuel Harper）は、自らの著作が「ヨーロッパの独裁」と題するシリーズに収められることに気づき、告訴の姿勢すら示している[25]。

　要するに、現代のアメリカ政治学における帝政ドイツ、ファシスト・イタリア、ナチ・ドイツ、スターリンのソ連のイメージは、こうした政権がアメリカの敵となる前に設定されていたイメージとは大きく異なるものとなっているということである。帝政ドイツは進歩的立憲国家から反動的「専政」へと、ファシスト・イタリア、ナチ・ドイツ、スターリンのソ連は社会的ないし行政の妥当な実験室から「全体主義的」悪政へと形態変容を起こしているのである。

　20世紀において、日本はアメリカの別の大敵となっている。そのイメージも同様の過程を辿っている。この例については、すでに、リチャード・サミュエルズの説得力に満ちた検討が残されているが、その発見は本書の理解に非常に近いものである。彼は、「アメリカにおける日本研究の知的歴史」は「日米の外交関係の変化と強く結びついている」とし、「アメリカの研究者における日本の支配的イメージは、日米関係が友好的であった局面におい

ては積極的なものであったが、敵対的となるや、批判的なものに転化した」と、また、「実際、アメリカの日本研究は、社会科学におけるというより、２国間関係の政治文化に根差している」と述べている[26]。

　以上のように、政治学におけるアメリカの敵のイメージは歴史的に変化しているが、そのパターンには極めて体系的なものを認めることができる。以下で検討する事例のすべてに、また、日本の場合にも同様に、敵のイメージは決定的に消極的なものに変わっているが、その変化は対立が浮上するなかで起こっている。このパターンからすると、アメリカのライバルとなることで、また、その政権に関する新しい事実が判明するなかで起こったことになる。本書で指摘することは、事実をもとに学ぶことがなかったということではなくて、アメリカの敵のイメージ変化のパターンは体系的であるだけに、主として合理的学習をもって、いわんや、これだけだけで説明のつくものではないということである。

　アメリカの対外関係史は、もっと複雑にアメリカ政治学史に影響を与え、広範な理論的変化を呼ぶことで、アメリカ自身のイメージも変えている。イメージが鋳直されることになったのは、部分的であれ、アメリカの政治学者たちがコンサルタントや助言者として、あるいは、アメリカ政府の外交政策機関のイデオロギー戦士として、戦争遂行にかかわるなかで起こっている。

　そこで、以下の各章では、アメリカの主要な戦争と結びつけて、アメリカ政治学がどのような展開を見たかについて論述することにする。アメリカ政治学が学問的装いを帯びたのは、南北戦争の余波を受けてのことである。国民分裂のトラウマのなかで、国民的統一の知的基盤を据えることが喫緊の課題とならざるを得なかった。この課題を担った政治学の先駆者たちは、主として、その基盤をアメリカのチュートン的遺産に、また、ドイツの指導者たちが彼らのために導入した「国家」主権の教義に求めた。

　第１次世界大戦は、いくつかの点で、アメリカ政治学の理論的方向を設定することになった。第１に、ドイツとの対立はアメリカがアーリアン／

チュートン系の民族であるというイメージを打ち砕いた。第2に、この戦争のなかで、国家の教義は急速に衰退することになったし、ドイツ的なものを重視する傾向が後退したことと結びついて、批判者たちはドイツの分析の弱点も指摘することになった。第3に、1917年から1918年にかけて、政治学者たちはアメリカの戦争目的を世界中に喧伝するキャンペーンに積極的に参加し、気乗りのしない公衆を説得し、政府の参戦決定を支持する方向に導いている。こうしたプロパガンダのキャンペーンが大きな成功を収めたことで、政治学者たちは社会の非合理的諸力の意味を自覚し、大衆の意見とは移ろいやすいものであることを認識することになった。この「教訓」から、影響力の強い政治学者グループにおいて、アメリカ民主政の「社会コントロール」観が登場することになる。その典型例はチャールズ・メリアムを中心とするシカゴ大学の政治学部に認めることができる。

　メリアムは、第1次大戦期のイタリアで、アメリカの情宣活動の主任を務めている。彼は、民主政の希望を放棄したわけではないが、1920年代に至って、大衆を教育し得るとの信念を深くし、前進的改革は心理学や社会科学を、また優生学を国民的規模の経済計画と結びつけ得る専門技術者によって期すことができるとし、彼らが大衆の福祉を改善し、市民の融和の道を拓き得ると判断している。メリアムの社会コントロールという改革的ヴィジョンはハロルド・ラスウェルに継承されている。彼はメリアムの自慢の教え子であり、技術的エリートが、どのようにプロパガンダ技術を駆使することで政治対立を解消し得るかについて、また、どのように公衆を訓練することで改革の道をつけ得るかについて研究している。

　ドイツとの最初の戦争はチュートン理論を粉砕しただけでなく、国家の理論に決定的打撃を与えた。また、第2の戦争は、ドイツとの結びつきの深かった理論領域である公行政論との絆を断ち切ることになった。1880年代後期から第2次大戦期まで、公行政は政治学の中心分野に位置し、トップの研究者の関心のまとであった。この分野の統一的パラダイムにおいて、行政とは政治的領域ではなくて、技術的領域であると理解され、合理性と効率性

序章

が重視された。ウッドロー・ウィルソンを含めて、行政学の父祖たちは政策形成の広範な領域を党派政治の腐敗と非効率性から解放し、資格任用型の市民サービスに変えようとした。こうした研究者たちはアメリカの公行政の遅れを憂慮し、インスピレーションを外国のモデルに求め、とりわけドイツの官僚制が高い効率性と専門性を備えていると判断した。また、第1次大戦後、公行政は大衆政治に不信を深くするとともに、その焦点を科学技術に求め、これが生成期の社会コントロールのヴィジョンに適していると見なすようになった。1920年代後期に、チャールズ・メリアムは「公行政研究所」を設立することで、この分野の育成と展開を期している。この研究所はシカゴ大学政治学部の資料収集機関となり、専門的行政者の全国的・国際的ネットワークを広めることになった。

ドイツの行政効率の名声は第1次大戦後も存続している。シカゴを基盤とする行政研究所は、1933年以後もドイツ研究者との協力関係を維持していて、ナチ政権の成立をもってアメリカの行政学者のドイツ詣でが幕を閉じたわけではない。この分野の研究者たちがドイツを訪問したのは、ナチズムの政治目的を支持するためではなく、行政は脱政治的でなければならないとする伝統的理解から、ナチの行政改革を虚心に研究することでアメリカに応用しようとする姿勢に発するものであった。第2次大戦とホロコーストのなかで、長いあいだ称えられていた官僚制が、恐るべき政治プログラムとして合理的に執行されることを知るに至り、行政が脱政治的であるという理解を決定的に放棄させることになり、(遅まきながら) マックス・ウェーバーの悲観的官僚制観を確認することになった。ナチの"教訓"は、第2次大戦後、公行政に長いアイデンティティの危機を呼び、アメリカ政治学に支配的であった地位を失うことになった[27]。

アメリカの次の主要な紛争は冷戦である。これがアメリカ政治学にどのような痕跡を残すことになったかということ、これが第3章と第4章の課題となる。ソ連との対立は、強い共感を呼んでいたわけではないにしろ、社会主義と結びついていた理念や概念から政治学は距離を置くことになった。1950

年代初期に、指導的政治学者たちは、意識的に「行動論科学」という言葉を選び、これを自らの学問であるとしだしている。これは、「社会」科学という言葉が、一部の政治家や財団のメンバーにおいて社会主義のことであると受け止められるようになっていたからである[28]（政治学界の一般的理解とは違って、この新しい呼称と心理学における行動論とは、ほとんど関係がない）。社会コントロールという言葉（および、そのヴィジョン）も同様の理由から死語と化した。メリアムは、すでに老齢の域に達していたが、積年の計画社会という考えが極めて民主的なものであることを真剣に説明している。だが、1950年代初期の反共の嵐のなかで、「計画」の匂いのするものはソビエト的であると見なされ、政治学の用語から消えていった。

　1930年代には一般的であった「民主政」の改革的規定も同様の運命を辿っている。大恐慌期の政治学者たちは、民主政という言葉を政治的にのみならず経済的にも規定している。また、選挙過程にとどまらず、実態的理念からも規定している。例えば、マール・フェインソッド（Merle Fainsod）は、1934年に、「民主政は貧困の撲滅を、……また、普通選挙にとどまらず、失業の緩和を課題としている」と述べている。そして、チャールズ・メリアムは、完全とは言えないにせよ、民主政とは「人類の完成可能性」ということであり、経済的恩恵を社会に公平に分配することであるとしている。

　だが、1950年代に至って、政治学者たちは、人類の「完成可能性」という理念とは「全体主義」のレジームと結びついた病理に過ぎないと判断するとともに、ジョセフ・シュンペーター（Joseph Schumpeter）の著作にヒントを得て、手続き的視点から実態的民主政観を放棄することになった。この局面において、最も影響力を与えた著書がデヴィッド・トルーマン（David Truman）とロバート・ダール（Robert Dahl）によって残されている。彼らは、アメリカの民主政治とは、民主的な社会的コンセンサスに依拠した多元主義的社会過程であると判断している。アメリカのヴィジョンとして、専門的エリートが集団間対立を科学的にコントロールすることで社会を改革の方向へと誘導すべきとする強力な国家像が設定されていたが、今や、強力な社

序章

会像が浮上し、脱政治的で公徳心の厚い行政者によって救出される必要のない政治像に変わったのである。テレンス・ボール（Terence Ball）が指摘しているように、1930年代にメリアムを始めとする多くの政治学者たちはニューディールを計画したが、その国家像が具体的現実となり始めるや、国家の概念はアメリカ政治学の目録から消えだしたのである。この逆説は冷戦の脈絡においてのみ説明し得ることである[29]。

　1950年代の政治学に別の逆説を認めることができる。国家の装置（プランナー、行政者、技術専門家たち）という言葉が政治学の言説から消えてゆく局面に至って、代表的政治学者たちは政治学の専門家を政府の国家安全保障機関に据えるべきであると主張しだしている。この状況に至って、政治学と国家との関係は前例のない規模に及んでいる[30]。政治学と国民的安全保障国家との緊密化は第1次大戦期に一時的現象として緒につき、政治学者たちはウィルソン政権のプロパガンダ・キャンペーンに参加しているが、この状況は第2次大戦期に常態化している。1940年代初期に、政治学者たちはしげくワシントンを訪ね、急速な肥大化の過程にある連邦政府の仕事に携わっている。なかには情報戦や心理戦の機関に参画した研究者もいて、それが彼らの経歴にとどまらず、政治学全体に大きな影響を残すことになった。戦時戦略局、戦時情報局、議会図書館におけるラスウェルを中心としたプロパガンダ分析局は、いわば、非公式の大学院の役割を果たすことになり、アメリカの最も優秀な教授陣が若い研究者に調査方法を教えている。第2次大戦中に、あるいは、その直後にラスウェルとコンタクトを持ち得た研究者のリストを作ると、戦後社会科学の人名録のようなものができ上がる。そのなかには、ガブリエル・アーモンド、ハインツ・ユーロー、アレクザンダー・ジョージ、アーヴィング・ジェニス、モリス・ジャノヴィッツ、エイブラハム・ケープラン、ネーザン・ライテス、ダニエル・ラーナー、イシエル・ドゥ・ソラ・プール、エドワード・シルズも含まれている。こうした研究者たちは戦時期の課題と取り組むことで、自らの専門的研究技術を磨き、知識として体系化している。また、そのことで有利な地歩を築き、冷戦時に再燃した心理戦や

19

イデオロギー戦の要請に応えることになる。

　第4章で詳述するが、ガブリエル・アーモンド（Gabriel Almond）は、この点で、ひとつの典型例となり得る。彼は、1930年代にメリアムとラスウェルの指導のもとで個人的教育を受け、戦時期にはプロパガンダと市民の士気を分析している。1940年代後期と1950年代に、空軍大学、国務省、海軍研究局、ランド・コーポレーション、空軍、ホワイトハウスの心理戦略局のコンサルタントを務めている。彼の著書である『共産主義のアピール（*The Appeals of Communism*）』（1954年）は、イタリアとフランスにおける共産主義の台頭を抑えるというアメリカのキャンペーンの脈絡で書かれた成果であり、心理戦略局はこの成果を活用している。この書の一部は世論調査にあたったエルモ・ウィルソンの努力にも負うものであるが、彼は第2次世界大戦中に、戦時情報局でアーモンドと共に働いていた。ウィルソンの世論調査機関はアメリカ情報局と密接な関係にあったし、アーモンドの後の著作である『市民文化（*Civic Culture*）』（1963年）の実地調査の多くを実施している。『市民文化』の動機は、「生成期の国民」の人心をつかむ必要に発していることは明らかである。この点では、メリアムが、かつて、イタリアの人心をつかむ作業から市民教育の研究を開始しているように、アーモンドの研究は、彼自身が指摘していることでもあるが、メリアムの課題を引き継ぐことにあった。したがって、『政治文化』は、政治学と外交政策とが不断に補完し合うという軌跡の結実であったと言える[31]。

　第4章では、冷戦の脈絡において、政治権力と政治学とがどのように一体化したかという点から、別の3点について検討する。第1は、戦後に公行政の分野が衰退したとはいえ、ベトナムを含む低開発諸国の対外援助計画と結びついて、公行政研究者の積極的参加の必要から、この状態が修復したことである。第2と第3の問題は、MITの国際研究センターが冷戦に深くかかわるなかで、その政治学部の展開がCIAの支援を受けたシンク・タンクの様相を帯びることになったことであり、他はエヴロン・カークパトリック（Evron Kirkpatrick）の物語である。彼は1954年に国務省の情報部を去り、AP

SA(「アメリカ政治学会」)の常務理事に就くとともに、政治学の客観的科学化を主張しただけでなく、民主党のリベラル反共派の政治との、また、アメリカの情報機関との隠然たる結びつきを深くしている。

この素描から、完全とは言えないにしても、冷戦期のアメリカ政治学と対外政策機関との緊密な関係を明らかにする。こうした政治学と外交政策との緊密な関係からすると、政治学の科学的アプローチという中心的前提について、つまり、研究者と研究対象とは別のことであるという前提について疑問が浮上せざるを得ないことになる。

第4章では、ベトナム戦争が政治学の言説に残した痕跡について検討する。第1に、ベトナムの経験は比較政治学と結びつき、サミュエル・ポプキン(Samuel Popkin)によって「合理的選択」論の種がまかれたことである。彼はペンタゴンの支援を受けベトナムで反乱対応研究プログラムにかかわっている。後に、ペンタゴン文書が無断でばらまかれるに至って、その調査に協力することを求められたが、これを拒否したという理由で収監されている。そして、ラスウェルとアーモンドの、また、アーモンドの助手のルシアン・パイ(Lucian Pye)の著作に見られる心理文化的アプローチを拒否し、主として、第3世界の政治分析に、初めて合理的選択論を導入している[32]。

ベトナム戦争は、また、学会内の知的混乱状況を呼ぶ重要な要因となり、短期間ではあったが、1960年代にAPSAに民主政の復活を求める声を強くしている。さらには、ベトナム戦争はアメリカ政治の支配的モデルである多元主義的ヴィジョンに重大な挑戦を突きつける背景ともなり、政治理論とアメリカ政治の研究者のなかには多元主義に興味を失い、社会民主政と参加民主政に、あるいは、いずれかの概念に傾く研究者も登場している。多元主義への疑問が浮上するなかで、比較政治の分野においては「国家」の自律性が、最も代表的には、「コーポラティズム」が強調されることにもなった。だが、1980年代に入ると、こうした多元主義の伝統に対する挑戦も影をひそめ、今や、アメリカ政治に関する大学のテキストの多くは、アメリカを多元主義民主政であると位置づけている。

また、政治学・国家・国家概念・ベトナム戦争のあいだで逆説的関係が浮上し、ねじれ現象が起こるなかで「国家の復権」を求める声が政治の言説に登場し、政治学と現存国家との関係に緊張を呼ぶことになった[33]。そして、ベトナム戦争がエスカレートすることで、また、この戦争後に軍事予算が縮小することで、国防省の気前の良い政治調査費は大きく縮減し、1950年代と1960年代の政治学を席巻した行動論（科学）革命は勢いを弱めることになった。ベトナムの経験は、さらに、政府と学界に楔を打ち込むことになっただけでなく、アメリカのキャンパスでは、社会科学者と政府の情報機関との協力体制は不健全であるとする雰囲気が広まることになった。

　学界と軍部との協力体制に対する批判的姿勢は、冷戦の終焉以降、消えたかのように見える。だが、ＣＩＡとの結びつきを維持しているイエール大学の、ある政治学者が2000年の遅くに明らかにしているように、政治学者とアメリカの情報機関との協力関係は「今や、急速に強まっている」[34]。2001年9月に、ニューヨークとワシントンが攻撃されたことに対して、テロとの戦いが開始されたが、そのことで、アメリカ政治学とアメリカ政府との関係は、再び、さらに強まっている。この点からも、政治学がアメリカ国家の利益の枠内にありながら、なお、客観的で公平な学問であり得るかという疑問が浮上せざるを得ないことになる。

　本書の概要を再び明確にしておくとすれば、アメリカの対外関係を、政治学の実際を鏡とすることで、アメリカ政治学の客観性と民主政に対する姿勢を問うことにある。アメリカの政治学者たちは国外の専政体制を批判しないという姿勢を守ってきたとされるが、この事実からすると、政治学と民主政とは一体化しているとする仮説の内実が問われることになる。外国の政権が味方から敵へと転ずるなかで、こうした政権に関する政治学者のイメージも歴史的に変化している。この照応関係からすると、マックス・ウェーバーが、政治学は常に特定の視点から論述されると指摘しているが、この主張を裏書きすることになる。

アメリカの戦争と政治学者のアメリカ像との照応性のパターンに、また、この戦争が政治学とアメリカ国家との関係に与えた影響に注目すると、政治学のアメリカ的特性は、さらに際立ったものとなる。第1次大戦は、南北戦争が提起した課題に応えるために政治学者たちが使っていた諸理論を切り崩すことになった。これにはアメリカのゲルマン的アイデンティティや国家主権の理論が含まれる。また、第2次大戦は、アメリカが脱政治的で啓発的なエキスパートによってコントロールされているというヴィジョンに一撃を加えることになった。そして、冷戦は、「民主政」と社会経済的理念との結合関係を切り崩し、アメリカ民主政の多元主義的で手続き的ヴィジョンを設定することになった。また、冷戦のなかで国家は政治学者の専門的知識を強く求め、彼らもこれに呼応するなかで、国家の装置を自らの理論から消すことになった。さらには、ベトナム戦争は政治学に政府から距離を置くことを求めたが、両者の疎遠な状況は、冷戦の終焉以降とは言えないまでも、少なくともテロとの戦争が明らかになるに及んで終わったと言える。

イデオロギーとしての政治学

政治学者たちは、自らの思想体系がナショナルで、歴史的なパースペクティブを帯びていながら、なお、このパースペクティブを認めようとはしない。だが、こうした体系をどのように理解しているのであろうか。また、社会科学の領域において、パースペクティブを免れ得ない思想をどのような言葉で規定することで自己点検を控え、自らのパースペクティブを超時間で普遍的なものであると判断しているのであろうか。恐らく、このような疑問を持つことがイデオロギー的であると見なされることになろう。また、残念なことに、自らの思想のイデオロギー性に思いを巡らすことなど、まず、ないと思われる（こうした内省の欠如自身がイデオロギー的言説を示すものである）。アメリカの政治学は客観的科学であると言えるとしても、歴史的・国民的基盤を持ったイデオロギーにほかならない。

本書では、イデオロギーという概念をカール・マルクスやカール・マンハイムといった思想家たちが理解したような一般的意味で使っている。つまり、所与の社会的・歴史的環境に埋め込まれている知識のことであって、真面目にであれ、知識の提供者が普遍的であると間違って信じている知識のことである[35]。だからといって、アメリカの政治学が「主義(イズム)」であるという意味でイデオロギー的であると、つまり、明確な規範的目的を持った、固定的で厳格な、また緊密な理念の体系を構築していると言っているわけではない。実際、イデオロギーとは「主義」のことであるとされたのは、アメリカが国際的対立を深めるなかで浮上したことであって、一般化したのは冷戦の盛期においてのことである。この局面において、アメリカの知識人たちは、イデオロギー的硬直性や信念を全体主義レジームと結びつけるとともに、アメリカでは「イデオロギーの終焉」が宣言されている[36]。アメリカ政治学は固定的な「主義(イズム)」であるというより、流動的なことが多いし、硬直的で統一的であるというより、討論と論争のなかで動揺を繰り返している。だが、こうした流動性のなかでも、そこには、常に、ア・メ・リ・カ・が底流している。

アメリカの繁栄が政治学の基本的価値であるし、見たところ客観的な政治学の諸概念によってアメリカの規範的ヴィジョンが隠されている。政治学者たちが、代表的には、民主政の概念を含めて抽象的な分析概念について討論している場合でも、彼らが現に論じていることはアメリカのアイデンティティについてであるし、それがどうあるべきかをめぐるものである。だが、アイデンティティは、あるいは、自己理解は「他者」との関係に据えられないと、実質的には空虚なものとならざるを得ないから、「彼ら」との違いや類似性をどのように描くかによって、"アメリカ"が意味を帯び得ることになる[37]。すると、アメリカの政治学者たちは、国外のレジームとの間接的ないし直接的比較をもって、アメリカのアイデンティティを引き出していることになる。「アメリカ」が、常に、避けがたい関心となり、そのアイデンティティは、常に、流動的なものとなる。そして、アイデンティティとは関係論的概念であるから、アメリカ像の設定と再設定には、外的世界のイメージの

(再)設定が含まれざるを得ない。

　アメリカは自らと世界のヴィジョンとを組み合わせてきたが、これを整理すると、3つのイデオロギー的形状を認めることができる。第1は、政治学者たちが「対立的(オポズィショナル)」アメリカ観に立ち、アメリカの政治制度が構造的に健全であるとは言えないと判断し、その根本的変更を求める立場である。この場合、少なくとも幾つかの外国と比較することで、アメリカが大いに劣っているとし、外の革命的モデルのイメージにおいて自らの全面的鋳直しを求めることになる。第2に想定し得るイデオロギー的形状は、「ナショナリスト的」であると言えよう。このパースペクティブからすると、アメリカの政治制度は盤石であって、外から学ぶべき必要などないとされる。ナショナリズムは2つの形態を帯び得る。ひとつは暗黙の形態であって、「例外主義(エクセプショナリズム)」となって現われる。この場合、アメリカのシステムは卓越しているし、ユニークなものであるだけに、輸出され得るものではないとされる。また、ナショナリズムは「勝利主義的(トライアムファル)」形態も帯び得る。この場合、アメリカは世界に近づくことで得られるものなど存在せず、むしろ、世界がアメリカ化することで得るものが多いはずであると想定される。そして、第3は「調整主義的(アコモデーショニスト)」パースペクティブである。これは、「対立的」と「ナショナリスト的」イデオロギーの両極の中間に位置している。ナショナリスト的と対立的イデオロギーは、それぞれ保守的とラディカルな性格を帯びるが、調整主義的イデオロギーは改良主義的である。調整主義のパースペクティブにおいては、アメリカの政治システムは、構造的には健全であるが、なお、重大な欠点も含まれていると見なされる。だから、調整主義的改革者たちは、アメリカに欠点を認め、その匡正策を外に求めることになる。だが、外のモデルを全面的に模倣するのではなく、選択的に借り受けることで、アメリカの欠点の改善を期そうとする。

　要するに、ナショナリスト的イデオロギーのパースペクティブからすると、アメリカは世界から学ぶものなどないと、また、対立的パースペクティブからすると、アメリカは世界からラディカルな教訓を引き出すべきであると、

そして、調整主義的パースペクティブからすると、選択的で適度なものである限り、アメリカは世界から学ぶべきとされることになる[38]。
　政治学において対立的イデオロギーが共感を呼んだり、いわんや、支配的なものとなったことは、まず、ないと言える。実際、ＡＰＳＡの会長のなかで、ラディカルな知的方向に傾いた会長はいないと言える（少なくとも、その評価の基礎とされる著作に認め得る限り）。総じて、周辺的であったとはいえ、唯一の例外を求めようとすれば、1930年代と1960年代の対立的イデオロギーを挙げることができよう。大恐慌期のアメリカのキャンパスで、マルクス主義はかなり広く支持され、若い政治学者の想像を喚起した。ガブリエル・アーモンドは、スペイン内戦でリンカーン・ブリゲードと共に戦った多くの人々と交流している。また、1938年に完成した学位論文は、アメリカの「金権政治」階級を厳しく批判している[39]。そして、第２次大戦後にロバート・ダール、デヴィッド・イーストン、セイモア・マーチン・リプセット、ハーバート・サイモン、イシエル・ドゥ・ソラ・プールなどの研究者たちが頭角を現すことになるが、短期間であったにせよ、彼らはすべて1930年には社会主義の諸潮流に加担し、あるいは、近づいている[40]。また、今や長老の政治学者のなかには、1960年代に、大学院生としてラディカルな政治を支持したことのある研究者もいる。だが、いずれの場合も、左翼ラディカル派の波に巻き込まれたのは、主として院生や学生であり、その波も頂点に達すると急速に収まっている。
　歴史を辿りみると、政治学の言説はナショナリストと調整主義の姿勢とのあいだで動揺ないし分裂を繰り返していることになる。大恐慌期に政治学は調整主義の方向を強くしている。なかにはラディカリズムに興味を覚えた政治学者もいたにせよ、政治学の基本的方向はニューディールの改革主義的ムードのなかにあり、極めて重大であるとしても、決定的弊害を抱えているわけではないから、この難局を乗り切るには革命的妙薬ではなくて、改革的処方箋が求められるに過ぎないとされた。こうした状況のなかで、政治学者たちは、ナチ・ドイツやソビエト・ロシアを含めて、外国のレジームに行政

効率と社会計画のモデルを求めることになった。

　1950年代と1960年代初期に、政治学は保守的ナショナリズムに傾いている。抑えた論調にはあるが、こうしたナショナリズムはロバート・ダールの判断にうかがい得ることであって、彼の代表的著作とされる『民主政理論序説（*Preface to Democratic Theory*）』（1956年）において、アメリカの政治システムは「輸出用のものではない」とするとともに、このシステムは「恐ろしく強力で、多様な、信じがたいほど複雑な社会を動かしている、気ぜわしく、節度を失いがちな人々においても、社会的安寧が維持されているという点では……かなり有効なシステム」であると位置づけている。また、この局面の勝利主義的ナショナリズムの形態は、セイモア・リプセットの指摘にも表れていて、アメリカ流の民主政は「良き社会そのものとして作動している」と、さらには、「20世紀中期において、西側の民主政の機能を明確にすることがアジアやアフリカの政治闘争に役立ち得る」と述べている。そして、勝利主義的ナショナリズムはガブリエル・アーモンドとシドニー・ヴァーバの好評を博した『市民文化（*Civic Culture*）』（1963年）にも明らかで、英米の政治的特質を手放しで賛美し、他の政体は低い発展段階にあると位置づけている[41]。

　他の局面においても、政治学の言説にナショナリストと調整主義のパースペクティブの併存状況を認めることができる。例えば、1990年代の言説には「民主化」や「民主的平和」といった表現で、アメリカが世界のモデルとなり得るとする暗黙裡の指摘が散見される[42]。だが、この局面において、アメリカの市民的精神は衰退しているとし、その懸念が表明されてもいる。こうした不安はロバート・パットナム（Robert Putnam）の『民主政の機能化（*Making Democracy Work*）』（1993年）という、好評を博した著作に認め得る。この書は『市民文化』を継承する位置にあるとされるが、この書やその後の著作で、パットナムは北イタリアが市民社会のモデルとなり得るとし、アメリカはその教訓を引き出すべきであるとしている。したがって、調整主義的姿勢を明示していることになるが、この点では、『市民文化』の勝利主義的立場とは姿勢を大きく異にしている[43]。

こうしたイデオロギーの二重性は、ひとつの国外政権の認識を異にするという姿勢でも浮上している。例えば、ヘンリー・R.スペンサー（Henry R. Spencer）は戦間期イタリアの指導的専門家であるが、英米の民主政が先進的過ぎていて、遅れたイタリアには適していないという理由から、ムッソリーニの独裁を合理化している（ナショナリスト的姿勢）。だが、既述のように、ファシスト・イタリアは技術の実験室であって、アメリカに移植し得るものがあるとする論者も見られる（調整主義的姿勢）[44]。さらには、2つのイデオロギー的傾向がひとりの研究者に認め得る場合もある。この例は、第1章で検討することにするが、ウッドロー・ウィルソン（Woodrow Wilson）の場合である。というのも、彼は、アメリカが優劣両様の特徴を帯びていて、世界のモデルではあるが、いくつかの修正も必要であると見なしているからである。

アメリカ政治学はアメリカ自身とその敵との関係においてイメージを形成してきたと言えるが、こうしたイデオロギー的形状から、これを次のように整理することができよう。すなわち、本書で詳細に検討することになる事例（帝政ドイツ、ナチ・ドイツ、スターリンのソ連）のいずれにおいても、政治学者たちは、少なくとも部分的には、調整主義のレンズでこうしたレジームを捉えていた。当時の指導的研究者たちは、こうしたレジームの諸側面に学ぶべきものを認め、アメリカ的生活の改革方法を求めた。だが、いずれの場合にも、対象としたレジームとの敵対状況が浮上すると、政治学者の視点は決定的にナショナリズムの方向に傾くとともに、過去の調整主義の記憶を失い、こうしたレジームがアメリカ民主政に対立するものであるというコンセンサスが形成されている。

知的連関：構成主義（コンストラクティヴィズム）、社会科学史、科学の社会学

本書は、主として政治学史を対象とするが、この課題が浮上することになったのは、政治学史に対する関心というより、「民主的平和」論の批判

に、つまり、私の領域である国際関係の言説の中心理念の批判に発している[45]。国際関係の分野からすると、本書は冷戦の終焉以降に影響力を強くする「社会的構成主義」学派の枠内に収まると言える。構成主義的分析の鍵的概念は国家の「アイデンティティ」に求めることができる。構成主義者たちは、「国家の自我ないしアイデンティティとは可変的なものであって、歴史的・文化的・政治的・社会的脈絡に左右される」と判断している。また、国民のアイデンティティないし文化的自己理解が他の国民との相互作用の歴史のなかで、どのように形成されるかということに興味を深くしている[46]。本書は、アメリカの対外関係と政治学者のアメリカ像の展開との関係に焦点を据えることで、この課題に応えようとするものである。

構成主義者たちは、多様な政治アクターの理念がどのように社会と歴史のなかに埋め込まれているかを辿ることで、多くの印象深い研究を残している。だが、政治学者たちには、より広く見られることであるとしても、構成主義者たちも自らの学問によって形成された理念がどのように埋め込まれているかについて検討することを避けてきた。こうした内省に欠けることから、自らの思想学派の歴史的系譜の意識を欠くことになったと思われる。社会的構成主義（social constructivism）という言葉は、国際関係論において、かなり新しい用語であって、その関心はナショナルなイメージの主観的認識と表象に、また、その社会的進化やアイデンティティに求められる。だが、その前例がないわけではない。1950年代と1960年代に世界の人心掌握をめぐるイデオロギー闘争が起こっているが、この脈絡において、政治学者のなかには、国民的コミュニティがどのように相互を認識しているかについて（また、自国民のイメージをどのように他国民のイメージに植え付けるかについて）関心を深くした研究者がいる。例えば、テド・ホプフはカール・ドイチュ（Karl Deutsch）を評して「〔ナショナリズムと社会的コミュニケーションの画期的研究において〕何らかのコミュニティ規模の主観性を欠いたまま、諸個人が意味ある活動に訴えることなど、困難なことであると論じているだけに、構成主義者を先取りする位置にいる」と論じている[47]。

また、ハロルド・アイザックが中国とインドに関するアメリカのイメージ研究を残しているが、これは別の例にあたる。この書は冷戦下のイデオロギー競争のなかで生まれた構成主義的研究という点では、注目すべき著作である。彼は、「イメージが事象に与える効果については未解決なものが残されているにしろ、……事象がイメージに与える効果は、とりわけ戦争のような大事件の効果は、より明確であって、大多数の人々の私的生活に強力に入り込むことになる」と述べ、さらには、次のように指摘している。

　　友敵関係の配置の変化は、今までと比べると信じがたい速さで広がっている。……この数年の事態を取り上げただけでも、「東洋の残忍性」というイメージは中国人から日本人へと、そして、再び中国人へと戻ることを求めることになった。一世代のあいだに、ドイツ人の支配的イメージは穏やかな市民像から長靴の軍人像とナチの大量虐殺者へと、そして、再び、西洋的（友好的）と東洋的（非友好的ないし閉鎖的）に２分しつつも、能率的で勤勉な人々であるという古いイメージに変わっている。また、もっと短いあいだに、日本人のイメージは、南京虐殺やバターン死の行進という残忍なものから、民主政を熱心に求めている人々であるというものに変えることが求められた。……さらには、この時期に、アメリカの人々は、粛清期のスターリンの全体主義的怪物から戦時期の「ジョー叔父さん」へと、さらには、再び、誇大妄想狂の患者へとめまぐるしく変えざるを得なかった[48]。

　本書で明らかにしようとしていることは、アイザックが指摘しているように、主要な戦争がアメリカの人々に広く「掻き傷」を残しただけでなく、アメリカ政治学が生み出した知識にも痕跡を留めることになったということである[49]。

　本書ではアメリカ政治学が自己点検を欠いていると指摘することになるが、一般化にとどまっているとはいえ、先行業績がないわけではない。近年に至って、政治学の展開過程について構想力豊かな批判的歴史も残されている[50]。本書は政治学史を、その脈絡外の文脈に据えようとするものであるという点で、あるいは、政治学が科学と民主政に腐心するなかで浮上せざるを

得ない緊張関係を明らかにしようとするものであるという点で、また、アメリカに固有のイデオロギーから政治学を特徴づけようとしている点でも、最初の試みであるとは言えない[51]。ドロシー・ロスは、アメリカ社会科学史に関する力作の中心テーゼを「アメリカ社会科学の固有の特徴であるアメリカ例外主義という国民的イデオロギーに、つまり、アメリカは、歴史上、例外的位置にあるとする観念に求めている」[52]。本書はこうした学史研究に触発されてもいるし、その著作は、不十分とはいえ、章末の注に留めてある[53]。

とはいえ、こうした研究にも難点がないわけではない。というのも、アメリカの社会諸科学の展開に占める国内の社会史的脈絡については豊かな論述が残されているにせよ、国際環境がアメリカの社会科学の思考にどのような影響を与えたかということ、これが看過されがちとなっているからである[54]。アメリカ思想の国際的脈絡が、総じて、忘れられているだけに、アメリカ社会科学には例外主義のイデオロギーが含まれているという視点は問題内包的なものとならざるを得ない。というのも、例外的という言葉は、定義上、関係論的なものであって、他との関係においてのみ例外であると言えるからである。すると、アメリカの社会科学者たちがアメリカと別の社会とをどのように比較し、結びつけたかについての明示的説明を欠くと、アメリカ例外主義が社会科学史を解釈するための親 鍵(マスター・キー)であると理解してみても、これは公理を主張し、所与としているに過ぎないことになる。

本書は、アメリカ政治学を国際関係史の脈絡に明示的に据えることで、学史の脈絡論に見られる国内的バイアスを正すことを目的としている。また、例外主義とは、より広くナショナリズムに括られ得るものであり、そのひとつの潮流に過ぎないと（別の潮流を勝利主義(トライアンファリズム)と呼ぶ）、さらには、ナショナリスト的な学問的言説と調整主義とは併存している場合が多いだけでなく、前者は調整主義によって影を薄くすることも起こっているとすることで、政治学史の例外主義論を修正することを目指してもいる。

この研究は、知的理念やイデオロギーの研究の多くと同様に、知識社会学の創始者たちに依拠している。というのも、カール・マルクスからカール・

マンハイムに至る論者に見られるように、知識社会学によって知的思考の相対性が明らかにされているからである[55]。マンハイムはワイマール共和政の、極めて論争に満ちた、政治的な知的雰囲気のなかにいた。それだけに、思想家が学問の世界に身を置き、広く社会の喧騒から離れることで、「社会から超然としたインテリゲンチア」の役割を果たし、そのことで社会思想の政治的・イデオロギー的性格を緩和し得るのではないかと判断している。ロバート・マートンを始めとする戦後アメリカの社会科学者たちも、こうした非イデオロギー的でアカデミックな社会科学観が妥当であるとし、イデオロギーとは、別の側に傾いた「主義（イズム）」のことに過ぎないとする冷戦観を共有することで、自らの社会科学のイデオロギー的基盤を明らかにするという作業を回避することになった。だが、この30年間に、こうしたマートン的視点は、科学的知識社会学に取り組んでいる新しい世代の研究者たちの、また、科学と技術の複合分野の研究者たちの挑戦に服している。彼らは、（部分的であれ、トマス・クーンの理念のインスピレーションを受けて）科学的実践を現実主義的・歴史的・社会学的に分析するという立場から、科学的進歩の内在的論述を控えている[56]。この点では、彼らが全体的アプローチをもって科学的知識の形成を説明しようとしていることと、本書の前提でもあるが、マンハイムとは違って、社会の科学的知識は、学界の自由な諸制度のなかで安住し得たとしても、政治的でイデオロギー的でもあるという見解とには類縁性があるということ、この点を指摘するだけで充分であろう。

●注

1）Samuel P. Huntington, "One Soul at a Time: Political Science and Political Reform," *American Political Science Review*（以後、*APSR*と略記）82 (1988). 3-10, pp. 6-7の引用。

2）Ibid., 5, 9.

3）この講演は次に所収。"Reform and Stability in a Modernizing, Multi-Ethnic Society," *Politikon* 8,（December 1981）: 8-26.

4）Joseph Lelyveld, *Move Your Shadow: South Africa, Black and White*（New York: Times Books,

序　章

1985), 67-68.
5) Ibid., 68.
6) Huntington, "Reform and Stability". 南アフリカ共和国における講演。*First Report of the Constitutional Committee of the President's Council* (Cape Town: Government Printers, 1982), 36.
7) Lelyveld, Move Your Shadow, 68.
8) Huntington, 前掲より引用。
9) Ibid.
10) ジョンソンは、アメリカの反アパルトヘイト運動の最大グループである「トランスアフリカ」の創立者である。次を参照のこと。Isabel Wilkerson, "After Weeping for Mandela, Many Prepare to Savor Visit," *New York Times,* June 17, 1990. また、南アフリカ在住の政治学者のなかには、勇敢にアパルトヘイトに反対した研究者もいる。例えば、ナタール大学の政治学教授のリチャード・ターナー（Richard Turner）は、人種差別法の道徳性を問題とすべきであると白人学生に説いたことで、1973年に南アフリカ政府によって行動の規制を受け、1977年に暗殺されている。犯人は未だに不明である。次を参照のこと。Emma Daly, "Search for an Assassin," *Independent* (London), October 16, 1996.
11) William Claiborne, "The Birthplace of Apartheid May One Day Become Its Deathbed," *Washington Post,* October 8, 1989. グレンダ・モーガンとアネット・シーガーズが南アフリカの現状を教えてくれたことに感謝する。
12) Samuel P. Huntington to Harold D. Lasswell, July 26, 1961, Harold Dwight Lasswell Papers, Manuscripts and Archives, Yale University Library, box 45, folder 625.
13) 次の"Samuel P. Huntington"の項（1997年）より引用。*Complete Marquis Who's Who Biographies,* www.galenet.com. この項目のほかに、次の関連記事に依拠している。*Contemporary Authors,* www.galenet.com; George Will, "Professors Who Play Politics," *Washington Post,* May 7, 1987; Philip Boffey, "Prominent Harvard Scholar Barred by Science Academy," *New York Times,* April 29, 1987; Loch K. Johnson, *America's Secret Power: The CIA in a Democratic Society* (New York: Oxford University Press, 1989), 158-59; Samuel Huntington, *The Third Wave: Democratization in the Late Twentieth Century* (Norman: University of Oklahoma Press, 1991), 319 n.16; Chalmers Johnson, "The CIA and Me," *Bulletin of Concerned Asian Scholars* 29, no.1 (1997).
14) ハンチントンの著作の質を分析の対象とはしない（この点については、本書が対象とする他の研究者の著作についても同様である）。ハンチントンが独

創的思想家で博学の研究者であり、優れた著述家でもあることは明らかである。

15) Michel Foucault, *The Archaeology of Knowledge*, trans., A. M. Sheridan Smith (New York: Pantheon, 1972) ; idem, *Discipline and Punish: The Birth of the Prison*, trans., Alan Sheridan (New York: Pantheon, 1977); Edward Said, *Orientalism* (New York: Vintage, 1978).

16) Edward H. Carr, *The Twenty Years' Crisis, 1919-1939* (New York: Harper and Row, 1946).

17) Max Weber, " 'Objectivity' in Social Science and Social Policy" (1904), in Weber, *The Methodology of the Social Sciences*, trans. and ed., Edward Shils and Henry Finch (New York: Free Press, 1949), 81, 84, 58-59.

18) 例えば、次に所収の多くの論文を参照のこと。Joseph Kruzel and James N. Rosenau, eds., *Journeys through World Politics: Autobiographical Reflections of Thirty-four Academic Travelers* (Lexington, Mass.: Lexington Books, 1989).

19) 次は国際関係分野の注目すべき例外である。Stanley Hoffmann, "An American Social Science: International Relations," *Daedalus* 106 (1977): 41-60; David N. Gibbs, "Social Science as Propaganda? International Relations and the Question of Political Bias," *International Studies Perspectives* 2 (2001): 417-27.

20) イタリアの事例に関する、より十分な検討については次を参照のこと。Ido Oren, "Uncritical Portrayals of Fascist Italy and of Iberic-Latin Dictatorships in American Political Science," *Comparative Studies in Society and History* 42 (2000): 87-118.

21) この種の見解は、例えば、戦間期のイタリア政治の最も優れた専門家であるヘンリー・ラッセル・スペンサー (Henry Russell Spencer) の著作に明らかである (彼は、後に、ＡＰＳＡの会長に選ばれている)。次を参照のこと。Ibid.

22) Charles E. Merriam, *The Making of Citizens: A Comparative Study of Methods of Civic Training* (Chicago: University of Chicago Press, 1931), ix, 223.

23) Karl F. Geiser, "Review of 'Germany Twilight or Dawn?' by Anonymous, and 'My Battle' by Adolph Hitler," *APSR* 28 (1934): 136-38.

24) 次を参照のこと。Carl Friedrich and Zbigniew Brzezinski, *Totalitarian Dictatorship and Autocracy* (Cambridge, Mass.: Harvard University Press, 1956), 3.

25) Arnold Lien and Merle Fainsod, *The American People and Its Government: A Textbook for Students in Introductory College Courses and for the Active Electorate* (New York: Appleton-Century, 1934) ; Paul Harper, ed., *The Russia I Believe in: The Memoirs of Samuel N. Harper, 1902-1941* (Chicago: University of Chicago Press, 1945), 240-41.

26) Richard J. Samuels, "Japanese Political Studies and the Myth of the Independent Intellectual," in *The Political Culture of Foreign Area and International Studies: Essays in Honor of Lucian W. Pye*,

ed., Richard Samuels and Myron Weiner(Washington, D.C.: Brassey's, 1991), 19.
27) 戦後公行政の危機については次を参照のこと。Donald Kettl, "Public Administration: The State of the Field," in *Political Science: The State of the Field*, ed., Ada Finifter(Washington, D.C.: APSA, 1993), 408; Vincent Ostrom, *The Intellectual Crisis of American Public Administration* (Tuscaloosa: University of Alabama Press, 1973).
28) 次を参照のこと。Karl W. Deutsch, "A Path among the Social Sciences," in Kruzel and Rosenau, *Journeys through World Politics*, 18.
29) Lien and Fainsod, *American People and Its Government*, 441; Charles Merriam, *The New Democracy and the New Despotism* (New York: Whittlesey, 1939); David Truman, *The Governmental Process: Political Interests and Public Opinion* (New York: Knopf, 1951); Robert A. Dahl, "Socialist Programs and Democratic Politics: An Analysis" (Ph.D. diss., Yale University, 1940); idem, *A Preface to Democratic Theory* (Chicago: University of Chicago Press, 1956); Terence Ball, "American Political Science in Its Postwar Political Context," in *Discipline and History: Political Science in the United States*, ed., James Farr and Raymond Seidelman (Ann Arbor: University of Michigan Press, 1993), 218.
30) ティモシー・ミッチェル(Timothy Mitchell)は、この逆説を次のように説明している。「〔国家の〕概念が放棄されたのは、国家自体に変化が起こったからではなくて、戦後、アメリカの政治学とアメリカの政治権力との関係が変化したからである」と。次を参照のこと。"The Limits of the State: Beyond Statist Approaches and Their Critics," *APSR* 85 (1991): 79.
31) Gabriel A. Almond, *The Appeals of Communism* (Princeton: Princeton University Press, 1954); Gabriel A. Almond and Sidney Verba, *The Civic Culture: Political Attitudes and Democracy in Five Nations* (Princeton: Princeton University Press, 1963). 次も参照のこと。Ido Oren, "Is Culture Independent of National Security? How America's National Security Concerns Shaped 'Political Culture' Research," *European Journal of International Relations* 6 (2000): 543-73.
32) Samuel Popkin, *The Rational Peasant: The Political Economy of Rural Society in Vietnam* (Berkeley: University of California Press, 1979).
33) Peter Evans, Dietrich Rueschemeyer, and Theda Skocpol, eds., *Bringing the State Back In* (Cambridge: Canbridge University Press, 1985).
34) Bradford Westerfield. 次に引用。Chris Mooney, "For Your Eyes Only," *Lingua Franca* 10 (November 2000): 36.
35) イデオロギー概念の歴史と意味については、次の文献が有益である。Terry

Eagleton, *Ideology: An Introduction*(New York: Verso, 1991); Mark Goldie, "Ideology," in *Political Innovation and Conceptual Change,* ed., Terence Ball, James Farr, and Russell Hanson (New York: Cambridge University Press, 1989); Warren Samuels, "Ideology in Economics," in *Modern Economic Thought,* ed. Sidney Weintraub (Philadelphia: University of Pennsylvania Press, 1977).

36) 例えば、次を参照のこと。Daniel Bell, *The End of Ideology: On the Exhaustion of Political Ideas in the Fifties* (Glencoe, Ill.: Free Press, 1960); Robert E. Lane, "The Decline of Politics and Ideology in a Knowledgeable Society," *American Sociological Review* 31 (1966): 649-69.

37) Said, *Orientalism*; William E. Connolly, *Identity: Democratic Negotiations of Political Paradox* (Ithaca: Cornell University Press, 1991); David Campbell, *Writing Security: United States Foreign Policy and the Politics of Identity* (Minneapolis: University of Minnesota Press, 1992).

38) この分類は次に依拠し、本書に援用している。Peter Novick, *That Noble Dream: The "Objectivity Question" and the American Historical Profession* (New York: Cambridge University Press, 1988), 61-63.

39) この論文は60年後に出版されている。次を参照のこと。Gabriel Almond, *Plutocracy and Politics in New York City* (Boulder: Westview, 1998). 次も参照のこと。Kathleen O'Toole, "A Man of Conviction: 60-Year-Old Thesis Published at Last," *Stanford Online Reporter,* April 29, 1998, www.stanford.edu/dept/news/report.

40) 次に所収のロバート・ダールとデヴィッド・イーストンへのインタビューの写し。APSA Oral History Collection, University of Kentucky Library. Herbert Simon, *Models of My Life* (New York: Basic, 1991); Seymour Martin Lipset, "Out of the Alcoves," *Wilson Quarterly,* Winter 1999. イシエル・プールについては次の素描的伝記。*American National Biography Online,* www.anb.org.

41) Dahl, *Preface to Democratic Theory,* 151; Seymour Martin Lipset, *Political Man: The Social Bases of Politics* (Garden City, N.Y.: Doubleday, 1959), 439, 456; Almond and Verba, *Civic Culture.*

42)「民主化」のジャンルという点で、その最も代表例としては、ハンチントンの『第3の波 (*The Third Wave*)』を挙げることができる。「民主的平和」については次を参照のこと。Ido Oren, "The Subjectivity of the 'Democratic' Peace: Changing U.S. Perceptions of Imperial Germany," *International Security* 20 (1995): 147-84.

43) Robrt D. Putnam, *Making Democracy Work: Civic Traditions in Northern Italy* (Princeton: Princeton University Press, 1993); idem, *Bowling Alone: The Collapse and Revival of American Community* (New York: Simon and Schuster, 2000). デヴィッド・レイティンは、政治

序　章

文化の研究の基礎を設定しているという点で、パットナムの著書を『市民文化』を継承するものであるとしている。David D. Laitin, "The Civic Culture at 30," *APSR* 89（1995）: 168-74.

44）Oren, "Uncritical Portrayals of Fascist Italy."

45）Oren, "Subjectivity of the 'Democratic' Peace." 本書の結論で、この批判を、再び、要約している。

46）Ted Hopf, "The Promise of Constructivism in International Relations Theory," *International Security* 23（1998）:176. 次は構成主義の文献の検討という点で有益である。T. Hopf and Jeffrey T. Checkel, "The Constructivist Turn in International Relations Theory," *World Politics* 50（1998）: 324-48. また、次は、国家を国家アイデンティティの源泉とし、その相互作用を強調しているという点では有力な論文である。Alexander Wendt, "Anarchy Is What States Make of It: The Social Construction of Power Politics," *International Organization* 46（1992）: 391-425.

47）Hopf, "Promise of Constructivism," 178; Karl W. Deutsch, *Nationalism and Social Communication: An Inquiry into the Foundations of Nationality*（Cambridge, Mass.: MIT Press, 1953）.

48）Harold R. Issacs, *Scratches on Our Minds: American Views of China and India*（New York: John Day, 1958）, 405-6. アイザックは、ＣＩＡの援助を受けたＭＩＴの国際研究センターと親密な関係にあった。彼の研究は厳密で、うまくまとめられていることからすると、政府筋で行われた研究が必ずしも質の低いものであるとは言えないことになる。私の関心は、政治の客観的科学であるとする政治学のアイデンティティという点で、政治学と政治権力との結びつきには、どのような意味が含まれているかについて検討することにある。この点では、サミュエル・ホプキンがアイザックの著書に注目すべきであると指摘してくれたことに感謝する。

49）歴史家たちも、構成主義の旗を明示的に掲げてのことではないにせよ、国民のイメージ変化について多くの研究を残している。アメリカの人々のイタリア、ドイツ、ソ連についてのイメージ変化という点で、次は有益である。John P. Diggins, *Mussolini and Fascism: The View from America*（Princeton: Princeton University Press, 1972）; Peter G. Filene, *Americans and the Soviet Experiment, 1917-1933*（Cambridge, Mass.: Harvard University Press, 1967）; Paul Hollander, *Political Pilgrims: Travels of Western Intellectuals to the Soviet Union, China, and Cuba, 1928-1978*（New York: Oxford University Press, 1981）; Henry Cord Meyer, *Five Images of Germany: Half a Century of American Views on*

German History (Washington, D.C.: American Historical Association, 1960); Frank A. Warren, *Liberals and Communism: The "Red Decade" Revisited* (New York: Columbia University Press, 1993).

50) 次を参照のこと。David Ricci, *The Tragedy of American Political Science: Politics, Scholarship, and Democracy* (New Haven: Yale University Press, 1984); Raymond Seidelman and Edward Harpham, *Disenchanted Realists: Political Science and the American Crisis, 1884-1984* (Albany: State University of New York Press, 1985); John G. Gunnell, *The Descent of Political Theory: The Genealogy of an American Vocation* (Chicago: University of Chicago Press, 1993); James Farr, John Dryzek, and Stephen Leonard, eds., *Political Science in History: Research Programs and Political Traditions* (New York: Cambridge University Press, 1995); Rogers Smith, "Science, Non-Science, and Politics," in *The Historic Turn in the Human Sciences,* ed., Terrence McDonald (Ann Arbor: University of Michigan Press, 1996); Brian C. Schmidt, *The Political Discourse of Anarchy: A Disciplinary History of International Relations* (Albany: State University of New York Press, 1998).

51) 民主政と科学との緊張関係についての刺激的解釈については、次を参照のこと。Terence Ball, "An Ambivalent Alliance: *Political Science and American Democracy,*" in Farr, Dryzek, and Leonard, *Political Science in History;* Ricci, *Tragedy of Political Science;* Smith, "Science, Non-Science, and Politics". および、次に所収の諸論文。David Easton, John G. Gunnell, and Michael B. Stein, eds., *Regime and Discipline: Democracy and the Development of Political Science* (Ann Arbor: University of Michigan Press, 1995).

52) Dorothy Ross, *The Origins of American Social Science* (New York: Cambridge University Press, 1991), xiv.

53) また、関連分野の脈絡史に触発され、その助力も得ている。これには次が含まれる。Ellen Herman, *The Romance of American Psychology: Political Culture in the Age of Experts* (Berkeley: University of California Press, 1995); Novick, *That Noble Dream;* Christopher Simpson, *Science of Coercion: Communication Research and Psychological Warfare, 1945-1960* (New York: Oxford University Press, 1994).

54) 注目すべき2つの例外は次である。Ball, "American Political Science in Its Postwar Political Context"; Ira Katznelson, "The Subtle Politics of Developing Emergency: Political Science as Liberal Guardianship," in *The Cold War and the University: Toward an Intellectual Understanding of the Postwar Years,* ed., David Montgomery (New York: New Press, 1997), 171-94.

55) Karl Marx, *The German Ideology* (New York: International Publishers, 1939); Karl Mannheim, *Ideology and Utopia: An Introduction to the Sociology of Knowledge,* trans., Louis

Wirth and Edward Shils（1936; reprint, San Diego: Harcourt Brace, 1985）.
56）次の有益な概括を参照のこと。Barry Barnes, David Bloor, and John Henry, *Scientific Knowledge: A Sociological Analysis*（Chicago: University of Chicago Press, 1996）; Steven Shapin, "Here and Everywhere: Sociology of Scientific Knowledge," *Annual Review of Sociology* 21（1995）: 289-321.

第1章　帝政ドイツ

　ドイツは、20世紀前半期のアメリカにとって最大の敵であった。ナチズムと2つの世界大戦の恐怖はアメリカの文化と思想に深い痕跡を留めることになったが、アメリカ政治学にも同様のものがあった。本章と次章では、こうした恐るべき歴史的経験がアメリカ政治学にどのような影響を与えたかについて検討する。まず、帝政ドイツの、つまり、第2帝政（1871-1918年）の政治制度が今日のアメリカ政治学において、どのように評価されているかを紹介したうえで、当時の、つまり、米独戦が、なお、将来のことであるとされていた局面のドイツの政治像と比較することから始めることにする。今日では、帝政ドイツはナショナリスティックなイデオロギーにつつまれていて、アメリカの政治制度に比べて、はるかに劣っていたと理解されている。だが、19世紀後期の政治学者たちは調整主義的な、また、ナショナリスト的でイデオロギー的な、いわば不安定な姿勢に立ち、アメリカは優れているとしても、なお、不完全な政体に過ぎないから、ドイツの人々から学びうるだけでなく、統治術の点では彼らを指導することもできると考えていた。

　第2次大戦後、アメリカの歴史家と社会科学者たちは、ドイツの過去がナチズムへの序曲であったと解釈するとともに、ドイツに見られる（特殊な）政治展開とイギリスやアメリカとの、また、やや異なるところがあるにせよ、フランスの（通常の）展開過程との違いを強調する傾向を強くしている。このパースペクティブから、帝政ドイツは官僚的・権威主義的な軍国主義社会であって、その急速な近代化と自由民主政の政治制度の開花とは歩みを異にしていたとされる。

　こうしたドイツ近代史の解釈は戦後の最も有力な一部の社会科学者たちに

よって主張されている。たとえば、経済史家のアレクザンダー・ゲルシェンクロン（Alexander Gerschenkron）は、第2帝政を貴族主義的ユンカーたちによって支配された「半封建的君主政」であるとするとともに、ドイツで真の民主政の展開が遅れたのはそのためであり、ユンカーたちの哲学を「ナチ・イデオロギーの、まごうことなき先触れ」であったと位置づけている[1]。また、ガブリエル・アーモンド（Gabriel Almond）とシドニー・ヴァーバ（Sidney Verba）はイギリスの政治発展に理想的なものを認め、アメリカもイギリスの自由民主政の道に追随したのにたいし、19世紀のドイツでは「参加」型の市民文化は根付かず、プロシアの「官僚的－権威主義的」パターンが押し付けられることで、全体主義の芽が全土に根付くことになったとする。彼らは、さらに、英語圏において「自由」とは個人の諸自由を守ることであるとされたのにたいし、ドイツ史の脈絡では「国家が外部の制約から自由であること」を意味していたとする[2]。政治社会学者のバリントン・ムーア（Barrington Moor）は、鋭くも、イギリス、アメリカ、フランスがたどった「資本主義的－民主政的」近代化の道とドイツや日本が歩んだ「資本主義的－反動的」道とを区別し、後者の道がファシズムを「呼ぶことになった」としている。ムーアに従えば、資本主義的－民主政的社会において、ブルジョア革命の成功が政治的自由の道に連なったのにたいし、ドイツと日本では、ブルジョアジーは貴族層と手を結んで、「支配権と蓄財権とを交換した」とする。また、ムーアは、帝政ドイツの議会制とは「保守的で、権威主義的ともいえる政府」の外見に過ぎなかったと指摘している[3]。

　1980年代に、デヴィッド・ブラックボーン（David Blackboun）とゲオフ・エリー（Geoff Eley）を中心とするイギリスの歴史家たちは、ドイツ史を「特殊な道」であるとすることは1933－45年の事象に引きずられた解釈であって、英米史を理想化したうえで帝政ドイツと比較するものであるだけに公平を失しているし、イギリスとだけでなく大陸ヨーロッパの経験とドイツの過去とを比較すべきであると指摘している[4]。この批判は、帝政ドイツを時代の脈絡に据えるべきであって、「後知恵だけから帝政ドイツを理解すべきではな

い」とするものである[5]。ブラックボーンとエリーの批判によって、歴史家たちの討論が活発化し、帝政ドイツについて、よりバランスのとれた論述が生まれることになった[6]。

　こうして、歴史家たちの帝政ドイツのイメージが修正されることになったが、それがアメリカ政治学に与えたインパクトとなると、ほとんど認めることはできない状態にある。比較政治学分野の最近の大学テキストは、なお、ゲルシェンクロン、ムーア、アーモンドとヴァーバの解釈の影響を強くとどめている。アーモンドの単著で好評を博したテキストに第2帝政期のドイツを扱ったものがある。この書は第2帝政期のドイツを「外見的に民主政を装った権威主義的国家」にほかならないし、「市民の役割は遵法型の臣民像であり、政府官僚の命令に従うものであった」としている。また、チャールズ・ハウス（Charles Hauss）の『比較政治（*Comparative Politics*）』は帝政ドイツを軍事型国民であり、「ヨーロッパのなかで最も権威主義的諸国のひとつ」であったと位置づけている。さらには、ミカエル・カーティス（Michael Curtis）のテキストは、第2帝政を「産業型封建社会」であるとしつつも、その「産業化によって、イギリスやフランスのような近代的政体が生まれたわけではなく、……人権などの基本的保障が帝国憲法に欠けていたことは明らかである」と指摘している[7]。他のテキストも同様の位置づけにあり、帝政ドイツは権威主義的で、イギリスとフランスのアンチテーゼにほかならなかったとしている[8]。

　ドイツ史の特殊な道という解釈において、何が特徴とされているかを知ろうとすれば、大学教育にとどまらず、比較政治の分野における近年の研究に拠り所を求めることができる。ポピュラーな『ポリティ（*Polity*）』誌に見られるように、一応、客観的データという形式を拠り所としつつも、その標識となると、必ずしも明確にされているわけではない。『ポリティ』は近代の政治レジームの特性にかかわる記述的データを所収していて、「民主政」や「専政」にかかわる年度ごとの総合的スコアも含まれている。『ポリティ』の、この企画の発案者はテド・ロバート・ガー（Ted Robert Gurr）である。彼はプ

リンストン大学の政治学者のハリー・エックシュタイン（Harry Eckstein）の助手を務めていた。エックシュタインはドイツからのユダヤ人亡命者で、その民主政理論がアーモンドとヴァーバのイギリス中心型「市民文化」論と結びつくことになった[9]。『ポリティ』のハンドブックによれば、「民主政」と「専政」を量化しようとする試みは、部分的であれ、現代の政治参加の広がりを「2つの道のいずれに、つまり、多元型民主政と大衆政党型専政のいずれに発した」かという課題に負っているとされる。西ヨーロッパの多くの諸国においては、民主化が進むなかで「伝統的専政の象徴的痕跡はほとんど消えた」が、「ドイツ、ロシア、オーストリア＝ハンガリーといった中央および東ヨーロッパの帝国は19世紀後期と20世紀初期の実効的政治参加を移植しつつも、実質的なものとはなり得なかった」と指摘している[10]。当然のことながら、『ポリティ』が1914年以前のドイツに認めた民主政の数値は、同時期のイギリス、フランス、アメリカよりも、はるかに低いものとなっている。ただ、数値化の基準は選択的なものであったから、この結果も生まれたと言えよう（オーストリア＝ハンガリーとロシアはドイツの低位におかれ、アメリカは19世紀と20世紀の、ほぼ、いずれの局面においても民主政の最大値を示している）。

『ポリティ』誌の事例は、本来、政治発展の特定の解釈に根ざした諸概念を客観化しようとするものであったにしろ、設定されたデータがどのような役割を果たすことになったかを例証する位置にある。というのも、『ポリティ』のデータは、今日、民主政の原因と結果の比較政治研究に、また、アメリカの対外関係史とは直接的な結びつきにはない争点の研究に広く利用されているからである[11]。こうしたデータを拠り所としている論者たちにおいては、データのレジーム類型の諸カテゴリーが所与のものと受け止められ、諸カテゴリーの出典やそこに含まれている歴史的解釈の意識が欠けている。つまり、民主政が外観に過ぎないと思われる場合にはアメリカの敵であると、あるいは、民主政の内実が含まれていると思われる場合にはアメリカの同盟であると解釈されているのである。こうみると、『ポリティ』誌は、アント

ニオ・グラムシ（Antonio Gramsci）の言葉を借りれば、米独関係の歴史的過程の「足跡」が「在庫目録に留められることなく」、現代の政治研究にどのように「蓄積される」かという点で、そのメカニズムを示す位置にある[12]。

　戦後の指導的論者たちが近代の政治発展に関する研究を残しているが、それぞれの世代の体験を色濃く反映するものとなっている。この点で、ナチズムとの闘争が決定的であった。例えば、ガブリエル・アーモンドとハリー・エックシュタインは、いずれも、ユダヤ人としてナチズムの恐怖をじかに体験している。それだけに、彼らがドイツの政治発展をアメリカのアンチテーゼと見なしたのも避けがたいことであった。

　こうみると、近年のアメリカ政治学が帝政ドイツにナショナリスティックなイデオロギーを認めたのも避けがたいことである。また、アメリカに限らず、その同盟国であったイギリスとフランスが19世紀後期に自由主義的で民主的な道をたどったのにたいし、ドイツは非自由主義的で軍国主義的な権威主義的レジームであったとされる。だが、当時の研究者たちは帝政ドイツをどのように描いていたのであろうか。19世紀後期の政治学者たちは、どのような基準で政治システムを比較していたのであろうか。また、その基準からすると、ドイツは、アメリカとイギリスやフランスに比べると、どのような事態にあったといえるのであろうか。

　19世紀のアメリカ政治学における2人の指導的研究者として、ジョン・W. バージェス（John W. Burgess）とウッドロー・ウィルソン（Woodrow Wilson）を挙げることができよう。その姿勢には、その後、2世代に及ぶ意見を読み取ることができる。バージェスはドイツで教育を受けた世代の最も代表的人物であり、アメリカにおいて専門的政治学を創設した人物でもある。また、ウィルソンはアメリカで最初に政治学の学位を得た研究者集団に属している。両者は別々の制度的背景を代表する位置にいる。というのも、バージェスは、1880年にコロンビア大学で最初の政治学大学院を置き、アメリカにおいて初めて政治学の大学院教学を体系化することで、その後の、長い指導的位置の

礎石を据えているし[13]、ウィルソンは、1883-85年に、政治学の分野においてコロンビア大学と覇を競っていたジョンズ・ホプキンズ大学で学び、少時、同大学で教職にも就いているからである[14]。また、バージェスはドイツびいきであったのにたいし、ウィルソンの文化的・感覚的方向はイギリスを志向していた。したがって、バージェスとウィルソンは、理論的関心、政治的見解、アメリカ政治学者の専門的経験という点で、19世紀後期の異なった姿を要約する位置にいたと言えよう。

　だが、ひとつの重要な点で、バージェスとウィルソンとの違いは陰影にとどまらない問題を留めている。というのも、ウィルソンは、1917年の参戦に際し、「民主政のために世界を安全にする」と宣言するとともに、ドイツの特徴を列挙し、それまでとは違って、かなり暗鬱な姿勢を示している。これにたいし、バージェスの積極的なドイツ帝政観は、米独関係の悪化のなかでも、とりわけ1917-18年の反ドイツの嵐が吹き荒れるなかでも変わることはなかったからである。1931年にバージェスは亡くなっているが、終生、米独間対立をチュートン民族の内輪もめであって、これは重大な間違いであると判断していた。一方は意見を変え、他方は変えなかったということ、これは、アメリカの外敵とアメリカの政治学との結びつきが、単に個人のレベルにとどまらず、強く社会のレベルでも作動していたことを示している。ウィルソンとバージェスとを対比してみると、政治学の概念と規範や外国のレジーム観が長いあいだに、政治学の心理学というより、その社会学がどのように変化したかという点で、両者はその理解を期すための鍵的位置にある。バージェスに即してみると、研究者個人が歴史の諸力によって操られることにはならないし、政治的現実が変化したからといって、自らの姿勢をあっさりと変えるわけでもないことを示している。だが、こうした研究者個人が抱懐した知識といえども、その後、研究者のコミュニティのあいだで忘れられがちとなることも明らかである。ジョン・バージェスは当時の最も重要な政治学者であったといえるが、今日、その名前を記憶している研究者は少なかろうし、その理論の理解者となると、まず、いないと言わざるを得ない。これに

たいし、ウッドロー・ウィルソンの遺産はよく記憶されている。だが、それが集団的に記憶されているかとなると、部分的なものに過ぎない。また、われわれの記憶に刻まれていることといえば、彼が1917年にドイツの専政に嘆息を漏らしたというイメージであって、それまではフランスの「民主政」を嫌い、ドイツの立憲主義を是認するとともに、プロシアの国家中心主義(スティティズム)を称えていたというイメージではあるまい。

ジョン・W. バージェスの国民主義(ナショナリスト)理論

ジョン・バージェスの生涯を大きく左右することになった2つのエピソードは、アメリカの政治学界の起源に深い影を落としている。それは南北戦争とドイツとの邂逅である。連邦の分裂と南北戦争というトラウマ的経験を経ることで、「アメリカ政治学は、その成立時の強い存在理由を明らかにするとともに、喫緊の課題に応えることが、つまり、永続的で統一的な国民的(ナショナル)政治単位の基盤を作り上げることが求められた」[15]。この世代の人々のなかでも、ジョン・バージェスは、「周到で科学的な」理論的基礎によって南北戦争後のナショナリズムを喚起したという点では、その代表例にあたる[16]。

バージェスは、1844年に、強い連邦統一派の家庭に生まれ、連邦軍に入隊するとともに、南北戦争をじかに体験している[17]。戦後、アマースト大学(カレッジ)を卒業したが、大学院で社会科学を十分に学びうる機関が、事実上、アメリカにはなかったので、他の多くの若い学徒と同様に、ドイツに渡っている。というのも、当時のドイツの大学は世界の最先端に位置していたからである[18]。

政治学を含めて、アメリカの社会科学界の創設者のほとんどはドイツに留学している。バージェスも1870年代にドイツで学位を取得している。また、1880年に、コロンビア大学で大学院を置くにあたり、彼が招いた3名の若い研究者もドイツで学んでいる[19]。ハーバード・バクスター・アダムズ（Herbert Baxter Adams）は、ジョンズ・ホプキンス大学で歴史学と政治学教学の体系化に指導的役割を果たし、学生時代のウッドロー・ウィルソンを指導している。

47

アダムズも、ウィルソンの他の2人の教師と同様に[20]、ドイツで学んでいる。こうした研究者たちは、アメリカに戻るにあたって、ドイツの研究型大学の方法をアメリカに移植できないものかと思案しているし[21]、ドイツの学界を最も高く評価するとともに、ドイツ流の大学院教学を実践し、学生たちにドイツ語をマスターすることを求めている[22]。

ドイツへの関心は学問水準の高さにとどまるものではなかった。というのも、ドイツは国民の再統一と統合の強力なモデルとなったからである。バージェスは1871年にベルリンに入り、普仏戦争勝利の凱旋パレードを目撃し、熱い思いで「6年前の退役軍人会のワシントン行進」と比較している[23]。こうした経験は、その後も長く、バージェスにドイツの制度と文化に対する愛着心を深く植え付けることになった。

国民・国家・自由・政府

ジョン・バージェスの理論的主著は『政治学と比較憲法（*Political Science and Constitution*）』（1890年）である。この書は「国民」・「国家」・「自由」・「政府」の各章からなる[24]。第1章は「ドイツ」の（精確で科学的な）規定と題し、「人種的(エスニック)統一性を有し、地理的に統一された領土にいる人々が国民(ネーション)」であるとしている[25]。

バージェスは、諸国民が平等に生まれるわけではなく、個別の性格には内在的な資質が備わっていて、主として、それぞれの住民の民族的(レーシャル)構成によって規定されると述べている。こうした民族の位階的構造の底辺にアジアとアフリカやラテンアメリカの人々がいて（彼らは「科学的検討」にも付し得ないとする）、中間に非チュートン系のヨーロッパ民族がいるとする。ギリシアとスラブの民族には芸術・哲学・宗教に優れたものがあるが、その政治的組織形態は「政治的資質の下位に位置する」と述べている。また、ケルト人は「政治原則を自覚したことは、あるいは、政治目的を持続的に展開したことはない」と、さらには、ローマ人は帝国を建設する才覚に恵まれていたと

する。最も高度の政体の形成は「優れた政治的国民と呼びうる国民に負うものであり、それがチュートン民族であって、こうした国民的創造性を簡潔に表現すれば、彼らこそが国民国家の創設者であるということになろう」と指摘している。したがって、バージェスは、国民国家が政治発展の最高形態であり、この形態に近づき得るのはチュートン民族だけであると理解していたことになる[26]。この点で、チュートン系の「イギリス系アメリカ人、ドイツ人、スカンジナビア人は完全な混血状態にはない」が、幸い、アメリカでは「チュートン民族の混交状態が支配的要因となっている」と述べている。また、チュートン系とは、ドイツ、イギリス、オランダ、スイス、スカンジナビアの諸民族およびフランス（ただしフランスの血統はイベリア・ケルト・ローマの各人種によって希薄化している）からなるとしている[27]。

　バージェスの著書の第2章は「国家」について論じ、理念主義的理解に同意している。国家とは自由な個人間の一体的契約の所産ではなくて、理念の実現を不断に目指す有機体であるとする。国家の進化過程に即してみると、国民的君主政の成立が「近代の政治時代の幕あけ」を印す位置にあり、この局面に至って「住民の多くは国家の意識をもち、その実現に参加すべきであるとする衝動を深くする」とともに、「君主を中心に結集」し、「彼を国家の第1の奉仕者とする」ことになったと述べている。また、国王が、公職保有者に過ぎない存在となり、人民主権に従うようになると、国家は民主的な存在に変わったわけであるから、民主政は制憲という民衆の革命的行動に具現され、国民の調和と統一がその条件となるとする。かくして、「民主的国家は国民的国家でなければならず、真に国民的な人民からなる国家は民主的存在にならざるを得ない」と判断している[28]。

　バージェスは、こうした歴史的展開過程を経ることで、ドイツとアメリカは（チュートン系の）民衆型民主政国家のなかでも、最も進歩したカテゴリーに入るとしている。また、ドイツの制憲過程は、その一世紀前のアメリカの過程と同様に革命的で、進歩的であったし、いずれの場合にも、人民が近代の国民的国家を意識的に形成することになったと位置づけている。さら

には、プロシアの君主は、その権能に即してみると、プロシアの国王ないしドイツの皇帝であり、立憲的官職保有者でもあって、近代の民衆型民主政の国家形成を象徴する位置にあるとしている[29]。

　バージェスは、個人の自由の強固な擁護者であり、立憲国家は自由の究極的保護主体であって、政府による自由の侵害や多数派の専政から個人を守り得る存在であると見なしている。諸個人は、近代の全ての国民国家において、同様の自由を享受していると言えるが、こうした自由は、わけても、アメリカにおいて最も十分に守られているとし、アメリカにおいては、自由の基本原則は「国家によって憲法に明記され、その最終的・権威的解釈は、国家によって一団の裁判官に委ねられているだけでなく、彼らは政府の政治部門から独立して自らの公職を保持している」と指摘している[30]。

　バージェスは、他の近代の民主的国民国家をどのように評価しているのであろうか。この点で、「ヨーロッパの主要3カ国の憲法のなかで、アメリカ憲法が保障しているような個人の自由を何らかの程度で保障しているのは、ドイツ憲法だけである」としている。ドイツはアメリカの理念にそぐわないところがあるとしても、そのシステムにはフランスにまさるものがあると言えるのは、フランスにおいては「個人的自由について、憲法はなんらの保障も定めていない」からであり、この点では、イギリスも同様であるとする。というのも、イギリスにおいては「国家の全権力は政府に帰属し、……国家と政府とは十分に区別されてはいない」からであると指摘している。したがって、立憲的自由という点からすると、ドイツはアメリカに次ぐ位置にあるとしつつも、イギリスやフランスの上位にあると見なしていたことになる[31]。

　バージェスは、国家を抽象的有機体であるとし、現実の政府との違いについて詳述している。実際、国家の形態と政府の形態とは一致すべきであるとする必要にはないという視点から、次のように述べている。すなわち、「現局面からすると、最も有効な政治システムとは、貴族政には現実的メリットがあるわけだから、それが人為的なものでない限り、貴族的政府の民主的国

家であると言えるのではあるまいか。それが共和政型の（アメリカ的）政府形態の現実の原則ではないとすると、では、その原則とは、どのようなものかとなると、妥当な応答に窮せざるをえない」[32]と。実力主義的政府の民主的政府が望ましいとしている限り、バージェスはウッドロー・ウィルソンや同世代の構想を先取りする位置にいたことになる。というのも、彼らも、国民奉仕型の実効的な行政国家の確立を志向していたからである。とはいえ、バージェスはこの課題を十分に展開し得なかった。

　バージェスは、国家と政府との違いを詳述するなかで、多様な政府形態の功罪を比較している。彼は、「代議制政府」が優れているといえるのは、憲法によって制約されている限りにおいてのことであって、「政府の権力を列挙している場合や、個人の自由を規定し、これを政府の権力から守っている場合とを問わず、国家がその全権力や主権を政府に賦与していない限りにおいてのことに過ぎない」と述べている。これにたいし、「国家が全権力を政府に認め、個人の自律性の余地をとどめていないなら、この政府は制限されてはいないものであって、活動において、リベラルで慈恵的なものであるにしろ、理論的には専制政治である」と指摘している[33]。すでに、バージェスは、自由について検討していて、代議制政府の「良否の」形態には疑問の余地がないとしている。この点で、イギリスのシステムは、「国家の全権力が政府に賦与されている」ので、権力が制限されていない悪い代議制政府の典型例にあたり、専政への転化を阻止する確かな歯止めも存在していないのにたいし、アメリカは制限型の良い例にあたるとしている。また、バージェスは、すでに、自由について検討していて、ドイツは、イギリスやフランスにまして、アメリカ型理念型に近いと判断している。

　バージェスは、また、「公職ないし地位の保有」の視点から政府を分類し、「世襲型と選挙型に分け得る」としている。いずれのシステムが優れているかという点で、その規範的判断を示しているわけではないが、4つの世襲制原理が存在するとしたうえで、「男系長子相続制が最も有効で、うまく機能する」と述べている[34]。これはプロシアの原理にほかならず、このように考

えられていたとしても、驚くべきことではあるまい[35]。

さらには、バージェスは大統領型と議院内閣型の政府を区別している。大統領制において、「国家と主権者は、行政部の地位と権限を立法部から自立させ、その自立性と権限領域が立法部によって侵害されないだけの権力を大統領に与えている」とする。また、大統領型政府を高く評価し、「これは保守的なものであって、一人の人間に大きな責任を認め、慎重さと熟慮を、また、あらゆる関連利益を公平に尊重することを求めている」と述べている[36]。

バージェスは、帝政ドイツが「大統領型形態」の枠内に入ると見なしている。「ドイツ皇帝の地位と権限」と題する小論において、皇帝がドイツ連邦の大統領ないし「共和国の大統領」であると繰り返し指摘している。また、ドイツ憲法はプロシアの国王をドイツの大統領であると規定していると位置づけるとともに、このように受け止めること（憲法上の形態規定が実体であるとすること）が、1888年の局面においては、自明のことであるとしている。さらには、皇帝の地位が選挙によるものではないからといって、問題とすべきことでもないと理解している（皇帝は、結局、最善の世襲原理によって王位を継承したとする）。また、「共和国の大統領」が他に範例を求めるべきものとすると、アメリカの大統領はより強力なドイツの皇帝から学びうるものがあろうと指摘するとともに、皇帝には、プロシアの国王として、拒否権が認められていることを明確にしている。かくして、「こうした諸権限は、現下の状況に鑑みると、きわめて賢明な規定であるといえる。皇帝は、こうした権限を欠くと、国民に対する義務を果たし得ないことになると思われる」と述べている[37]。

バージェスは、議院内閣制を大統領制に劣るものと位置づけている。この点では、とくにイギリスについて言及し、議院内閣制が機能しうるには特有の条件が求められるとし、世襲王制が「大衆の最も誠実な献身と忠誠の対象となる」とともに、「大衆の徳義」を維持しうるだけの国民的宗教の位置を保持しうることが、さらには、「制限選挙制によって知的で保守的な、また、穏健な諸階級が政治権力の担い手となる」ことが求められるとし、この点で

は、イギリスの選挙権の拡大はこのシステムを切り崩すおそれがあると指摘している。というのも、「議員は普選によって、あるいは、大幅に拡大した選挙権によって選ばれることになるので、最も進んだ国家においてすら、民衆の現在の知的水準では、こうした質の高さ〔安定と文化の水準〕を立法部に求めることはできなくなるからである」と述べている[38]。バージェスがリベラルなイギリスに好意的であったとしても、19世紀後期に民主化を進めていたイギリスを評価してのことではなく、ウォルター・バジョット（Walter Bagehot）に見られるように、ホイッグ派の保守的リベラルが描いたイギリス像を越えるものではなかったと言える。

ドイツ：「ヨーロッパ最善の平和の砦」

バージェスは、「ドイツ皇帝の地位と権限」と題する小論において、その外交権について検討し、皇帝には、憲法において「列強と同盟を結び、〔自衛の〕戦争を宣言し、平和を結ぶ」権限が授権されているとする。だが、「攻撃型の宣戦を発することは強く規制されている」と言えるのは、そうした行為については「連邦参議院の同意を必要としている」からであると述べている。また、プロシア国王として、皇帝は連邦参議院の17議席をコントロールしているが、宣戦の布告に必要な30議席を確保するためには「プロシアのほかに、少なくとも3邦の王侯間の合意」を必要としていると、また、ドイツの王侯は「古く」、「保守的」であるだけでなく、「帝国政府の権力集中に批判的で、戦争の結果も自覚している」とする。かくして、バージェスは、ドイツ憲法は「恣意的で検討も不十分なままに、不必要な宣戦を発することを防ぐ」最善策を講じているとする[39]。

バージェスはドイツ帝政を次のように評価して、この小論を閉じている。

> ドイツ帝政には保守主義の精神が横溢しているし、法による制約も十分である。憲法は皇帝ないし諸侯の個人的思惑や動揺に対して、また、人民の移

り気や暴力についても十分に備えている。さらには、平和の強制力という点ではヨーロッパで最善の砦である。一言でいえば、立憲的大統領制であって、改革が求められるとしても、この体制を弱めることではなくて、強化することにある[40]。

イギリス：「海洋の僭主」

　1888年に、ジョン・バージェスがドイツを平和の砦であるとした頃、ドイツの対外政策の中心はヨーロッパの事態に向けられていた。また、アメリカ合衆国と「ドイツ合衆国」との友好関係は当然のことと受け止められていた。だが、1890年代に、ドイツは大海軍体制を敷くとともに、攻撃的な「世界政策」を開始し、アメリカも固有の帝国主義的冒険に乗り出している。世紀転換期に、両国民の外交が緊張しだしたのは、サモア、フィリピン群島、中国、ヴェネズエラを巡る対立が表面化したからである[41]。緊張が高まると、ドイツの積極的イメージは、学問的評価と並んで低下しだし、従来の同調的ドイツ論に替わって反ドイツ的著作が増えだしている[42]。

　だが、バージェスは、なお、ドイツびいきの姿勢を崩してはいない。1908年に「アメリカのドイツ協会」で講演し、米独の友好関係の行方に不安を漏らしている[43]。彼は1912年にコロンビア大学を退職しているが、1914年に『1914年のヨーロッパ戦争（The European War of 1914）』と題する著書を残している。この書はドイツ側にのみ立っているわけではないとしても、結局、世論の流れに抗するものとならざるを得なかった[44]。米独対立の回避に腐心するなかで、ドイツびいきを吐露するとともに、反英論を強力に展開している。彼は、イギリスが「専政的」で「海の軍国主義」国であるとしているだけでなく、この「海の独裁者」と「陸の独裁者」（ロシア）とをあからさまに対比したうえで、ドイツはイギリスの「敵国」であるとされているとし、次のように続けている。

第1章　帝政ドイツ

　　ドイツの経済体制は、歴史的にも現局面においても比類し得るものがないほ
　ど、最も能率的で、真に民主的である。世界中に文明の果実を広め、分配し
　ているという点ではドイツ連邦の右に出る国はないし、文明度がこれほど高
　い国は、大小のいずれを問わず、ほかには存在しない[45]。

　バージェスの帝政ドイツのイメージは、明らかに、今日のアメリカの政治
学者とは異なるものである。彼は、ドイツが権威主義的で、半封建的な君主
政国家ではなく、立憲民主的で大統領型の国民国家であって、その市民はア
メリカとほぼ同程度に高い自由を享受しているとする。また、ドイツの政治
制度は他のチュートン諸国民と同様の道を辿ったし、チュートン系グループ
のなかでもアメリカと同様に高い政治的発展段階にあり、その程度にはイギ
リスないしフランスをはるかに凌ぐものがあるとしている。
　バージェスの政治論はナショナリストの方向にあり、アメリカの政治シス
テムを世界で最も自由で、高い発展段階にあると位置づけるとともに、アメ
リカが政治の教訓を引き出しうるとすれば、ドイツが唯一の国民であって、
国民の再統一と結束のモデルとなり得るだけでなく、大衆の気まぐれに煩わ
されることなく体制を保守し得る強力な大統領制を採用しているという点で
は、ひとつのモデルともなり得るとしている。したがって、バージェスのド
イツ観からすると、そのナショナリズムは調　整　主　義的色調の強いもので
あったことになる。
　　　　　　　　　　　　　　　　　　　アコモデーショナリズム
　バージェスのドイツ観と現代の帝政観には違いが認められるが、これは新
しい事実に発しているというより、事実の規範的判断と解釈の変化によると
言える。イギリスと違って、ドイツが成文憲法を持っていたことには論争の
余地がない。現代の政治学者たちがこの事実を重視しているわけではないの
にたいし、バージェスは、だから、イギリスがドイツに比べて専政に転化し
かねないという危険を抱えていると判断したのである。バージェスとバリン
トン・ムーアは、いずれも、ドイツの政治システムが「保守的」であるとし
つつも、ムーアがこうした保守主義を消極的に評価したのにたいし、バー

ジェスはこれを高く位置づけていたのである。要するに、帝政ドイツの政治制度の構造について意見を異にしていたわけではなく、主として、こうした諸制度が近代の民主政国家の「実質」的要素であったのか、それとも「外観」に過ぎなかったのかという理解の違いに発している。

ウッドロー・ウィルソンの国家主義論

ウィルソンは、1856年にバージニア州で生まれている。少年期には父の南部連合論に同調的であったが、長じて、連邦の主張を支持する方向に変わっている[46]。南北戦争の経験は、バージェスと同様に、ウィルソンの思想にも影響を与えている。それだけに、ウィルソンの著作に色濃く認めることのできるテーマは有機的で凝集力に富んだ国民国家の概念である。だが、バージェスにおいて、国家とは国民の抽象的表現であるとされ続けたのにたいし、ウィルソンは国民に具体的で能率的な行政国家という内実を吹き込もうとした[47]。

ウィルソンは多作の政治学者ではあったが、自らの「政治の哲学」を完成し得なかった。また、決定的な理論的著作となり得る論稿を残したいと思いつつも、これを果たし得なかった。ウィルソン全集の編者たちは、この全集には「近代の民主的国家」に関する一連のエッセーないし講演が、また、彼の著書である『国家 (The State)』の歴史の諸章が、とりわけ、行政・法律・法学に関する講義のノートが含まれることになるとしている[48]。こうした著作の多くは、彼の学位論文 (1886年) を含めて、ブライアン・モール大学とウェズレアン大学で、さらには、プリンストン大学で (1890年以降) 執筆されたものである[49]。この節では、主として、この局面のウィルソンの論稿やノートに焦点を据えることにするのは、完成をみることにはならなかったにしろ、それが主著の中心となるはずであったし、この局面で完成した著書 (『国家』、1889年) は彼の「最大の学問的成果」であると見なされているからである。また、この局面で政治学者として最も多くの論稿を残しているから

第 1 章　帝政ドイツ

でもある[50]（その後の数年間の活動は、一般的著作と講演に、また、学界行政に移っている）。

　ウィルソンの「政治の哲学」の検討に移るにあたって、その初期の著作について、いくつかのコメントを付しておくべきであろう。彼がイギリスびいきであったとされるが、これは至当な指摘である。彼の家族はイギリス系スコットランドの祖先に強い愛着を覚え続けているし[51]、若き日のウィルソンはアメリカに議院内閣制を導入すべきであると考えていた[52]。だが、イギリスに魅力を覚えていたからといって、ドイツを敵視していたわけではなく、とりわけ、ビスマルクを敬愛していた。ウィルソンはこの宰相を評して、奸策と偽計をめぐらすことはなかったとは言えないが、最も「創造的」で「洞察力に富み」、「活動的」な政治家であると述べている。また、ドイツについて、「かなり小国で、実質的に従属的な王国でありながら、8年のあいだに、一人の人物の手腕によって第一級の強国を誇る地位に昇ったという点では、数少ない例にあたる」と指摘している[53]。

　他方で、ウィルソンはフランスに対する敵意を露わにしている。未刊の「フランスの自治」（1879年）と題する小論で、彼は、フランス人民は自治の姿勢を欠いているし、農民は「無知に等しく」、しかも「追従的」であると、また、ブルジョアジーは「信頼できる市民であれば、備えていてしかるべき資質を欠いている」と述べている[54]。さらには、エドモンド・バーク（Edmund Burke）の影響を受けて、フランス人は性急であるし、革命によって自治の方法を導入しようとしているが、これは、イギリスとアメリカにおいてのみ成功したことであって、長いあいだに自然に根付いたことでもあるとする[55]。そして、「フランス革命以降のフランス史は集権型民主政・集権型君主政・帝政という政治体制の変動の記録であって、これは、いずれも専政的支配にほかならない」とするとともに、議会制の「諸形態が一世紀以上も続いている」とはいえ、この制度は「親の権威の独立が子供に合わないように」、フランスに適合的な制度とはいえないと指摘している[56]。

　表現は婉曲であれ、この種の軽蔑的用語はその後もウィルソンの論述に繰

り返し登場し、フランスの政体は「酔っ払い状況」にあるとか、「有害で」、「機械的」であるとか、あるいは、「不安定」で「性急」であるとされる[57]。フランスの政治システムはフランスの国民性と乖離しているという、また、フランス行政はプロシアに劣るという考えはウィルソンの「政治の哲学」に一貫している。今日の社会科学者たちはドイツを政治発展の逸脱形態であると見なしがちであるが、ウィルソンは、むしろ、フランスが特殊な例にあたると見なしていたといえる。彼の政治理論からすると、ドイツは政治発展の自然な道を辿っているのであって、「性急な」フランスが、むしろ、この道を失しているとされたのである。

　ウィルソンの「政治の哲学」は、ドイツ語をマスターし、知的地平もイギリス以外の諸国に広がった頃に、断片的に残されたものである[58]。また、ウィルソンの研究スタイルは、政治発展の歴史と当時の諸国民の状況とをクロスさせつつ比較するという手法を導入している点では、彼の世代を代表する位置にある。

　ウィルソンの政治発展論は、バージェスの場合と同様に、人種主義的で位階的な性格を帯びている。彼は、近代政府の起源を理解するためには、「敗北した」原始的集団の「野蛮な」伝統の研究ではなく、「適者生存」の原理がどのような役割を果たしたかについて、つまり、アーリア人種を構成している諸集団について研究しなければならないとする[59]。この視点から、ウィルソンは、スラブの村落共同体の未開段階から始め、ギリシアとローマやドイツの部族を、さらには、イギリス人民を経て政治的成熟段階に至るアーリア人種の発展史を辿っている。各集団は先祖の積極的慣行を継承することで、固有の性格を帯びるに至ったとする。また、チュートン民族が「ドイツの慣習とローマの法と概念とを結合させることで、……近代的政治生活の諸条件が生まれることになった」と位置づけている。さらには、チュートン諸民族はイギリスに「代表の原則」を扶植したとする。そして、イギリスでは「自由土地所有と地方自治から立憲国家が、また、立憲国家から最も重要な政治的展開や自由で有機的な、自覚的で自主的な国民が生まれ、人民代表の主要

な機関のみならず、自由の制度的保障が法的に成立」し、こうしたイギリス国民のなかから「アメリカの誕生」を呼ぶことになったとする[60]。要するに、アーリア人種に先導されて諸民族がゆっくりと政治的に進歩したのであり、アーリア人種の政治発展の頂点は有機的で自由な立憲的国民国家であり、アメリカがその典型例にあたるとするのである。

　ウィルソンは、バージェスにまして、国民国家の有機的性格を強調している[61]。この脈絡において、国家は「持続的で自然な関係」であり、「個人にまさる高次の」永遠の「生命形態の表現であって、各人の生活を可能ならしめる共通の生命にほかならない」とする[62]。また、その最も完全な展開形態が近代の国民国家型立憲国家なのであって、「自覚的で成熟した自己規制型の（民主的）国家」にほかならないとする[63]。この規定からすると、「民主政国家」とは、ひとつのサブタイプであって、最も進んだ政治形態の最もラディカルな形態であって、立憲国家にほかならないと位置づけていることになる。この点で、立憲国家は次の4つの要素からなるものとする。第1に、「人民は何らかの代表制を採用していることであって、それが広範に及ぶものである限り、その実態の違いは問題とならない」とする[64]。第2に、行政が法に服していることであり、第3に、在任機関を制限されていない独立した司法部が存在していることである。そして、第4に、程度の差はあれ、個人的自由権が保障されていることであるとする[65]。

　ウィルソンは、ドイツ連邦とその主要な構成単位であるプロシアを、イギリス、アメリカ、フランス、スイス、スウェーデン＝ノルウェイ、オーストリア＝ハンガリーと並んで、「立憲国家」であると見なしている。こうした諸国についての論述が『国家』の「諸国の章」の主題とされ、自らの憲法論と行政論を展開するための素材としてしげく使われている。ウィルソンの理解からすると、イギリス、アメリカ、プロシア／ドイツ、フランス、スイスが最も重要な位置にあるとされ、近代の立憲国家論において、こうした諸国の憲法がアメリカ憲法と比較されていることは明らかである。また、こうした諸国の憲法は一様ではないし、「成立条件も時代を異にしている」だけ

に、違いをもって優劣を論ずべきではないとする。こうした諸国は、いずれも、上記の近代の立憲国家に特徴的な4つの要素を備えているし、それぞれに、優れたものが認められるとする。かくして、例えば、「プロシアの国王といえども、自ら制定した憲法を変えることはできないし、これを弄ぶことは安全ではないと自覚することで、憲法はしかるべき位置にとどめおかれている。制定されたからには、撤回され得ないものと考えられている」と述べている[66]。

ウィルソンの有機的政治発展論において、現実の法体系と政治制度との統一が、また、国民がこうした諸制度から十分な恩恵を受け得るだけの「慣行」が成立しているかどうかが重要であるとされている。この点で、(当時)新しく成立した日本国憲法について、ウィルソンは「主として、プロシア憲法の模倣である」とし、両者の主な類似点は「大臣が議会ではなく、皇帝に責任を負うものとされていることにあり、……このモデルは、イギリス、フランス、イタリア的意味からすると、責任政治の政府とはいえない」と指摘している。今日のパースペクティブからすると、この指摘はプロシアと日本の体制を非難したものであるように見えるが、ウィルソンは、「日本の発展段階からすると、プロシア憲法は模倣に値する優れた例にあたり、これをモデルとすることも固有の才覚を、また、検討し学ぶという固有の能力を示すものであって、この点で、日本は最善の憲法を採択し、成功の可能性を秘めている」と位置づけている[67]。この指摘からすると、日本の憲法を直接的に支持しているだけでなく、プロシアの憲法を間接的に評価していることになる。また、プロシアはイギリスの憲政を無頓着に模倣しているわけではないとし、これを評価するとともに、その法体系は国民の「慣習」と一体化していると言えようが、フランス史に即してみると、イギリスの制度を形だけで模倣し、法体系を導入しているに過ぎず、「習慣に支えられているわけではない」という危険を宿していると指摘している[68]。

第1章　帝政ドイツ

民主政国家

　ウィルソンの思想において、「民主政国家」は「近代立憲国家」のサブカテゴリーとされている。このカテゴリーに入る諸国はアメリカ、スイス、オーストラリア、および、やや劣るが、イギリスに限られている。イギリスがなぜ劣るかといえば、「反乱の衝動」が残存し、「自由の規律がすべての階級に及んでいない」からであるとする（ただ、幸いなことに、アメリカに移住することになったのは〔イギリスの〕規律ある階級であったとする）。フランスについては「もっと自制心を高めない」と、民主政国家とはなり得ないとする[69]。また、フランスとスペインにとって、民主政とは「効き目の遅い劇薬」であるし、南アメリカにおいては、民主的諸制度は「影も形もない」と指摘している[70]。

　ウィルソンは「民主政」という言葉を肯定的に使っているが、その意味をどのように理解しているかとなると、今日と同じ意味で使われているわけではない。第1に、民主政という概念は、「立憲国家」という、より広いカテゴリーの場合と同様に、有機的国民の発展という観念と結びついている。民主政と「国民」とは不可分の関係にあって、民主政は、国民のあいだに、その機が熟さない限りは成立し得ないと判断している。だから、大陸の諸国家が十分に民主的とは言えないといって非難しなかったのは、「厄介な」地理的・歴史的条件を抱えていると見なしたからである[71]。この点で、イギリスの人々は、（「クローゼットのなかの」スイスと同様に）幸運にも、大陸の経験に特徴的な「国民間の激しい抗争」に巻き込まれなかったとする。また、大陸の諸国は、英語圏でゆっくりと、有機的に展開している諸制度を慌てて導入すると、民主的とはいえないまでも、ナショナルな習慣のなかにいる場合よりも悪い状況に見舞われざるを得ないと述べている[72]。

　第2に、民主政の妥当な試金石が選挙であるとすると、ウィルソンはその役割を極めて低く評価している。民主政とは「教育と訓練や教養を積み、行使するにふさわしい人々」によってこそ、適切に運用されるものであるとし

ている。また、投票と公務員試験のいずれによるものであれ、こうした人々が統治し得る機会に恵まれている限り、民主政の要件は満たされていると判断している。こうした公務員の選任方法が「きわめて民主的」であるといえるのは、統治の人材を「……公務にふさわしい人々から探し出すことができる」からであり、能力(メリット)による選抜は「別の代表形態にほかならない」と位置づけている[73]。この脈絡からすると、民主政とは選挙過程というより、資格体制(メリットクラシー)であると理解していたことになる。ウィルソンの論稿から、選挙の平等がそれほど重視されていたわけではないことがわかる。例えば、「普通選挙さえ制度化されておれば、民主政が成立しているということにはならない。普通選挙は自由を破壊するクーデターともなりうる」と述べている[74]。だから、上院議員が一般投票によって選ばれていないからといって、あるいは、南部黒人に選挙権を認めない方法で選ばれているからといって、ウィルソンにとっては気にすべきことではなかった。『国家』において、ウィルソンは、事実に即してプロシアの不平等な3級投票制について詳述し、この制度をアメリカの都市選挙にも導入すべきであるとしている[75]。民主政を資格体制であると、つまり、教育と訓練を積んだ人々の支配であるとすることで、大衆の無知の堡塁とされていたのである。というのも、彼は世論の諸力を擁護しつつも、大衆型公衆観を変えることはなかったからである。並みの市民は移り気で、「銀の問題、ベーリング海峡論争、ブラジル状況のオリジナルな発想について"妥当な判断"を下しうるとは想定し得ない」と述べている[76]。

　したがって、ウィルソンが外交問題と民衆の議会討議とを分離すべきであるとしたのも驚くべきことではあるまい。イギリス下院が外交方向をほとんどコントロールしてはいない状況について、ウィルソンは次のように述べている。諸課題のなかには「きわめて微妙な問題もあり、議会の公的検討になじまないものもある。とりわけ、外交政策の立案のなかには、早まって公開すると、いたずらに不満を煽ることになりかねないものも含まれている。……公開されるべきかどうかについては、広範な裁量権が内閣に認められて

第 1 章　帝政ドイツ

しかるべきである」と[77]。

　要するに、ウィルソンは、大衆選挙型民主政の主張者であったというより、バーク型の保守主義者であったとするのが妥当である。彼の目的は、(フランス革命) を連想させる民主政の概念やジャクソン型ポピュリズムを、また、蒙昧な「民衆 (demos)」の支配を排除することであった。選挙の平等がよいことであると言えるのは、「万人が平等に判断し得る局面においてのことに過ぎない」が、そうした局面とは、「これに、ほぼ近い」段階に至ってのことに過ぎないから、統治は教育を受けた行政エリートに委ねられるべきであって、必ずしも選挙による必要はないとする[78]。この点で、プロシアは合理的行政のモデルとなりうるとしている。

ウィルソンの行政論

　20世紀への転換期に至って、中央と地方とを問わず、公行政がアメリカ政治学の中心課題となっていた。ウッドロー・ウィルソンは行政研究の草分けのひとりである。彼は、1887年の最初の小論でこの問題について論じ、「伏魔殿の都市政治、秘密主義の州行政」、連邦政府の「腐敗」について指摘するとともに、「優れた行政とは、どのようなことなのかについて明確な理解がアメリカにおいて共有されているわけではない」とし、そのためには「フランスとドイツの研究者たちが展開した」行政学を学ぶべきであるとしている。この点で、ウィルソンは次のように指摘している。フランスの行政機構はナポレオンによって完成をみたし、プロシア行政の「優れたシステム」は偉大な国王や改革者たちによって「広く研究され、ほぼ完成の域に達する」に及んで、「傲慢で、やる気のない官僚機構は公共心あふれる公正な政府機関へと変わっている」。だが、イギリスは「政府の活性化よりも、そのコントロールに腐心している」から、アメリカは大陸の行政から知恵を借り、「よそのガスを抜き去って」アメリカに適したものにすべきである、と[79]。

　ウィルソンはドイツ語能力を高め、大陸の文献になじむなかで、大陸を

「よそのガス」とする考えを修正していく。とくに、都市政治の分野については、プロシアのシステムは異質なものというより、本質的に「汎チュートン的」であるとする考えを強くし、自治の最高形態であると位置づけている[80]。そして、フランスの理念はプロシアよりも有害であると見なすに至っている。

ウィルソンが描いた行政国家は国家主義的ドイツをモデルとするものであって、ワシントンの政府にとっては（一部は実施されているにせよ）将来の課題の多くが含まれていて、ドイツでは既に実施されていると見なしている。そのなかには「貧民救済、保険（年金など）、貯蓄銀行、森林管理、狩猟と漁業の立法」にとどまらず、「郵便、電信電話など……によって経済などの活動」を活性化することが、さらには、「鉄道の維持と管理、……信用制度の確立」が含まれている[81]。そして、ベルリン大学は国民サービス型大学であるとし、これをモデルとすべきであると考えていた[82]。要するに、国家の機能という点で、アメリカはイギリスよりもドイツの形態を導入すべきであると判断していたのである[83]。こうみると、ウィルソンは当時のアメリカ政治学者のなかでも、とりたてて異論の持ち主であったことにはならない。

統治機構についてみると、ウィルソンは「元首の形態」を基礎に国家を3類型化しているが、この方法は彼に一貫している。ロシアとトルコのような「専政型」の政体においては、「国家元首の行為をコントロールしうる憲法上の手段は存在しない」とする。これにたいして、アメリカ、フランス、スイスのような「共和政型」の政体においては、「国家元首は完全に法に服しているだけでなく、個人的にも法を遵守すべき責任を負っている」とする。そして、第3のカテゴリーとして「立憲型」システムを挙げ、この類型においては、国家元首は個人として逮捕されたり、拘禁に服するわけではないが、「憲法上のコントロール」を受けることになるとする。この点で、イギリスとプロシアは（バイエルン、スペイン、イタリアを含めて）第3のカテゴリーに入るとする。また、立憲国家における国王の主権は「今や、中間的なものに変わっている。こうした中間的主権は主権とはいえず、現代の君主は象徴

的に国家の最高機関の諸決定に参与することで、主権者の地位に留まっているに過ぎない」と述べている[84]。

次いで、ウィルソンは「連邦国家」の元首について検討し、アメリカとドイツとを比較して次のように指摘している。アメリカの元首は「中央政府の行政首長」である。これにたいし、ドイツの元首は「主権機関（連邦参議院）の一員であり、国家（プロシア）の総括者」である。だが、「あらゆる場合において、元首は法と憲法のルールや手続きに厳格に規制されているし、その責任は直接的で個人的なものもあれば、大臣が負うことで間接的なものにとどめている場合もある」と[85]。この指摘からすると、1894年の局面で、ウィルソンはドイツ皇帝を間接的責任を負った執政官であると見なしていたことになる。ウィルソンの諸著作と『国家』からすると、皇帝は世襲型行政首長ではあるが、「現代の最も強力な支配者であると見なし得るだけの権限を握っているわけではなく」、行き届いた憲法体系に拘束されていると見なしていたことになる。かくして、「皇帝の権限は明確に制限されているし、帝国が連邦型のものであることを明示するとともに、特権ではなく、法によって統治された国家である」と述べている[86]。

この局面のウィルソンの著作には、連邦大統領とプロシア国王としての権限のいずれについてであれ、皇帝を専政主であるとする規定は見当たらない。この呼称は絶対主義的ツアーやイスラム教国王のハリハを指すために留保されているし、専政という言葉は民主的支配というより、共和政的で立憲的な統治形態の対抗概念とされている。

ウィルソンは、全国政治だけでなく地方政治にも関心を深くしていて、「地方の自治機関が、……結局、政治的自由の生命と活力にとって最も重要である」と理解している[87]。この点で、アメリカの都市政治は活力を失しているし、「システム化に欠けている」と位置づけている[88]。また、フランスについては、集権的視点から「地方問題に介入し、取るに足りないことまでも詮索する傾向が強まっていて、地方自治は頓挫している」が[89]、プロシアは地方自治の最善のモデルとなりうると述べている。また、フランスのシス

テムは極めて中央集権的であって、地方自治の原理とは「斉一性ではなく、多様性を生命の原理としているだけに、この原理を欠いている」。これにたいし、プロシアの「集中」モデル（集権型監督体制ではあるが、地方自治のコントロールではない）によって、「不可欠の統合機能を失うことなく、地方の多様性と活力」を維持しているとする[90]。こうしたウィルソンの基本枠組みにおいては、国民生活の有機性が強調され、"活力"という言葉が繰り返し使われている。

　また、ウィルソンは次のように述べている。すなわち、自治とは、大衆の投票にかかわることではなくて、「政治に参加することにある。より賢明な中間階級に統治の全権を与えることができれば、自治を発見したと言えるはずである。……求めるべきことは人々を国家の偉大な荷馬車につなぎとめ、その御者とすることである」と[91]。ウィルソンは、ベルリンを「プロシアの都市システムの精華」であり、理想的システムであって、「より優れた」市民（"人民（デモス）"ではない）が行政に積極的参加し、権利と奉仕とを結びつけた体制であると判断している[92]。ベルリンでは「有給の公務員のほかに、一万を超える人々が政治に参加している」。彼らには、無給の奉仕が求められ、「受け入れないと、市民権を失い、税負担が重くなる」。また、ベルリンの選挙制度は「プロシアのシステムの特徴を示すものであって、投票者は納税額に応じて3階級に区分されている」。規模こそ異なれ、「こうした階級は、それぞれ、市議会に平等な議員を送っている」と。ウィルソンは、こうした事実に共鳴し、また、それがイギリスに発していることを確認しつつ、次のように述べている。ベルリンは例外ではなく、「確かに、イギリスの類例にあたる。汎チュートン的進歩の一例を示すものであって、同族の人々の古くからの政策に発していると思われる。……だから、ベルリンに帰ったからといって、知らない土地とは言えないことに気付くはずである」と[93]。要するに、ベルリンは最高の自治形態であり、民衆の参加と行政の効率とを最も上手に結合しているわけであるから、アメリカの改革者たちが手本とすべき優れたモデルであると見なしていたのである。

第1章 帝政ドイツ

　ウィルソンは、バージェスよりも強く「民主政」を擁護したといえるが、その「政治哲学」は、古くからの政治理論と同様に保守的なものであった。また、ウィルソンもバージェスと同様に無規律の「民衆(デモス)」による支配に脅威を覚え、フランスのラディカルな内実を民主政の概念から抜き取ることで逆転現象を阻止し、世界のために民主政を安全なものにしようとしていた。ウィルソンの理想的政体は立憲的（アーリア人種の）国家であり、必ずしも選挙によらない選抜型の教養あるエリートによって効率的に運営され、無知な大衆から切り離された行政であった。今日では選挙過程と行政責任が民主政の試金石とされているだけに、そのようには見えないとしても、1890年ごろのウィルソンの理念からすると、帝政ドイツは、想定されるよりも、はるかに「ノーマル」であって、アメリカを超えるものがあると理解されていたのである。実際、ヨーロッパ諸国のなかで政治発展の「特殊な道」を辿っていると非難したとすれば、それはドイツではなくて、フランスであったと言えよう。

　1880年代と1890年代のウィルソンの政治哲学は、ナショナリズムと調整主義(アコモデーショナリズム)のイデオロギーを結合したものであった。ナショナリストという点では、アメリカが世界で最も政治的に進んだ（アーリア）人種の前衛であるとしていることに、また、調整主義者という点では、アメリカの政府は進歩しているとはいえ、重大な欠点も含まれていると見なしていたことにうかがい得ることである。最初の著書で、彼は、アメリカの議会制型統治の弱点を指摘し、イギリスの議院内閣制に改正すべきであるとしている[94]。その後、アメリカの公行政の腐敗と非効率を激しく批判するとともに、アメリカ政府の活性化の模索のうちにプロシアの行政学に注目しだしている。今日の西洋政治の発展論からすると、帝政ドイツはアメリカの民主政を範例とし得なかったとされるが、ウィルソンは、アメリカの民主政がドイツのモデルになり得るというより、ドイツがアメリカ民主政を改造するための理念的源泉であると見なしていたことになる。

1898年以後のウィルソンのナショナリズム

1898年に、ジョージ・デューイ（George Dewey）麾下のアメリカ海軍がマニラ湾でスペイン艦隊を破った直後に、ドイツ海軍が同湾に入っている。ドイツ艦隊は直ちに撤退するとともに、アメリカのフィリピン群島の領有を認めている。だが、この事件は、アメリカの反独感を高め、米独の外交関係は悪化することになった[95]。

米西戦争の勃発以前において、ウィルソンの関心が外交政策に向かうことはほとんどなかった。また、フィリピン群島の領有は望ましいことではないと考えていた。だが、やがて、強力な外交政策が国民の偉大さの鍵であると見なすようになり[96]、1898年以降、彼の著述と演説はアメリカの固有性を強調する方向を強くしている。ウィルソンが膨張主義者に変わるなかで、そのイデオロギーもナショナリストの方向を強くし、調整主義は影を薄くしている。

こうしたイデオロギー的転向を「民主政と効率」と題するウィルソンの小論に読み取ることができる。この小論は1901年の『アトランティック・マンスリー（Atlantic Monthly）』誌に発表されている。この論文で、ウィルソンはアメリカの帝国的膨張を支持するとともに、フィリピン群島の領有を認め、さらに、「愛他主義者であるといえども、自らの利益の拡大を期さなければならない。他の諸国民を離れた位置に留めおき、我々の動きを規制しないようにすべきである」と述べている。いまや、「傍観者」にとどめ、アメリカに「干渉」すべきではない諸国民のひとつがドイツとなった。というのも、ドイツは帝国としての固有の道を辿っていたからである。だが、この局面においても、ウィルソンはドイツの国家主義と効率的行政を、また、その研究体制を高く評価しており、1917年に至って、ようやく明らかにすることになるにしても、まだ、ドイツを「専政」国であると位置づけていたわけではないし、根拠を明示してのことではないが、ドイツが「効率」と「自治」の体制にあると考え続けていた。とはいえ、積極的政府、公務の専門化、都市政

第1章　帝政ドイツ

治の改革が求められているとしつつも、こうした概念が大陸に発するとする考えを控えるようになっている。また、かつては、アメリカとドイツのモデルを「連邦政府」の2類型であるとし、相互の比較から優劣をつけることはなかったが、「民主政と効率」論文において、連邦国家である「ドイツ、カナダ、オーストラリア、スイスは……アメリカをモデルとすることで憲政を強化している」と指摘している。さらには、行政組織の「集中」の原理を主張し続けつつも、いまや、プロシアをモデルとすべきであると判断してはいない[97]。

ウィルソンはナショナリストの方向を強くしている。そのことでドイツを賞賛したり、イギリスを高く評価するという姿勢は影を潜めるようになっている[98]。以前の民主政論において、ウィルソンは、アメリカとスイスに遅れをとっているとはいえ、イギリスは民主政の枠内に入ると位置づけていたが、「民主政と効率」論文では、イギリスをこのリストから外している。また、イギリスは「19世紀において自治の範例」であったとしつつも、「1888年までの状況に鑑みると、地方自治と呼んでしかるべき体制を欠いている」としている。というのは、知事選挙にあたって「地域住民は発言力を持っていない」し、王が任命する郷紳の支配は「形態的にも原理的にも、民主政とは言えない」からであると指摘している。かくして、1901年までにイギリスの遺産からアメリカを切り離すようになっていて、「アメリカの〔自治〕は、〔イギリス〕と同様の風土や精神に発しつつも、個別のパターンのなかで展開し、別の社会秩序に適ったものとなった」と述べている[99]。

米独対立のインパクト

ウッドロー・ウィルソンのドイツ評価は低くなりしだしているが、この状況は世紀転換期以降のアメリカ政治学にも浮上している。1890年代のアメリカの学生たちはドイツに押しかけ、大学院で政治学の教育を受けていたが、1900年以降、こうした外留型研究は徐々に減りだし、ドイツの研究体

制の評価も下がりだしている。例えば、創刊された『アメリカ政治学会誌（*APSR*）』（1907年）の所収論文は、ドイツの偉大な法学者の理論は「巧み」で「精妙」ではあるが、「イギリスやアメリカの研究者の実践的視点に訴え得るものとなると、その数は少ない」と指摘している[100]。実際、*APSR*所収の初期の論文のなかには、初めて、帝政ドイツをアメリカ民主政の権威主義的アンチテーゼであるとするものを認めることができる。

　だが、長いあいだのドイツびいきのなかで、第1次世界大戦の勃発期に至っても、なお、そのイメージは残存している。ジョン・バージェスのドイツびいきは変わっていない。また、その学生たちだけがドイツは民主的であると教えられていたわけではない。例えば、アマースト大学（カレッジ）のレイモンド・ゲッテル（Raymond Gettell）は、『政治学序説（*Introduction to Political Science*）』（1910年）において、「アメリカ、イギリス、ドイツ、フランスの政府は……すべて民主的である」と述べているし[101]、ドイツの法思想と官僚制の効率や都市自治の評価には、なお、高いものがある。フランク・グッドナウ（Frank Goodnow）はバージェスの愛弟子で、「アメリカ政治学会」の初代会長にあたる。彼は1909年に、プロシアほど「都市住民全体の利益を配慮しつつ、都市政治が運営されている国はほかにない」と述べている[102]。また、*APSR*は、ドイツに追随的とはいえない論文を含めて、いくつかの好意的なドイツ政治の論文も収めている[103]。

　アメリカは1917年に第1次大戦に参戦している。この参戦を期に好意的ドイツ観は一変し、「専政的」ドイツと「民主的」アメリカという二分論が台頭している。広くアメリカの大学は愛国主義的な「戦争問題」のコースを導入し、その目的は「光と闇の勢力との明確な対立」に決着をつけることにあると位置づけている[104]。政治学者は戦争プロパガンダを教室に持ち込んだだけでなく、ウィルソン政権の海外プロパガンダに従事した政治学者もいる（シカゴ大学のチャールズ・メリアムはイタリアでアメリカの主任「情宣員」を務めている）[105]。また、歴史家たちと協力しつつ、テキストを乱造し、この戦争は民主政と専政とのマニ教的闘争であるとする政府の見解を受け売りした

政治学者もいる[106]。*APSR*ですら戦時プロパガンダの道具になったとはいえ、一応、学問的装いは守られている。例えば、新しくアメリカの同盟国となったロシアは「アジア的」である（つまり、劣っている）とは言えないとする、また、「ロシアのスラブ民族は、初期の民族的形態に即してみると、民主的であった」とする、さらには、ロシアの専政主義はドイツの影響が広がることで起こったとする論文も登場している[107]。こうした論調は、ウィルソンの曖昧な戦争の位置づけに呼応するものでもあった。というのも、ロシアの専政は「実際、起源と特徴ないし目的に照らしてみると、ロシア的とはいえない」と述べていたからである[108]。

1917-18年に反独ヒステリーが起こっている。これに挑戦しようとする論者たちは解雇と学問的評価をかけざるをえなかった。例えば、ミネソタ大学の政治学部の学部長であったウィリアム・シャーパー（William Schaper）は、戦争責任をドイツにだけ求めるべきではないと論じたことで、理事会から直ちに解雇されている[109]。また、コロンビア大学は、同様に、アメリカの戦争目的に疑問を発した教授たちを解雇している[110]。ジョン・バージェスは、すでに、1912年に退職しているので、コロンビア大学の教授職を失う立場にはなかったが、その名声を失うことになった。アメリカ政治学の父とも言えるバージェスは頑迷なドイツびいきであったこともあり、今では忘れられるに等しい状況にある[111]。

第1次大戦は、帝政ドイツが専政であるとするイメージを固めることになっただけでなく、政治学の2つの主要な理論を、つまり、チュートン／アーリア型のナショナリズムの理論と国家の教義を失墜させることになった。

現代アメリカ政治学の創始者たちの知的課題の中心は、南北戦争後の全国民的統一を期すための知的基盤を設定することであった。ジョン・バージェスは、その基礎をドイツの遺産と文化に求めようとしたという点では、取り立ててユニークな存在であったわけではない。というのも、ジョンズ・ホプキンズ大学のハーバート・バクスター・アダムズ（Herbert Baxter Adams）は

バージェスと並び称される位置にいるが、ドイツ留学中にヘンリー・メイン卿のアーリア理論を受け入れ[112]、帰国後は、チュートン主義者でオックスフォード大学教授のエドワード・フリーマン（Edward Freeman）を指導者とするとともに、「ニューイングランド・タウンのゲルマン的起源」の研究に乗り出しているからである[113]。彼は、アメリカの諸制度をアメリカ史以前の歴史のなかに位置づけようとするなかで、その起源を「母なる国〔イギリス〕、父なる国＝ドイツ、アーリア世界の村落とコミュニティ」に求めている[114]。

　世紀転換期以降、チュートン理論がアメリカの政治制度に与える影響力は弱まったとはいえ、その理論は受け入れうる政治学の言説として、第１次大戦まで残存している。1910年に政治学教育を受けた学生の多くは、なお、「代表制と国民的国家の原理はチュートン諸民族の所産である」し、「あらゆる諸国民のなかで、チュートン民族が最高の政治的能力を発揮している」と教えられている[115]。ウッドロー・ウィルソンは、1918年に『国家』の増補版を出版しているが、ハーバート・バクスター・アダムズの考えを受け入れ、アングロ・アメリカンの諸制度はアーリア的特徴を帯びていると指摘している[116]。だが、1918年以降になると、アメリカが、もっと偉大なチュートン（ないしアーリア）の文明の担い手であるとする考えはアメリカの知的言説から消えだしている。そして、1920年代に入ると、政治学の研究誌やテキストブックには、アメリカの制度がゲルマンに発するとする考えは見当たらなくなり、そうした理解は冷ややかに受け止められるようになっている[117]。

　第１次大戦の原因論という点では、国家主権の教義が別の、主な理論的根拠とされた。この概念は、国家とは自然な有機体であって、「個人やすべての社会団体にたいして絶対的で無制限の権力」を持った実体にほかならないとするものである[118]。国家の教義はバージェスやウィルソンのみならず、19世紀後期の指導的政治理論家の中心に位置していたし、第１次大戦期の政治学の言説を支配し続けていた[119]。アーサー・ベントレー（Arthur Bentley）の『統治の過程（*The Process of Government*）』はこの理論を厳しく批判するもの

第1章　帝政ドイツ

であったが、1908年の公刊当時には、実質的なインパクトを与えたわけではない。だが、10年後に、国家の教義のヘゲモニーは消え、「古い標識は妥当性を失している」だけでなく、「新しく、もっと適切な〔多元主義的〕社会理論が急速に広まっている」と広く認識されるに至っている[120]。1920年代初期になると、国家の理論は「古色蒼然たる絶対主義」にほかならないとされ、多元主義理論が急速に浮上するなかで、国家とは「団体的性格を帯びた数え切れないほど多数の集団の単位のひとつに過ぎない」と考えられるようになった[121]。ベントレーの著作が注目されだすのは、この局面に至ってのことである[122]。

　国家の理論が衰退したことについて、その批判者たちは、この理論では「社会が限りなく複雑化を強めているという事実」を論じ得ないからであるとしている[123]。この批判にメリットがないわけではないが、古い理論に対する不満が広まったのは、なぜ1919年と1920年であって、もっと以前のことではなかったのかという疑問に答え得るものとはなり得ない。実際、この理論のヘゲモニーが弱まったのは、その理論に分析上の難点があったからというより、ドイツとの戦争のなかで起こったことである。国家の理論はドイツで訓練を積んだ研究者たちによってアメリカで広まっていた。また、その理論化に努めた論者のなかにはドイツの研究者もいて、彼らの著作はアメリカの大学院生の必読の書であった。だが、国家理論の主要な提唱者のひとりがジョン・バージェスであり、ドイツびいきのゆえに、嫌われることにもなった。さらには、国家の教義はドイツにアクセントを置くものであっただけに、アメリカの外交関係のパターンが変化することによって、また、産業社会の性格が変わるなかで急速に衰えることになった。

　こうみると、第1次大戦は国家の理論に厳しいダメージを与えたにとどまらず、アメリカ・ナショナリズムのアーリア的理論を解体することにもなった。さらには、アメリカ政治学の別の中心的教義が、つまり、公行政における「効率」の教義が解体することになったのは、ドイツとの2度の戦争に負うものであった。

73

●注

1) Alexander Gerschenkron, *Bread and Democracy in Germany* (Berkeley: University of California Press, 1943): 30, vii. その後、彼は、次の古典的著作において、イギリスとドイツの歴史的展開を明快に比較している。*Economic Backwardness in Historical Perspective* (Cambridge, Mass.: Belknap Press of Harvard University Press, 1963).

2) Gabriel Almond and Sidney Verba, *The Civic Culture: Political Attitudes and Democracy in Five Nations*, Princeton (Princeton University Press, 1963): 36-37.

3) Barrington Moore Jr., *Social Origins of Dictatorship and Democracy: Lord and Peasant in the Making of the Modern World* (Boston: Beacon, 1966), esp. chaps.7-8. 次から引用。p.xv, 437.

4) 次を参照のこと。David Blackbourn and Geoff Eley, *The Peculiarities of German History: Bourgeois Society and Politics in Nineteenth-Century Germany* (New York: Oxford University Press, 1984); David Blackbourn, *Populists and Patricians: Essays in Modern German History* (London: Allen and Unwin, 1987); Geoff Eley, "Liberalism, Europe, and the Bourgeoisie, 1860-1914," in *The German Bourgeoisie: Essays on the Social History of the German Middle Class from the Late Eighteenth to the Early Twentieth Century*, ed., David Blackbourn and Richard Evans (London: Routledge, 1991).

5) Blackbourn and Eley, *Peculiarities of German History*, 33.

6) 「特殊な道」論争の考察については次を参照のこと。Peter Paret, "Some Comments on the Continuity Debate in German History," in *German-American Interrelations: Heritage and Challenge*, ed., James F. Harris (Tübingen: Tübingen University Press, 1991), 83-88. 特殊な道のテーゼ批判の影響を受けた著作には、次が含まれる。George Steinmetz, *Regulating the Social: The Welfare State and Local Politics in Imperial Germany* (Princeton: Princeton University Press, 1993); Dolores L. Augustine, *Patricians and Parvenus: Wealth and High Society in Wilhelmine Germany* (Oxford: Berg, 1994).

7) Gabriel Almond and G. Bingham Powell Jr., eds., *Comparative Politics Today: A World View*, 5th ed. (New York: Harper Collins, 1992): 240; Charles Hauss, *Comparative Politics: Domestic Responses to Global Challenges* (St. Paul, Minn.: West, 1994), 132-33; Michael Curtis, ed., *Introduction to Comparative Government*, 2d ed. (New York: Harper Collins, 1990): 181.

8) Roy Macridis, ed., *Modern Political Systems: Europe*, 6th ed. (Englewood Cliffs, N.J.: Prentice-Hall, 1987), 170-71; John D. Nagle, *Introduction to Comparative Politics*, 4th ed. (Chicago: Nelson-Hall, 1995): 29-36.

9) このインスピレーションは次に負う。Gabriel Almond, "The Civic Culture: Prehistory, Retrospect and Prospect," manuscript, Center for the Study of Democracy, University of California

第 1 章　帝政ドイツ

at Irvine, 1995.
10) Ted R. Gurr, *POLITY II: Political Structure and Regime Change, 1800-1986 (Codebook)* (Ann Arbor: ICPSR, 1990), 36-37.
11) 『ポリティ (*Polity*)』のデータを利用した近年の研究には、次が含まれる。Stephen Knack and Philip Keefer, "Does Inequality Harm Growth Only in Democracies? A Replication and Extension," *American Journal of Political Science* 41 (1997): 323-32; James Morrow, Randolph Siverson, and Tressa Tabares, "The Political Determinants of International Trade: The Major Powers, 1907-90," *American Political Science Review*（以下、*APSR*と略記）92 (1998): 649-61; William Dixon and Bruce Moon, "Political Similarity and American Foreign Trade Patterns," *Political Research Quarterly* 46 (1993): 5-25; Yi Feng, "Democracy, Political Stability, and Economic Growth," *British Journal of Political Science* 27 (1997): 391-418; Michael D. Ward and Kristian S. Gleditsch, "Democratizing for Peace," *APSR* 92 (1998): 51-61; Bruce Russett, *Grasping the Democratic Peace: Principles for a Post-Cold War World*, Princeton: Princeton University Press (1993).
12) Antonio Gramsci, *Selections from the Prison Notebooks.* 次に引用。Roxanne Doty, *Imperial Encounters: The Politics of Representation in North-South Relations* (Minneapolis: University of Minnesota Press, 1996): 163.
13) Albert Somit and Joseph Tanenhaus, *The Development of American Political Science: From Burgess to Behavioralism* (Boston: Allyn and Bacon, 1967): 7-21. 次の、近年の再版におけるWilfred McClayの序文も参照のこと。John Burgess, *The Foundations of Political Science* (1933; reprint, New Brunswick, N.J.: Transaction, 1994); Daniel T. Rodgers, *Contested Keywords in American Politics since Independence* (New York: Basic, 1987): 164-68.
14) 学界におけるウィルソンの経歴については、次を参照のこと。August Heckscher, *Woodrow Wilson: A Biography* (New York: Collier, 1991), chaps.2-3; Henry W. Bragdon, *Woodrow Wilson: The Academic Years* (Cambridge, Mass.: Belknap Press of Harvard University Press, 1967).
15) McClay, "Introduction," vii.
16) Charles Merriam, *A History of American Political Theories* (New York: Macmillan, 1903): 299. 国民の凝集化に対する関心は政治学者に限られたわけではなく、アメリカのエリートに広く共有されていた。次を参照のこと。Frank Trommler, "Inventing the Enemy: German-American Cultural Relations, 1900-17," in *Confrontation and Cooperation: Germany and the United States in the Era of World War I, 1900-1924*, ed., Hans-Jürgen Schröder (Providence: Berg, 1993): 110.

17) McClay, "Introduction," p.xiii-xv.
18) 19世紀中に、約9,000名のアメリカの研究者たちがドイツの大学に押し掛けているが、その多くは1870年以降のことである。ベルリンは国民的なプロシアの大学の本拠地となり、1880年代に1,300名のアメリカ人が在籍している。次を参照のこと。Dorothy Ross, *The Origins of American Social Science* (New York: Cambridge University Press, 1991): 55; Somit and Tanenhaus, *Development of American Political Science*, 15-16; Konrad H. Jarausch, "Huns, Krauts, or Good Germans? The German Image in America, 1880-1980," in Harris, *German-American Interrelations: Heritage and Challenge*, 148; Jürgen Herbst, *The German Historical School in American Scholarship, 1800-1870* (Port Washington, N.Y.: Kennikat, 1972), chap.1.
19) Somit and Tanenhaus, *Development of American Political Science*, 17.
20) リチャード・エリー (Richard Ely) が経済学を、また、ジョージ・S. モリス (George S. Morris) が哲学をウィルソンに教えている。次を参照のこと。Niels A. Thorsen, *The Political Thought of Woodrow Wilson, 1875-1910* (Princeton: Princeton University Press, 1988), chap.4; John M. Mulder, *Woodrow Wilson: The Years of Preparation* (Princeton: Princeton University Press, 1978): 75, 83.
21) Somit and Tanenhaus, *Development of American Political Science*, 34-38.
22) 例えば、ウィルソンはドイツの研究者たちが極めて「勤勉」で「学識豊か」であると述べている。次を参照のこと。Woodrow Wilson, "A Book Review," April 17, 1887, in *The Papers of Woodrow Wilson*, ed., Arthur S. Link et al., 69 vols (Princeton: Princeton University Press, 1966-94 以下、*PWW*と略記) 5: 494.
23) McClay, "Introduction," xvi.
24) 後に、バージェスはこの書の縮刷版を準備したが、第1次大戦中に、ドイツびいきをもって、その契約は取り消されている。その版は彼の死後に出版されている。それは次である。*The Foundations of Political Science* (New York: Columbia University Press, 1933). 私は、1994年のトランザクション (Transaction) 版に依拠した。
25) Burgess, *Foundations*, 3.
26) Ibid., 31-38. 19世紀後期のアメリカの知的言説において、人種主義の理念がどの程度一般的で、正当視されていたかについては次を参照のこと。Rogers M. Smith, "Beyond Tocqueville, Myrdal, and Hartz: The Multiple Traditions in America," *APSR* 87 (1993): 558-60; John Higham, *Strangers in the Land: Patterns of American Nativism, 1860-1925*, 2d ed. (New Brunswick, N.J.: Rutgers University Press, 1988), chap.6.

27) Burgess, *Foundations*, 20, 16.
28) Ibid., chap.5. 次から引用。66, 70, 85-86.
29) ドイツとアメリカの経験の類似性は、次に最も明確に浮上している。John Burgess, "Laband's Public Law of the German Empire," *Political Science Quarterly* 3 (March 1888): esp. 124-26. プロシアの君主については次を参照のこと。John Burgess, "Tenure and Powers of the German Emperor," *Political Science Quarterly* 3 (June 1888): 335.
30) Burgess, *Foundations*, 106.
31) Ibid., 106, 108, 109.
32) Ibid., 75-76.
33) Ibid., 114.
34) Ibid., 121-22.
35) Burgess, "Tenure and Powers of the German Emperor," *337*.
36) Burgess, *Foundations*, 124.
37) Burgess, "Tenure and Powers of the German Emperor," 334, 335, 347, 349.
38) Burgess, *Foundations*, 127-28.
39) Burgess, "Tenure and Powers of the German Emperor," 345-47.
40) Ibid., 357.
41) 次を参照のこと。Manfred Jonas, *The United States and Germany: A Diplomatic History* (Ithaca: Cornell University Press, 1984), chap.2.
42) 次を参照のこと。Robert E. Herzstein, *Roosevelt and Hitler: Prelude to War* (New York: Paragon House, 1989), chap.5; Jarausch, "Huns, Krauts, or Good Germans?" 146-49; Trommler, "Inventing the Enemy."
43) John W. Burgess, *Germany and the United States* (New York: Germanistic Society of America, 1908).
44) John W. Burgess, *The European War of 1914: Its Causes, Purposes, and Probable Results* (Chicago: McClurg, 1915).
45) Ibid., 92-94.
46) ウィルソンの見解が変わったのは、人種の公正というより、ナショナリズムと結びついていた。次を参照のこと。Bragdon, *Woodrow Wilson*, 11-12, 21.
47) 19世紀後期に、政治学の焦点が「国民」から「国家」へと移ったことについては次を参照のこと。James Farr, "From Modern Republic to Administrative State: American Political Science in the Nineteenth Century," in *Regime and Discipline: Democracy and the Development of Political Science*, ed., David Easton, John Gunnell, and Michael Stein (Ann

Arbor: University of Michigan Press, 1995).

48) "Editorial Note: Wilson's First Treatise on Democratic Government," *PWW* 5: 58; Wilson, *The State: Elements of Historical and Practical Politics* (Boston: Heath, 1889). 『国家（*The State*）』の引用はすべて、この版に依拠している。ウィルソンの行論ノートからすると、基本的講義概要というより、著書の準備草稿であったと思われる。このノートは、彼の思想を知るうえで極めて重要な位置にある。

49) 1888-95年に、毎年、行政学を教えるためにジョンズ・ホプキンス大学に戻り、大学院の研究状況に深くなじんでいる。次を参照のこと。Bragdon, *Woodrow Wilson*, chaps. 8-10.

50) 『国家（*The State*）』の出版によって、それまで一部の研究者に限られていた知識を英語で広く知り得ることになった。この書は好評を博すとともに、1898年と1910年に改定されている。その第Ⅰ部は歴史に、第Ⅱ部は比較「国家の諸章」からなり、比較の各章は「大いに」次の資料に依拠している。*Handbuch des Oeffentlichen Rechts der Gegenwart*. このハンドブックは政治と行政の理論的原理と実践の辞典的比較サーヴェイである。次を参照のこと。"Editorial Note: Wilson's 'The State'," *PWW* 6: 245. また、『国家』は、ドイツ語版を含めて数ヶ国語に訳されている。次を参照のこと。Bragdon, *Woodrow Wilson*, 173-78. この書は「恐らく、ウィルソンの最大の学問的業績」であるとする評価は、彼の伝記の著者であるアーサー・リンクに発している。次に引用。Mulder, *Woodrow Wilson*, 103.

51) Bradon, *Woodrow Wilson*, chap.1.

52) とりわけ、次を参照のこと。*Congressional Government*, 1885. この書は、後に、彼の学位論文となり、次に所収されている。*PWW* 4: 42-43.

53) "Prince Bismarck," November 1887, *PWW* 1: 313. 議会におけるグラッドストーンの地位と、帝国議会におけるビスマルクの対比については、次も参照のこと。*Congressional Government*, *PWW* 4: 42-43.

54) "Self-Government in France," September 4, 1879, *PWW* 1: 515-38; 次から引用。529, 527.

55) 後年、ウィルソンはバークを自らの主な師であるとしている。次を参照のこと。Mulder, *Woodrow Wilson*, 126-27.

56) "Self-Government in France," *PWW* 1: 523, 524, 533.

57) フランスの民主政を評して、「まわりの早い酒」ないし「効き目の薄い毒薬」であるとしている。"The Modern Democratic State," December 1885, *PWW* 5: 63.

「興奮状態」については、次においてもフランスに求められている。"Democracy and Efficiency," October 1900, *PWW* 12: 6. フランスにおける「不安定」な立憲主義の指摘については次を参照のこと。"An Outline of the Preface to 'The Philosophy of Politics'," January 12, 1891, *PWW* 7: 98. 同様の脈絡において、ウィルソンはフランスの政治展開を「機械的に同質的」(101) と、また、「衝動的」(102) であるとしているが、これは、ウィルソンの「通常の」有機的政治発展の理解からすると、消極的意味を帯びた言葉である。

58) ウィルソンがドイツ語と苦闘していることについては、R. A. セリグマン (Seligman) 宛ての書簡を参照のこと。April 19, 1886, *PWW* 5: 63. また、この苦労を克服し、ドイツの国家学、哲学、政治経済学の著作を容易に読めることになったことは次に示されている。"Working Bibliography, 1883-90," *PWW* 6: 562-611. ウィルソンの著作と講義ノートには主要なドイツの研究者からの引用に満ちている。

59) Wilson, *The State*, 2. アーリア・テーゼはヘンリー・メイン卿やウィリアム・ハーンといったイギリスの研究者に、また、ダーウィン・テーゼはハーバート・スペンサーに発している。『国家』の文献目録 (15) を参照のこと。

60) *The State*, 4-5, 154, 580, 577.

61) ウィルソンは、カテゴリーとして、国家の社会契約論を拒否している。ibid., 11-15.

62) "Notes for Lectures at the Johns Hopkins," 1891-94, *PWW* 7: 124.

63) "Notes for Lectures on Public Law," 1894-95, *PWW* 9: 12.

64) "Report of a Lecture at the New York Law School," March 11, 1892, *PWW* 7: 477.

65) "Notes for Lectures on Public Law," *PWW* 9: 13; "Report of a Lecture at the New York Law School," *PWW* 7: 477-79.

66) "Report of a Lecture at the New York Law School," *PWW* 7: 474.

67) ウィルソンのダニエル・コイト・ジルマン宛ての書簡。April 13, 1889, *PWW* 6: 169-72.

68) "Minutes of the Johns Hopkins Seminary of Historical and Political Science," March 15, 1889, *PWW* 6: 153.

69) "A Lecture on Democracy," December 5, 1891, *PWW* 7: 358.

70) "The Modern Democratic State," December 1, 1885, *PWW* 5: 63.

71) "A Lecture on Democracy," *PWW* 7: 358.

72) "The Modern Democratic State," *PWW* 5: 63. ウィルソンは別の著作において次の

ように指摘している。イギリスは大陸と陸続きではなかっただけに、幸運にも「ヨーロッパの恐るべき戦争と革命の痛打を受ける」ことはなかった。「国際的強制のなかで、フランスは集権型軍事専政をしかざるを得なかった」が、イギリスはこれを免れ得たにしても、ドイツはそうはいかなかった、と。また、イギリス人は自然の防壁に守られ、「フランス人よりもあらゆる点でドイツ的〔より良い、ということ〕であった」と。次を参照のこと。"The English Constitution," 1890-91, *PWW* 7:12-14.

73) "A Lecture on Democracy," *PWW* 7: 356. 資格主義体制(メリトクラシー)は民主政の一形態であるとする議論については、次も参照のこと。"Notes on Administration," 1892-95, *PWW* 7: 392-93. 後年、ウィルソンは、中世のカソリック教会は、階級とは無関係にすべての資格ある人々に開かれているから、「完全な民主的組織」の一例であると言えると述べている。次を参照のこと。"Address at the Inauguration of the President of Franklin and Marshall College," January 7, 1910, *PWW* 19: 743; また、1904年にウィルソンの受講生であったホーマー・ズインクがノートした階級については、次を参照のこと。Seeley G. Mudd manuscript library of Princeton University, Woodrow Wilson Collection, box 6.

74) "The Modern Democratic State," *PWW* 5: 85.

75) 次を参照のこと。*The State*, 285, 296; "Notes for a Public Lecture at the Johns Hopkins," March 16, 1888, *PWW* 5: 713-14.

76) "A Lecture on Democracy," *PWW* 7: 354.

77) "The English Constitution," 1890-91, *PWW* 7: 36-37.

78) ホーマー・ズインクのノート。

79) "The Study of Administration," 1887, *PWW* 5: 363, 365-66, 367, 376, 378.

80) 1887年の小論で、ウィルソンはこれを「不完全な」自治と記している。Ibid., 380.

81) "Notes for Lectures on Public Law," 1894-95, *PWW* 9: 24.

82) 次を参照のこと。"Random Notes for 'The Philosophy of Politics'," January 25, 1895, *PWW* 9: 130.

83) 例えば、次を参照のこと。"A Newspaper Report of a Lecture at Brown University," November 12, 1889, *PWW* 6: 417-23; "Marginal Note to 'The Labor Movement in America' by Richard Ely," *PWW* 5: 560; "Socialism and Democracy," August 22, 1887, *PWW* 5: 560-63.

84) "Notes for Lectures on Public Law," September 1894, *PWW* 9: 26-27. ウィルソンの頃

のイギリスの国王はヴィクトリアで、今日のように不自由には見えなかったし、ヴィクトリアの孫のカイザー・ウィルヘルムの消極的なイメージは、まだ、確定的なものとはなっていなかった。

85) Ibid., 27.
86) Wilson, *The State*, 254.
87) "The English Constitution," October 1890, *PWW* 7: 41.
88) "A Newspaper Report of a Lecture on 'Systems of City Government'," April 8, 1890, *PWW* 6: 612-13.
89) "Notes for a Classroom Lecture," February 14, 1889, *PWW* 6: 91.
90) "Notes for Lectures at the Johns Hopkins," February 1892, *PWW* 7: 388-91.
91) "A Newspaper Report of a Lecture on Municipal Government," January 19, 1889, *PWW* 6: 53.
92) "Notes for a Public Lecture at Johns Hopkins," March 16, 1888, *PWW* 5: 712.
93) "A Newspaper Report of a Lecture on Municipal Government," *PWW* 6: 53-54.
94) *Congressional Government*.
95) Jonas, *United States and Germany*, 55-60.
96) 次を参照のこと。Michael H. Hunt, *Ideology and U.S. Foreign Policy* (New Haven: Yale University Press, 1987), 128-29; "Edward G. Elliot Memorandum of a Conversation with Wilson," *PWW* 14: 324.
97) "Democracy and Efficiency," *PWW* 12: 7, 13, 17.
98) ウィルソンはナショナリズムの方向に動いたが、フランスについては、ドイツとイギリスとかかわって起こったほど深刻なものではなかった。「民主政と効率 (Democracy and Efficiency)」において、ウィルソンは、フランスの民主的制度を「酔わせるもの」と、また、フランスを形ばかりの民主政に過ぎないとしている。Ibid., 6.
99) Ibid., 15-17.
100) Walter J. Shepard, "The German Doctrine of the Budget," *APSR* 4 (1910): 52-62.
101) Raymond G. Gettell, *Introduction to Political Science* (Boston: Ginn, 1910): 175.
102) Frank Goodnow, *Municipal Government* (New York: Century, 1909):386.
103) 例えば、次を参照のこと。Joseph T. Bishop, "The Burgermeister, Germany's Chief Municipal Magistrate," *APSR* 2 (May 1908): 396-410; J. W. Garner, "A Review of 'The German Empire' by Burt E. Howard," *APSR* 2 (1908): 105-8. この数年前に、ガーナー（ＡＰＳＡ第19代会長）は、ドイツの司法制度について2つの優れたエッセ

イを残している。"The Judiciary of the German Empire I," *Political Science Quarterly* 17（1902）: 490-516; "The Judiciary of the German Empire II," *Political Science Quarterly* 18（1903）: 512-30.

104) David M. Kennedy, *Over Here: The First World War and American Society* (New York: Oxford University Press, 1980), 58.「戦争問題」のコースは、1918年以降、「現代文明」という科目に変わっている。次を参照のこと。"Columbia to Celebrate 75 Years of Great Books," *New York Times*, November 16, 1994.

105) Ross, *Origins of American Social Science*, 454.

106) 例えば、Karl F. Geiser, *Democracy versus Autocracy* (Boston: Heath, 1918). ゲイサーはオーバーリン大学の政治学教授であった。内外でこのプロパガンダにあたった指導的歴史家については、次を参照こと。George T. Blakey, *Historians on the Homefront: American Propagandists for the Great War* (Lexington: University Press of Kentucky, 1970). 次も参照のこと。Jarausch, "Huns, Krauts, or Good Germans?" 150.

107) Simon Litman, "Revolutionary Russia," *APSR* 12 (1918): 181-91. 次から引用。187, 182.

108) 次に引用。N. Gordon Levin Jr., *Woodrow Wilson and World Politics* (London: Oxford University Press, 1968), 42-43.

109) Charles McLaughlin, *A Short History of the Department of Political Science* (Minneapolis: University of Minnesota, 1977). ミネソタ大学では教室に録音機が設置され、非国民的であるとされた教授の机は夜に荒らされた。次を参照のこと。Robert Morlan, "The Reign of Terror in the Middle West," in *The Impact of World War I*, ed. Arthur S. Link (New York: Harper and Row, 1969), 76.

110) 次を参照のこと。"The Case of the Columbia Professors," *Nation*, October 11, 1917, 388-89, reprinted in David F. Trask, *World War I at Home* (New York: Wiley, 1970):159-62.

111) Somit and Tanenhaus, *Development of American Political Science*, 3.

112) Howard Odum, *American Masters of Social Science* (New York: Henry Holt, 1927): 108.

113) Herbert A. Adams, *The Germanic Origins of New England Towns* (Baltimore: Johns Hopkins Press, 1882).

114) 次に引用。John G. Gunnell, *The Descent of Political Theory* (Chicago: University of Chicago Press, 1993), 38. アダムズのチュートン主義については、次を参照のこと。Ross, *Origins of American Social Science*, 72-73.

115) Gettell, *Introduction to Political Science*, 39, 37.

116) Wilson, *The State*.

117) Charles Beard, "The Teutonic Origins of Representative Government," *APSR* 26 (1932): 28-44.
118) Burgess, *Foundations*, 56.
119) ウィルソンの『国家』とバージェスの著作の他に、国家の教義について論じたものには次が含まれる。Theodore Woolsey, *Political Science, or the State Theoretically and Practically Considered* (New York: Scribner, Armstrong, 1877); Westel W. Willoughby, *An Examination of the Nature of the State* (New York: Macmillan, 1896).
120) Walter J. Shepard, "Review of, 'Authority in the Modern State' by Harold Lask," *APSR* 13 (1919): 494.
121) Walter J. Shepard, "Review of Laski's 'The Foundations of Sovereignty'," *APSR* 16 (1922): 131; idem, "Review of 'Authority in the Modern State'," 491. 次を参照。John G. Gunnell, "The Declination of the 'State' and the Origins of American Pluralism," in *Political Science in History: Research Programs and Political Traditions*, ed., James Farr, John S. Dryzek, and Stephen T. Leonard (New York: Cambridge University Press, 1995).
122) Paul Bourke, "The Pluralist Reading of James Madison's Tenth Federalist," *Perspectives in American History* 9 (1975): 277.
123) Ellen D. Ellism "The Pluralist State," *APSR* 14 (1920): 399.

第2章　ナチ・ドイツ

　政治学者に限らず、今日、多くのアメリカ人はヒトラーのドイツといえば、悪の権化のことであると思っている。まともな政治学者であれば、アメリカがナチズムから汲み取るべき教訓などなかったとするであろう。ナチ・ドイツは、ナショナリストそのもののイデオロギーであったというパースペクティブから理解されている。だが、常に、そのように捉えられてきたと言えるのであろうか。
　「アメリカ政治学会（ＡＰＳＡ）」のオーラル・ヒストリー部会は、1980年に、イエール大学の政治学者であるロバート・ダール（Robert Dahl）にインタビューしている。その聞き手はカリフォルニア大学バークレー校のネルソン・ポルスビー（Nelson Polsby）であり、かつてのダールの学生にあたる。ダールは1930年代初期にワシントン大学の学生として、フランク・ジョナスから政治学の講義を受けたことを回想しつつ、ジョナスが「ドイツから戻ったところであって、ドイツでナチがどんな挙動に出ているかについて関心を深くした」と語ったという記憶を披瀝している。ポルスビーは、「それは、まあ」と相槌を打ったのにたいし、ダールは、「彼〔ジョナス〕は、当時、若い講師であった。私はナチズムに同調していたわけではないが、そこで何が起こっているかを見極めざるを得なくなった」と答えている[1]。
　ポルスビーの反応は今日の政治学者に広く見られることであって、ナチ・ドイツにまつわる後知恵を過去に投影するものである。というのも、当時の研究者たちがナチ政権をそれなりに評価していたとは思えないからである。だが、1930年代に、アメリカの政治学者たちがドイツで「何が起こっているかを見極めようとしていた」局面において、すべての研究者がナチズムを全面的に敵視していたわけではない。実際、かなりの研究者たちはナチ

の中心的政策と実践に積極的興味を覚え、率直に賞賛の意すら漏らしている。しかも、こうした政治学者たちが学界の周辺に位置していたわけではない。以下で引用する論稿の執筆者のなかには、1930年代に、あるいは、その後に、ハーバード、シカゴ、カリフォルニア大学バークレー、ミシガンといったアメリカの最も権威ある大学の教授も含まれている。そのなかの5人は「アメリカ政治学会（ＡＰＳＡ）」の会長を[2]、また、『アメリカ政治学会誌（*APSR*）』の編集者を務めるとともに、多くの論文も寄稿している。この章で引用する別の2人はＡＰＳＡの副会長や地域の政治学会の会長も務めている。

　この章で扱う諸論稿は、ナチ・ドイツに直面するなかで、調整主義がどのように現われたかを示すものとなっている。こうした論稿はナチばりの独裁体制をアメリカに全面的に移植することを求めたわけではなく、ナチの綱領を冷静に分析することで、その行き過ぎと確かな面とを区別しようとしている。したがって、ナチ政権が反民主的で反セム的性格を帯びているとしても、部分的であれ、アメリカの人々には一定の成果を学び得るものがあるのではないかとされたことになる。以下に引用する研究者の多くは、ナチ政権には注目すべき「優れた」点が、つまり、彼らの目からすると、ナチの行政改革には学ぶべきものがあると判断していた。

　それ以外の政治学者たちはどうであったかとなると、ナチズムを言下に否定しているか、より典型的には無視しているかのいずれかであった。この章で検討する見解が必ずしも支配的であったわけではないにしろ、重要なことは、研究者たちのあいだで重視されていた論者の意見であったということであり、また、それが、主として、政治学の代表的研究誌である*APSR*に発表されていることである。すると、政治学界において多様な言説が交差しつつも、尊重すべき妥当な判断であると見なされていたことになる。

　後に、ロバート・ダールは、「〔ナチズムの〕性格は、かなり早くから、それなりに理解されていた」と述べているが、1930年代の論述を第2次大戦やホロコーストの恐怖という後知恵から理解すべきではない[3]。実際、1930年

第 2 章　ナチ・ドイツ

代のアメリカの文化と政治には、反セム主義やナチを称える論調が広く認められるし、ナチズムの批判に立たなかったのは、政治学者だけではない。この局面において、アメリカの政治学者たちは、自らの職業的使命ともいうべき自己表現を犠牲にし、良かれ悪しかれ、アメリカの政治的・文化的生活の潮流から孤立した状況にあったわけではない。とはいえ、この章で扱いたいことは、個別研究者の倫理的誠実さということではなくて、学問としての政治学が、自らの言説の一部において、ナチ・ドイツをどのように正当視し得たかという問題である。

　いくつかの要因が重なることで、こうした感情が正統性を帯びうる脈絡が生まれている。第1に、ヒトラーがドイツの政権を掌握した局面は大恐慌期にあたり、多くのアメリカ人は、自国が崩壊の過程にあると感じていた。こうした深刻な国内危機に際し、アメリカの知識人たちがアメリカの危機の脱出策を切実に模索していただけに（必ずしも、常に、危機的であったわけではないにせよ）、他の国で浮上している政治と社会の形態に興味を深くしたことは首肯し得ることである。

　第2に、ナチズムの諸側面に積極的関心を示すことに寛大であり得たのは、反セム主義の波が戦間期のアメリカを席捲していたからである。人種主義がナチズムの主な特徴であって、それが政治学者の関心を呼んだわけではなかったにしろ、政治学に反セム主義の偏見が漂っていただけに、ユダヤ人の苦境だけをもってナチ・ドイツを批判するための十分な根拠とはなり得なかったと言えよう。

　第3に、1933年までに、政治学者を含めて主要なアメリカの知識人のなかには、ファシスト・イタリアとソ連邦に調整主義的姿勢を示すに至った論者もいたことである[4]。いずれの独裁体制も有益な社会的ないし経済的実験であって、アメリカの人々はその成果に学ぶべきものがあると見なしていた。両独裁体制には深刻な面が含まれているとはいえ、1933年の局面では、積極的な特徴を持っているのではないかとする考えが浮上していた。それだけに、こうした理解をナチ・ドイツに適用しようとすると、特段の心理的飛躍が求

87

められるわけではなかったと言えよう。

　第4に、1930年代において、アメリカの主な弱点のひとつは、行政がいびつな構造にあるとされていたことである。政治学者たちが、この問題に関心を深くし、ナチの行政方法を研究することが重要であると考えたのも、プロシアの公行政と都市行政がヒトラーの台頭以前から、長いあいだ政治学において重視されていたからである。レジームの構造や政治目的の違いはあるにせよ、行政の方法は国境を越えて移植することができると考えられていたのである。

　最後に、政治学者がナチ・ドイツに調整主義的姿勢を示したからといって、問題視すべきことではないと思われていたことである。というのも、他の学問分野の研究者たちが、個別の関心に即してドイツの生活の諸側面を研究していたからである。例えば、アメリカの優生学者やソシャル・ワークの専門家のなかには、ナチ・ドイツを自らの考えを確かめるための実験室であると見なす論者もいた[5]。例えば、『アメリカ社会学レビュー（*American Sociological Review*）』誌の1936年号はナチの断種計画を間近に見た論文を所収し、「全く公平で、断種の対象者とその家族にも、あらゆる配慮が払われたうえで法律が施行されているし、階級、人種、信条による、あるいは、政治的ないし宗教的信条による差別が入り込む余地をとどめていない」と報じている。この著者は、また、ナチの断種法は「公衆衛生、予防医療、社会福祉の増進という点で、大きな一歩を印すものである」と判断している[6]。

　要するに、1933年の局面は大恐慌下にあったし、プロシアの行政を称えるとともに、行政と政治とを分離すべきであるとする遺産が存続していて、これが独裁の方法と目的とを区別すべきであるとする当時のアメリカの知的生活の傾向と、また、潜在的な反セム主義の偏見ともあいまって、ナチ・ドイツを批判することなく、調整主義をもって対応しようとする知的雰囲気がアメリカの政治学に醸し出されていたことになる。

「ユダヤ民族の最悪の代表」

　第１次大戦後に、アメリカで反セム主義のうねりが起こっている。ヘンリー・フォード（Henry Ford）の『ディアボーン・インデペンダント（*Dearborn Independent*）』誌が1920年代に大いにはやった。これは「国際的ユダヤ人」シリーズを目玉としていた[7]。また、1930年代には、高位のアメリカ人の多くはナチの反ユダヤ主義政策を大目にみていた。例えば、ウィルソン大統領の腹心の「大佐(コロネル)」で、その後、ローズヴェルト大統領の助言者となるエドワード・M. ハウス（Edward M. House）は、ヒトラーは「思い通り」にユダヤ人に対処すればいいのであって、「長い間の所業に鑑みると、ユダヤ人がベルリンの経済的ないし知的生活を支配することを認めるべきではない」と述べている[8]。

　学界にも反セム主義の潮流が入り込んでいる。主要諸大学はユダヤ人の入学を厳しく制限し、ユダヤ人の学位取得者は学界の就職市場で目に余る差別を受けていた[9]。とりわけ、歴史学と心理学の分野においては、ユダヤ人求職者の推薦状には、この応募者は「ユダヤ人ではあるが、例外視すべき人物ではない」とか、「ユダヤ民族の望ましくない点からすると、全く非ユダヤ的人物」であるという但し書きが付される場合が多かった[10]。

　この局面の政治学者たちも、ユダヤ人民の「いやな面」というステレオタイプにとらわれていなかったわけではない。例えば、1923年に、ハロルド・ラスウェル（Harold Lasswell）は、まだ、シカゴ大学の若い政治学講師として、初めてヨーロッパを旅行した際、居合わせた旅行者の印象について、両親に宛てて次のように書き送っている。「ハーバード大学の生化学の研究員で、とても知的なドイツ系ユダヤ人のようです。鉤鼻で、ずるそうな小さな目をしていて、自己満足げで強引な姿勢が目立ちます。でも、不愉快な人物ではありません」と。また、「車中で多くの元質屋」に会いましたが、「その多くはイディッシュ訛りがあり、ユダヤ風です。小さい鷹のような汚い男がいましたが、酒のにおいをぷんぷんさせていて、病院を出はいりしているようで

す」と[11]。その後のヨーロッパへの旅行中でも、両親に宛てて、エマ・ゴールドマンの風貌は「年輩のユダヤ人女性の特有の不快感を覚える例にあたります」し、「ハンガリーは地主とユダヤ系金融業者の寡頭支配体制です」と伝えている[12]。

　ラスウェルが反セム主義のステレオタイプの論述を残しているわけではない。また、ガブリエル・アーモンド（Gabriel Almond）、イシエル・ドゥ・ソラ・プール（Ithiel de Solapool）、ダニエル・ラーナー（Daniel Lerner）を含めて、彼の教え子や支持者のなかには多くのユダヤ人がいたし、1960年代にはユダヤ神学院の名誉博士の学位も受けている[13]。ここで、ラスウェルを個人的に攻撃しているわけではなくて、アメリカ政治学が人材を育てた1920年代の社会環境には、反セム主義の偏見が漂っていたということである。こうした反セム主義が潜在していたからこそ、ドイツのユダヤ人の苦境に無関心を装うことができたし、ドイツに寛大な感情を露わにしたとしても、大目に見られたのである。

　反セム主義的ステレオタイプの類例は著書や論文にも散見しうる。この種の著作においては、反セム主義とナチズムに対する無批判とが結びついていることをより明確に、直接的に読み取ることができる。ベルリンから送られ、1931年に『アメリカ政治学会誌（APSR）』に所収された論文のなかで、ケイト・ピンズドーフ（Kate Pinsdorf）はナチ党にかかわる「矛盾と混乱に満ちたイメージ」を一掃しようとしている。ヒトラーの「極端な全ユダヤ人嫌い」は、「彼がウィーンでユダヤ民族のなかでも代表的な人々と、つまり、東部ガリチアのユダヤ人と知り合ったという」事実によって説明がつくことであるとする。実際、「前年の冬の国民社会主義者の著述は、ユダヤ人一般というより、1914年以降にドイツに入っていた東部ガリチアのユダヤ人を対象とするものであった。この事実からすると、ユダヤ人はすべて同様であろうとする十把ひとからげの非難の方向が強まったといえよう」と述べている。この指摘からすると、ユダヤ人の「最悪」分子に限ることで、間接的ながら、広くユダヤ人に対する迫害を大目にみていたことになる[14]。

第2章 ナチ・ドイツ

　ピンズドーフの資料はナチ情報にのみ依拠したものであって、ナチ運動の「理想主義の情熱と犠牲の精神」を繰り返し指摘している。彼女はヒトラーを中間派であるとし、「彼の党のなかでも、一揆を目指している……右派と合法的な権力奪取を批判し、社会革命を目指している左派とのあいだに立って、うまく御している」と述べている。また、ヒトラーは「中間階級の人物」で、抜け目のない政治家でもあり、「多様な分子を組織し、その統一をつける才能に長けている」と、さらには、こうした分子のなかには「突撃隊員（S.A）も含まれていて、フットボールがアメリカ人の欲求を満たしているように、行進と厳しい命令や集団行動がドイツ人の願望を満足させている」と述べている[15]。

　ケイト・ピンズドーフは、1901年にブラジルで、ドイツ移民の子として生まれている。1928年にスタンフォード大学の歴史学の博士課程に在籍し、「ドイツの保守党」を研究するためにベルリンに渡っている。帰国後、バサール大学で歴史学を担当し、1934年には、ブラジルでアメリカ人の実業家と結婚し、学界を離れている[16]。ピンズドーフ論文の重要性は政治学界における彼女の地位というより、公表された所収誌に、つまり、政治学の公的研究誌とその編集者の名声に求めることができよう。というのも、ウィスコンシン大学のフレデリック・A.オッグ（Frederic A. Ogg）は1926年から1949年まで、APSRの編集者の役割を務めているが、ピンズドーフが「ユダヤ民族の最悪の代表」という表現を使っているにもかかわらず、その削除を求めてはいないからである[17]。

　フランシス・グラハム・ウィルソン（Francis Graham Wilson, 1901-1976）は、ピンズドーフとは違って、有名な研究者である。彼はテキサス大学を卒業し、1928年にはスタンフォード大学から政治学の学位を受けている。ワシントン大学で政治学の講師となり、たちまち准教授に昇任し、1934年には教授に就いている[18]。1930年代中期までに、政治理論分野で頭角を現すに至り、彼自身の指摘に従えば、保守主義者としての地位を確立している[19]。40年後に亡くなっているが、その死亡記事は、終生、「相対主義を嫌い、テキサス大学

時代に敬虔なキャソリック教徒に改宗して以降、客観的な道徳体系こそが人間の条件であって、この世で目指すべき唯一の体系であると信じていた」と報じている[20]。

　F. ウィルソンは倫理的相対主義を嫌ったとされるが、その嫌悪感は、彼のテキストブックで、1936年4月を序文の日付とする『現代政治要論（*The Elements of Modern Politics*）』にも表れている。「ドイツの国民社会主義」と題する章において、ナチズムに対して客観的立場をとるべきであるとするとともに、「自由主義(リベラリズム)と国民社会主義とは本質的に矛盾する哲学」であるが、両者の対立のなかで「憎悪が理性を凌駕することは、よくあることである。……ひとつの世界観を代表するものが他の世界観に及びうる唯一の方法は、その世界観の基本的仮説を利用することである」と述べている。この点で、ナチ哲学に敵対的姿勢をとることで、リベラルたちは「ドイツの人々を追い込み、自らの立場が本質的に正しいとする信念を固めさせているに過ぎない」とする。さらには、ナチのイデオロギーを非難することが逆効果を呼ぶことになるとし、次のように指摘している。「ユダヤ人の世界的反ドイツ運動は、ドイツがセム系民族に浴びせた非難の裏返しであると多くの人々は見なしている。こうしたボイコットは、ユダヤ人が自らの居住地に完全に同化し得ないという非難のみならず、ドイツのユダヤ人はドイツ人ではないという非難のあらわれにほかならない」と[21]。

　「ゲルマン文明の民族主義論」は、ウィルソンが「注意深く」冷静に検討すべきであるとしたドイツ哲学の構成要素のひとつである。この点で、彼は次のように述べている。「この思想の極端な例が、今のところ、公認されているにせよ、多くの人々は、国民社会主義運動のラディカル派に替わって、もっと穏当な民族哲学が求められることになると見なしている。また、批判者の多くは、国民社会主義が近い将来に政治生活から追放されてしまえば、極端な形態で支持されることにはならないにせよ、民族の原理が重要な思想として残ることになろうと見なしている」と[22]。

　すると、ウィルソンは、ナチの民族論から「極端な」要素さえ抜き取って

第 2 章　ナチ・ドイツ

しまえば、健全なものに転化し得ると考えていたことになる。実際、ナチは民族論を「穏当なもの」に変えつつあると述べている。例えば、ナチは「近代ドイツの人民が純粋なアーリア人である」とする極端な考えにはないと述べるとともに、次のように続けている。ナチは、もっと控えめな考えから、ドイツにおいて、

> アーリア人種は存在を認められるに足るだけの力を持っていると判断している。この国家の民族政策は、コミュニティの正常な民族的系譜にしかるべき配慮を期すことに求められる。だから、世代を重ねるなかで、ゲルマン文明の民族的基盤は徐々に回復することになろう。国民社会主義者たちはアメリカとイギリスの移民政策を賛意のうちに注視している。わが国が移民規定を新しく定めれば、この国のコミュニティが北ヨーロッパの諸民族を保護する意思を示すことになるだけに、正しい方向が切り開かれることになろう。この種の法律は民族衛生学の終焉を呼び得る。というのも、古代文明を衰退させ、北ヨーロッパ文化の力をそぐことになった劣等な東洋人の流入を阻止することになるからである[23]。

結論として、ウィルソンは、ナチの外交政策を擁護する立場から、この章を次のように結んでいる。すなわち、「平均的ドイツ人が、本来、平和を志向する人々であることを疑う論者はいまい。……ドイツの指導層は、ドイツが平和と安全や平等を、また、国家間の相互尊重を求めていると主張しているが、これには、それなりの真実が含まれている」[24]と。

1939年に、フランシス・ウィルソンはイリノイ大学の政治学部の教授に就いている。イリノイ大学は、当時、政治学部門としては最も有名な6ないし7大学のひとつであった[25]。彼は、学部長を務めたのち、1967年に退職している。その死亡記事は「全国レベルの、また、西部と中西部や首都圏の政治学会において、多彩な公的活動に生涯を過ごした」と報じている[26]。代表的には、1937－40年に「アメリカ政治学会」の理事会の一員を、また、1941

93

年に「中西部政治学者会議（Midwest Conference of Political Scientists）」の会長を務めている。そして、学界外役職としては、「人権と責任の特別研究グループ（Task Force on Human Rights and Responsibilities）」の委員や「憲法保全委員会（Committee on Constitutional Integrity）」の議長も務めている[27]。

ウィリアム・ベネット・マンロー（William Bennett Munro, 1875-1957）は別の有名な政治学者であり、そのナチズム理解に反セム主義的感情を読み取ることができる。彼は、1920年代にハーバード大学の「トランブル政治学史教授」を、また、1927年に「アメリカ政治学会」の会長に就いているし、カリフォルニア工科大学の創設者のひとりとして、1929年に、これに加わっている[28]。マンローの比較政治のテキストは、1925年に発刊され、毎年、5,000部が売れ、1931年と1938年に改訂版が出されている[29]。

マンローは、1938年版のテキストで、ナチ独裁を認めない姿勢を明示するとともに、ナチ・ドイツにおいて個人の自由が根絶されていると厳しく批判している。だが、彼の関心はドイツのユダヤ人の自由というより、他のドイツ人の自由にあったと思われる。「ナチとユダヤ人」と題する節で、ナチが政権の座につき得たのは「反セム主義の感情に乗じえた」からであるとしている。また、この行論において、「ユダヤ民族のなかには、銀行と金融を支配することで、さらには、主要産業とデパートや新聞を所有することで、戦前（ウィルヘルム2世時代）のドイツにおいて大きな経済力を蓄えていた人々もいる」とする。そして、ワイマール期に至って、「ユダヤ人はドイツの公的生活に大きく割り込むことになったのも、この民主国において、権力を握っていたのは、総じて、貴族や土地所有者であったというより、法律家、商人、銀行家、新聞界の人々であったからである」と述べている。そして、激しいインフレ期のなかで「銀行家、産業家、商人たちは、当然のことながら、所得が固定されている人々よりも暮らし向きが良かった」とし、次のように続けている。「こうした銀行家、産業家、商人たちの多くはユダヤ人であった。銀行家や大貿易商人に広く見られるように、指導的なユダヤ人の銀行家と商人は外国と強く結びついていた。そのためにドイツの近隣諸国

と謀って、賠償の支払いを強要しているだけでなく、国民を貧困状態におとしめているとされることになった」と[30]。

　このように、ユダヤ人の経済力を深く検討することもなく、これを繰り返すことで、マンローは、「歴史に鑑みると、あらゆる民族のなかでも、なぜユダヤ人がしげく迫害の対象とされざるを得なかったのかという疑問」を設定し、「他人のねたみ」によるとし、次のように述べている。

　　ユダヤ民族の資質は、とりわけ、貿易と金融の才能に長けていることに求め得る面がある。ユダヤ人は、総じて、勤勉で、抜け目なく、倹約に努め、貯蓄に励む。利益が上がると投資に回し、富を2倍にも3倍にもする。この才覚に恵まれていない民族との競争において、ユダヤ人が勝利し、そのことで、ねたみと恨みを買うことになる。ユダヤ人に対する敵愾心の多くは、近代史において常に、ユダヤ教に起因するというより、彼らの経済的才覚によるものであった[31]。

　反セム主義的敵意は別の理由にもよるとする。この点について、マンローは次のように説明している。

　　ユダヤ人は、総じて、多様な職業や専門職に一様に就いているわけではなく、その一部に集中している。また、他の民族と自由に結婚することを避け、民族としての保全を期している。ホームランドを持つことなく、千年以上も地上に勢力を拡大し続けているにもかかわらず、なお、連帯を維持していることは驚くべきことである。それだけに、差別運動が起こると、自らの成員と人民大衆とを容易に区別することができた。また、ユダヤ人は個人主義的であるし、国際主義的でもある。他の多くの民族の一般民衆に認められることであるにせよ、ユダヤ人は、総じて、知的に純朴なわけではない。そして、他人をあてにするというより、自己を中心に考えがちである。さらには、それなりに忠実に市民の義務を果たしていると言えても、その愛国主義はそれほど旺盛なものとは言えない。そして、共に生きてきたドイツ人、ロシア人、スペイン人をはじめ、他のいずれの人民も善良な人々であるとする考えに同調することはなかった[32]。

最後に、「経済混乱が起こったときでも、……ユダヤ人は他の多くの人々よりも暮らし向きがよいと思われたという事実も挙げてよかろう。これは、……部分的であれ、長期の教育を受けていて、困難な局面においても安全な世界を発見することができる技術を身につけていたことによる」と述べている。結論として、マンローは、ナチの反セム主義のプロパガンダに触れ、「こうした非難には根拠のないものもあるにせよ、ナチの主張が広く信じられ、その支持者を得ることになった」と指摘している[33]。
　こうみると、ウィリアム・B. マンローは、ナチのユダヤ人非難の一部を正当視していることになる。彼は、ユダヤ人問題は迫害者の悪行によるのみならず、本質的には、彼らの頑迷な資質に発しているとしていることになる。また、ナチの反セム主義的政策には行き過ぎがあるとしつつも、迂遠な表現ながら、ユダヤ人の経済規模を下げることは、暴力的に行われない限り正当であるとしていることにもなる。

ドイツ行政学の訴求力

　アメリカの政治学者がナチ行政に関心を深くすることになったのは、いくつかの知的潮流が収斂したことによる。その潮流としては、19世紀後期にドイツ官僚制の効率性が注目され、その伝統に敬意が寄せられるようになったこと、行政技術と政治目的とは分離すべきであると広く信じられていたこと、そして、ファシスト・イタリアと1933年以前のソ連に対して調整主義の姿勢が広がっていたこと、これを挙げることができる。
　〈凶悪そうな人物を見たら……〉公行政に関する草分け的論文において（第1章で検討した）、「アメリカ政治学会」第6代会長のウッドロー・ウィルソンは、アメリカ行政学の立ち遅れを指摘するとともに、プロシアの改革者たちによって実現した公行政の「優れたシステム」を称えている[34]。こうした理解は「アメリカ政治学会（ＡＰＳＡ）」（1903年に発足）の創立者たちに広く共有されていた[35]。

第 2 章　ナチ・ドイツ

「アメリカ政治学会」の初代会長はフランク・グッドナウ（Frank Goodnow, 1859-1939）である。彼は、この世代の政治学を代表する位置にあり、その研究の多くを行政の研究にあてている。とくに、アメリカの都市行政に批判的で、その脱政治化と専門化によって、都市の政治マシーンの力を規制すべきであると考えていた。というのも、彼にとどまらず、同僚の研究者たちや改革者たちもマシーン型政治の腐敗と非効率をひどく嫌っていたからである。グッドナウがプロシアの諸都市の「行政力は、恐らく、いずれの諸国よりも効率的で」、これぞモデルとは言えないまでも、ひとつのモデルとなりうるものであって、アメリカの都市改革者は学んでしかるべきことが多いと考えていた。また、プロシアにおけるほど「都市政治の課題が都市住民全体の利益に即して組み立てられている」国は、まず、ないと指摘している[36]。オルバート・ショー（Albert Shaw）は、ウィルソンの友人で、ＡＰＳＡの第２代会長を務めている。彼も都市行政の鋭い研究者で、ドイツが農村社会から先進工業社会へと、かなり急速に変容したことに強い印象を受け、ドイツの成功の秘密は「他の諸国よりも、はるかに経済的で実効的な公行政システム」を構築し得たことに求め得るとしている。かくして、「都市のやりくり」の技法と科学の点で、「多くの理由から、いずれの国よりもドイツには優れたものを認め得る」と述べている[37]。

　要するに、20世紀初期の指導的政治学者たちにおいて、プロシア行政の専門性と効率性は学ぶべき具体例であると理解されていたことになる。確かに、プロシアだけが検討すべき外国の事例であると考えられていたわけではない。グッドナウ、ショー、ウィルソン、そして、その同輩たちは他のヨーロッパ諸国の、とりわけ、フランスの行政にも関心を深くしていた。とはいえ、プロシアは最も重要な行政モデルであり、最善のモデルでもあると見なしていた。

　ただ、こうした政治学者たちといえども、他国のイメージに合わせてアメリカの政治システムを鋳直すべきであると判断していたわけではなく、行政とは技術的領域であると、また、政治やイデオロギーの違いをもって行政技

術の輸入を控えるべきではないと考えていた。この点で、ウィルソンは次のように述べている。

　　行政と政治とを……分離することで、行政分野における比較の方法を確かなものとすることができる。フランスやドイツの行政システムを研究するからといって、政治原理までも求めているわけではないと理解すると、フランスやドイツの慣行を知るにあたって、どのような憲法上の、あるいは政治上の理由からかと、その仔細を詮索する必要にはない。凶悪な人物がナイフを器用に研いでいるのを見たら、どのようにナイフを研いでいるかを知るべきであって、殺人を犯すかも知れない意図までも借り受ける必要にはない。また、官房の管理に長けた君主政論者に会い、その管理手法を学び得たとしても、共和主義の原理の変更までも求められるわけではない。彼は王に奉仕していると言えようし、私は人民のために役に立つ存在であり続けたいと思っている。彼が君主に果たしているように、私は主権者のために働くべきであると思っている[38]。

「凶悪そうな人物」について述べるなかで、ウィルソンが当時のフランスやドイツについて直接的に言及しているわけではない。彼の言葉は大げさな隠喩であり、政治と行政との分離を明示するために使った修辞である。だが、ウィルソンの後継者たちは、この抽象を道徳的ジレンマの具体的表現とも受け止めることになった。

イタリアとソ連──「注目すべき実験」

　第1次大戦は、アメリカのナショナルなアイデンティティの形成という点で、ドイツの諸理論の終焉を、また、ドイツ流の国家学の教義の急速な消滅を呼ぶことになった。この戦争は、さらには、ドイツ行政の評価を下げることにもなった。1920年代初期にドイツに留学し、その行政を研究しようとする者は、いたとしても、ごく少数に限られる状況になっていたし、かつてプロシアの官僚制を称えた論者も、その批判者に変わっていた[39]。例えば、

ウィリアム・ベネット・マンローは、1909年の著書でプロシアの都市政治の効率性を賞賛していたが、1927年版では効率を求めるあまり民主政が犠牲にされているとして、プロシアのシステムを批判している[40]。

　だが、ドイツ行政の評価が戦争のショックで、理論的に大きな打撃を受けたわけではなく、政治や文化に対する共感にまで及びえなかった。だから、戦争経験が薄らぎ、ドイツにだけ紛争の責任があったとは言えないとする考えが広まりだすと、アメリカの公行政研究者たちは、再び、ドイツへ出向くようになった。こうした研究旅行のなかで、最も注目すべき所産として、ブルッキングズ研究所のフレデリック・ブラッチリー（Frederick Blachly）とミリアム・オートマン（Miriam Oatman）の『ドイツの政府と行政（*The Government and Administration of Germany*）』（1928年）が残されることになった。この書は、ドイツ行政の研究という点では、戦前のいずれの成果よりも包括的研究であるとされた。しかも、ドイツの行政システムは「きわめて効率的で力強く、腐敗も見られないだけに、政治家と行政員や市民は多くの教訓を引き出しうる」と判断している[41]。すると、ワイマール時代が終幕期を迎えていたころ、ドイツの公行政は、アメリカにおいては第1次大戦以前と同様に高い評価を取り戻していたことになる。

　だが、ドイツ官僚制の評価が復活したからといって、それがナチ化以降も続いたと言えるのであろうか。また、アメリカの政治学者たちは、ワイマール民主政が消滅したのちも、ドイツの「優れた」行政技術に興味を覚え続けていたのであろうか。1920年代後期のドイツ行政の研究に依拠して、この疑問に答えることは困難であろう。ブラッチリーとオートマンがドイツに出合ったのは、ワイマール・レジームの民主政とその効率性の評価が高い局面であった。ワイマール民主政の崩壊後も、アメリカの政治学者たちがドイツの技術に興味を覚え続けていたとすると、その有力な指標をイタリアとソ連にどのような姿勢を示していたかということに求めることができよう。というのも、両国は、すでに、1920年代後期に独裁体制に移っていたし、後に、ナチ・ドイツとともに、「全体主義的」という呼称で括られることになった

からである[42]。

　1920年代と1930年代の両局面において、アメリカの指導的知識人の一部は、ファシスト・イタリアとソビエト・ロシアに対し、あるいは、いずれかに対し調整主義の姿勢で臨み、ひとつの実験室であって、重要な社会的・政治的・経済的実験が繰り返されていると見なしていた。こうした知識人といえども、アメリカがプロレタリア革命に、いわんや、国民主義的(ナショナリスティック)独裁体制に服することを望んでいたわけではない。また、こうした政権が不愉快な特徴を帯びていることに気づいていなかったわけでもない。だが、ファシストないし共産主義の国家の積極面を吸収したらどうかと考えていた[43]。こうした調整主義の姿勢は、とりわけ、チャールズ・メリアムに明らかである[44]。メリアム（Charles Merriam, 1874-1953）は、この局面の最も有力な政治学者である。彼は戦間期にシカゴ大学政治学部の学部長を務め、この学部を2つの最も有名な学部のひとつに育てている[45]。また、後にAPSAの会長となる研究者の、驚くほど多くの研究者たちが彼のもとで院生時代の指導を受けているし、これを希望するものも多かった[46]。

　シカゴ大学の知的雰囲気は科学主義に包まれていた。これはメリアムが作り出したものである。メリアムのもとで院生時代を過ごした研究者たちは、知的興奮に満ちていた当時のことを、また、フィールド調査や隣接諸科学の概念と方法を摂取するように求められたことを思い出深く語っている。メリアムの教育を受けた研究者たち（他の分野の学史研究者たちも含めて）は、共通に、1950年代の政治学を席巻することになる科学革命がメリアムに発していると想定している[47]。今日からすると、シカゴ大学を初期の科学主義の砦であったとすることには妥当なものがあるとはいえ、メリアムの科学概念から今日の政治学に支配的な概念へと直線的に展開したとみるような知識史の仮説は単純すぎるといえよう。というのも、今日の政治学者たちの多くが、理論の構築と検証という控えめな領域に留まりたいと思っているのにたいし、メリアムが求めたことは「近代科学によって拓かれた新しい世界」を創造することであったからにほかならない[48]。また、今日の科学的政治学が経験的

な「知識ギャップ」や理論的パズルといった課題に発しているのにたいし、メリアムの場合は、現実の諸問題を「コントロール」する手段として、(優生学・心理学・社会学といった) 科学を利用しようとする革新主義期の衝動と結びついていた[49]。すると、メリアムが1920年代に熱烈に科学のヴィジョンを提示し、それが放棄されることになった限りでは、政治学の方法は歴史のなかで改善を繰り返したにせよ、政治の科学の展開史は進歩と後退の歴史であったことになる。

　ほぼ1925年から1931年のあいだ、メリアムが腐心せざるを得なかった主な実践的問題は、どのように国民を創造するか (あるいは、彼が好んで使った言葉に従えば、"市民を教育する"か) という問題であった。これはジョン・バージェスの世代の中心課題でもあった。だが、この問題が再浮上することになった脈絡に鑑みると、両者には違いを認めざるを得ない。バージェスの国民主義的(ナショナリスト)衝動は南北戦争の経験に発している。これにたいし、メリアム (1890年代末にコロンビア大学でバージェスの講義を受講している) は、第１次大戦の経験に強い影響を受けている[50]。この戦争によって、国際的には、民族の自己決定権という原則が浮上することになったが、国内的には、ウィルソン政権が「100パーセントのアメリカニズム」を強く求めるなかで、土着主義(ネーティヴィズム)の衝撃が再び浮上している[51]。この局面で、メリアムは、他の多くの社会科学者や歴史家とともに、1917-18年に「公報委員会 (Committee on Public Information)」という政府の主要な情宣機関で働いている[52]。また、「イタリアでアメリカの公報活動」に従軍し、映画、弁論家、リーフレットを使ってイタリア人の士気を高めるとともに、アメリカの参戦の大義を訴えている[53]。ドロシー・ロス (Dorothy Ross) が指摘しているように、メリアムは、こうした「公報」技術が市民教育にも応用されることになれば、きわめて有効であると考えつつイタリアから戻っている[54]。1920年代中期に、アメリカ在郷軍人団やクー・クラックス・クランのようなポピュラーな組織が喧伝している土着主義的(ネーティヴィスト)態度ではなくて、十分に愛国主義的で穏健な共同体的感情をアメリカ人のあいだに育てる必要があると判断している。

バージェスがアメリカのナショナリズムの基盤を歴史と文化に求めたのに対し、メリアムは、愛国主義とは技術的な「コントロールの問題」であるとした[55]。彼は「比較市民教育」のリサーチ・プロジェクトを超国民的規模で組織し、参加者に対して「市民としての関心と忠誠心を育てるためのメカニズムないし方策」の有効性を多面的に検討することを求めている[56]。この企画の趣旨を説明するなかで、メリアムは協力者となりそうな研究者に次のように書き送っている。中国政府が我々を招いて「愛国心を育ててほしいと申し出たとしよう。どのように対応すべきであろうか。どのようなメカニズムや方策が最も有効で、活用すべきであると言えようか。……これは、質す人を異にすると、中国の愛国心やナショナリズムの歴史の応答が異なってよいのかという問題である」と[57]。すると、メリアムは、40年前にウッドロー・ウィルソンが比較行政に導入した価値中立的基準を比較市民教育の分野にまで広げていたことになる。メリアムは、外国の国民形成の技術には模倣し得るものがあるからといって、その技術に使われている政治目的までも是認したことにはならないと考えていた。

メリアムが研究のために選んだ諸国には「より近代的なシステムを持った2国が、つまり、イタリアのファシスト・システムとロシアのソビエト・システム」も含まれていた[58]。現に、メリアムは次のように指摘している[59]。イタリアとソビエトの「注目すべき実験」は「最も興味深い〔試みの〕過程」にあり、「新しい体制に対する政治的忠誠と関心のタイプを改めて」創造しようとするものである。もちろん、ロシアの革命は、はるかに根本的なものであったが、……イタリアの状況も、同様に、注目すべきである」と[60]。

1926年に、メリアムはシカゴ大学のサミュエル・ハーパー（Samuel Harper）と連れだって、ソビエトの市民訓練の研究のためにソ連を旅行している[61]。ハーパーはアメリカの代表的ロシア研究者であった。彼はボルシェビキ支配の過酷な面を熟知していたが、この政権の明るい面に、つまり、いろんな領域における「公然たる実験」と思われることに調査の焦点を据えることにしている。そして、この実験に「革命の本質があり、市民訓練の方

第2章　ナチ・ドイツ

法の研究という点でも興味を喚起させるものがあるし、ソビエト・ロシアが巨大な実験室であると広く指摘されるようになった」と述べている[62]。この旅行をもとに、メリアムは「市民創造の研究」と題する一連のシリーズを編んでいるが、そのなかで、ハーパーは、ソビエトの出版、学校、青年の動向、市民組織、キャンペーンについて詳細に論じ、ロシア市民のあいだに市民としての関心が育まれていることを指摘している。また、この書に『イズベスチャ』紙も好意的書評を載せている[63]。

『ファシストたちの育成（Making Fascists）』も、メリアムが編集した比較市民訓練論シリーズのひとつであり、その著者はハーバート・シュナイダー（Herbert Schneider）とシェパード・クラフ（Shepard Clough）である。シュナイダーはジョン・デューイの教え子であるし、クラフは歴史家で、ともにコロンビア大学に属していた[64]。また、シュナイダーは、『政治学クォータリー（Political Science Quarterly）』誌に、すでに、ファシスト・イタリアの論文を残していた。さらには、『ファシスト国家の形成（Making the Fascist State）』と題する著書において、ファシストの暴力を軽く扱っているし、イタリアの「組合国家コーポリット」への移行を高く評価している[65]。ジョン・ディギンズ（John Diggins）がすでに鋭く指摘しているように、シュナイダーは、ムッソリーニの組合国家とはデュルケームの社会連帯の夢を実現しようとする先駆的試みであると位置づけている[66]。また、彼は1926‐27年にイタリアでフィールド・ワークに過ごしているが、その資金援助は、当時、メリアムが議長を務めていた「社会科学研究評議会（ＳＳＲＣ）」が負い、その成果は『ファシスト国家の形成（Making the Fascist State）』に結実している。メリアムはシュナイダーの計画に「心から興味」を示し、「この書は大変に有益で刺激的です」と書き送っているだけでなく[67]、『政治経済ジャーナル（Journal of Political Economy）』誌に好意的書評も寄せている[68]。メリアムは、さらに、シュナイダーをイタリアに再び派遣している。これはファシストの市民訓練の調査のためであり、この時にはシェパード・クラフが助言者として同行している。

シュナイダーとクラフは、「ファシスト政権は前政権から大きく前進し、

人々の宗教的想像力をかきたて、政治的信念を表現するためのシンボルと形態を国民に具体的に提示している」と述べている。また、ファシストの「儀式と儀礼」は、「黒シャツ、黒ペナント、ローマ式敬礼」に見られるように、「外国人からするとわざとらしく、非現実的なものに見える」が、「ファッショの精神と内奥に触れるだけで、この国の青年層の情緒に訴え、想像力を喚起するに足るだけのものがあって、……多くのファシストの宗教的確信と献身を育てる大きな要素をなし、政治闘争や政党戦術をはるかに超える強力なものがある」と指摘している。結論として、戦後イタリアの難局に対処するためにファシストたちが採っている「市民訓練の方法と理念」は、「こうした事態に遭遇したことのない諸国民の教訓となりうる」と判断している[69]。メリアムは、彼らの「画期的」研究に「大いに満足した」と書き送っている[70]。

チャールズ・メリアムは、自著の『市民の創造（*The Making of Citizens*）』において、協力者たちの成果を要約している。また、ソビエトの事例をまとめるなかで、ソ連における市民権の無視には触れず、ロシア革命から「民主的ナショナリズム」が生まれることになったと満足の意を示すとともに、「これは、市民教育という点では世界で最も興味深く、示唆的実験であり、市民化の過程の研究者にとって豊かな資料を提示している」と指摘している。さらには、イタリアについても言及し、ムッソリーニは強権的に支配しているが、ファシストの方法は「市民訓練の研究者にとって、意義深いもの」であるし、「ロシア以外で市民感覚を育てようとしている例のなかでも、最も体系的で組織的な試み」にあたると位置づけている[71]。

メリアムは、ボルシェビキやファシストたちが市民の忠誠心を喚起するために情緒に訴えていることに深い興味を覚えている。ソ連では、「赤旗、"インターナショナル"、大衆集会、パレード、デモ、祝祭、休日、革命芸術が新秩序のシンボルと化し、抽象的理論は鮮やかな色彩とリズムによって補完されている」と、また、イタリアでは、「ユニフォーム、儀式、敬礼、"エイア・エイア・ア・ラ・ラ"の歓声、"ギオヴァネツァ"のポピュラーソングが

第2章　ナチ・ドイツ

ファシストのシンボルを打ち出すための強力な手段とされ、新しい政治体制の新しい精神の高揚を期し、新しい忠誠像を示すための情緒的カラーとなっている」と述べている。さらには、両国において教育のために使われている新しいシンボルの可能性には「とりわけ注目すべきものがある」し、「赤旗や黒シャツという派手な手法は、カラフルで扇情的な礼式やセレモニーと一体化しつつ、……将来の市民教育に織り込まれることになろう」と判断している[72]。

　要するに、1930年代の早期において、アメリカの最も有名な政治学者たちが、イデオロギーや政治制度こそ異なれ、ファシスト・イタリアとスターリンのソ連がアメリカの教訓となりうると考えていたことになる。メリアムが、アドルフ・ヒトラーに見られるように、シンボル操作や大衆動員に長けた別の政権に直面するなかでも、原則として、調整主義の姿勢を崩さなかったと言えよう。

　チャールズ・メリアムは、1932年の夏にベルリンのブリストル・ホテルで過ごすなかで、ドイツ議会の選挙キャンペーンを目撃している。また、この地で教え子のハロルド・ラスウェルやサミュエル・ハーパーと落ち合っている。ハーパーはモスクワ旅行の途次にあった。自叙伝で、ハーパーは、「耳目を惹く」ヒトラーのラリーを含めて、幾度も選挙集会にメリアムとともに出かけたことを回顧し、次のように述べている。

　　アイヴィ・リーは、丁度、我々の後ろにいた。彼とメリアムはモスクワの赤の広場で祝典を観たことがあり、ナチのプロパガンダ技術には共産主義者の技術をしのぐものがあると言った。スタジアムは群集に溢れていて、運動選手や青年のたいまつ行進のなかで、また、ラッパと太鼓の単調で繰り返しの多い軍楽のなかで、登壇者の登場を今かと待っていた。……そして、ヒトラーがゲッペルスとともに、ついに登場した。当時、ゲッペルスはベルリンの寵児であった。ヒトラーは、音響効果の強い言葉を選んでいるだけに、その演説は爆音のように響いた。立ち去るとき、メリアムは、この集会がクー・クラックス・クラン、黒人のリバイバル集会、ビリー・サンデーの熱弁が一体となったものであると語った[73]。

アイヴィ・リーは功を収めたアメリカの情宣機関員であり、アメリカの実業界にムッソリーニのイメージを振りまいていた。また、やがて、ナチの有給プロパガンディストに加わることになる[74]。ハーパーの指摘からすると、1932年に、メリアムはヒトラーを理想的プロパガンディストであると、つまり、弁舌の才にたけ、シンボル操作の名手であるし、精神を見事に癒していると見なしていたことになる。メリアムは、内容には不快感を覚えつつも、ヒトラーの演説の巧みさに強い興味を覚えてもいた。

彼が魅力を覚えていたことは、『政治権力（*Political Power*）』にも窺える。この書は、当時、ヒトラーが国会議員の選挙運動を行っていたベルリンで草稿を作り、シカゴで完成させている。その数ヵ月後に、ヒトラーは、このビルを焼き払っている[75]。この書は、政治権威の維持の説明書という点ではハンドブックの位置にある。世界の指導者たちが「権力のマニュアル」を準備するために一堂に会したという仮説において、メリアムは次の質問を発している。

　彼らは、一般化できるとしても、それよりも個別状況の方が重要であると判断するであろうか。あるいは、スターリン、マクドナルド、ガンディー、エリオ、ヒトラー、ローズヴェルトといった政治家たちは有益なことを知り、従うことを求め得るような一連の内部規則と格言や原則を発見するであろうか。彼らは、偉大な立法者、「良い」行政員、「良い」裁判官、「良い」指導者、「良い」将軍とは、どのようなことを指すかについて意見を同じくするであろうか。……他の集団のなかに、自らの集団にも取り入れたいと思うような人間と機構や技術を発見するであろうか[76]。

こうした質問にたいするメリアムの応答は、もちろん、「然り」である。彼は、「組織のタイプと機能の点で、外的には、システムに違いが広く認められる」としても、いくつかの適用可能な権力の原則を設定し得ることであって、「こうした原則は、民主政と君主政とを問わず、また、エリートの支配〔ファシズムのこと〕とソビエトの政府とを問わず適用され得るもので

あって、権力技術の駆使という点では、かなり多様であるとしても、有益であることが分かるであろう」と述べている。また、「パートナーシップの憎悪が棚上げにされる」と、多様な政府が直面する諸問題には「驚くほど類似性」があるとし、例えば、「妥当な商品生産の問題はあらゆる権力システムに共通することであって、経済構造を、あるいは、民族主義的集団を異にすると違うという性格のものではない。ドイツ、アメリカ、ロシアは大規模な大量生産に関心を強くし、フランスは別のシステムを採用している。また、イタリアとイギリスは、さらに別のシステムを導入している。しかし、こうした諸国の専門家たちが一堂に会すれば、ほとんど同じような専門用語で話すことになる」と、また、「ロンドン、ベルリン、モスクワ、ローマ、ワシントン」はすべて、「管理要員の選択と継承」という問題に直面しているとする。つまり、政治指導層の選択に関する限り、「世界の多様な権力システムの代表者たちのあいだで、意見の一致をみることは極めて困難であるとしても、公行政という、やや狭い分野に限るのであれば、多様な権力保持者たちは容易に互いに理解し、対抗している諸プランの利点の違いについて検討することができる」とする。また、権力保持者はすべて、「3つの集団の、つまり、専門家ないし技術者、支配者、消費者・生産者として特徴づけ得る集団の均衡を期す」という課題に直面しなければならないとし、さらに次のように続けている。

> ある意味で、名目上の支配者はブローカーであって、大衆と専門家との間に立って、両者を取り持っていると見なしてよかろう。最終的には、どのような声が決定を下すのであろうか。あるいは、どのような状況においてのことであろうか。権威の、専門家の、大衆の決意の、いずれであろうか。この問題について、ソ連といえども注意深く検討しなければならないが、イギリス、カソリック教会、ドイツないし日本の政府も同様である[77]。

以上のように、ヒトラーが権力を握った数ヵ月後の論述において、メリアムは、はからずも、ローズヴェルトやガンディーと並んで、こうした指導者

の名前を挙げることになった。また、行政に限らず、多様な分野においても、統治の技術は、イデオロギーや政治の領域を問わず、広く互換され得るものであることを明確にしている。

　だが、『政治権力』は、単なる手引書に過ぎないものではない。もっと深いレベルで、この書はメリアムの政治発展の史的解釈とその将来の方向観を提示している。彼は、政治権威が、主として、強制と暴力に依拠していると、また、典型的には、絶対的支配者の神聖な権威という神話によって正統化されていた局面もあると論じている。メリアムは、このように述べたうえで、次のように続けている。18世紀後期に至って、絶対主義的「権力国家（*Macht Staat*）」は「法治国家（*Recht Staat*）」に変わった。だが、不幸なことに、その過程で、絶対主義政府を廃止しようとする衝動は、すべての政府を避けようとする傾向と広く結びつくことになった。右翼の側において「資本家たちは、国家が実業の活力と成功の脅威であると攻撃し、多くの方法をもって政府の活動を抑制しようとした。……ある意味で、政府のボイコット論と言えるが、これは、とりわけ、アメリカに著しいものがある」[78]。また、左翼の側においてマルクスは、レッセ・フェールの概念とは、資本主義の物質的関心を隠すためのイデオロギーであることを説得力をもって明らかにしたが、悲しいかな、自らの敵の資本家の主張と同様に、政府の廃止を主張することになった。その結果、既存の政治権威に別の挑戦が浮上することになった。代表的にはファシズムである。その知的擁護者たちは、立憲的自由主義国家の民主的見せかけに潜んでいる寡頭制の実態を暴くことになった、と。当時、メリアムは、マルクス主義者やエリート論者の主張する立憲国家の現実主義的で、反形式主義的解釈に同調していた。彼は（チャールズ・ビアードのような革新的歴史家のような、また、サーマン・アーノルドのようなリーガル・リアリストのような当時の意見に呼応して）憲法や法体系はヘゲモニー的諸利益の所産であって、絶対的原則を具現するものではないとしている。だが、メリアムは、資本主義と立憲主義のイデオロギー的性格の批判的検討を支持するとともに、その批判をもって、批判者自身を非難するための武器に変えている。つまり、

マルクス主義とファシストのユートピアも、同様にイデオロギーに過ぎず、狭小で階級的、ないしナショナルな利益を守るためのものに過ぎないとしている[79]。

　立憲的でレッセ・フェール型の国家が実業の利益の外皮であるとすると、また、これに挑戦する主要な理念も党派的イデオロギーに過ぎないとすると、ユートピアをどこに求めるべきことになろうか。メリアムは確信をこめて、真に客観的な力によってのみ、「法律と道徳律や政治システムのいずれを問わず、これが障害となるのであれば、いずれをも無視する」力によってのみ、将来は明るいものとなり得るのであって、その力は科学にほかならないと判断している。将来は、専門家の助言を受け入れ、自然と社会の科学の最新の成果で武装した知的支配者の双肩にかかっている。現在の運動とイデオロギーは、

　　人々の行動をコントロールする手段が、恐らく、現在の政治の意味を破壊してしまうほどに進歩すると予測されるだけに、究極的重要性の影を薄くすることになろう。今日の政治的苦悩の多くはパーソナリティの不適応によるものであるが、これは、既知の科学技術を利用することで、かなりの程度に防ぎ得るものである。……人類の運命は、肉体的・心理的平衡状態と市民教育の再調整によって、基本的に変化し得ることになろう。

教育の科学、予防医学、心理学、精神医学、精神分析学、精神生物学は、

　　解放とコントロールの新しい形態として、徐々に展開し、現代の権力問題の中心に深く入り込んでいる。これを欠いては、将来の研究は成立し得ない。……現代の機械技術が経済学のカテゴリーと計画をひっくり返したように、新しい社会技術は権威の基本的パターンを覆しつつある。……〔こうしたコントロール〕が市民教育を変革し、裁判手続きの基礎を掘り崩したり、あるいは、資本主義と共産主義やファシズムをゴミの山に投げ込むことになるとしても、また、代表性や責任制を再編成し、民主政と貴族政や独裁者を無力なものとすることになるとしても、これには避けがたいものがあろう[80]。

メリアムの関心は、現実のイデオロギー運動が近いうちに対立するのではないかということにあった。だが、極めて楽観的なことに、「科学によって作り出された新しい世界」という自らの脱政治型のヴィジョンが、長期的には、具体化することになるであろうと考えていた。今日からみると素朴なことに、1934年において、科学的展開を見た治療型コントロールの方法によって、権力政治は終焉すると考えられていたのである。

　ヒトラーは、こうした構図にどのように収まり得るのであろうか。メリアムはナチではなかったし、ヒトラーのイデオロギーを信じていたわけでもないが、彼の指導技術に「権力の新しい操作方法」の一端を認め、それが、脱政治時代の支配者に不可欠であろうと判断している。広く『政治権力』において、メリアムは、ヒトラーは弁舌の才にたけ（「ローズヴェルト、ムッソリーニ、ヒトラー、ビスマルク、クレマンソーはこうした"雄弁家"のマスターである」）、また、社会統一の私心なき推進者であると（「ヒトラー、ドイツのオーストリア人、ロイド・ジョージ、イギリスのウェールズ人——こうした人物は集団を調停するという点で、その可能性の具体例である」）、さらには、大衆の巧みな組織者であり（「今日の、非公然たる組織の興味深い例としてドイツを挙げることができるが、この組織において、ヒトラーの私兵組織は、ある時点で、40万人にも及ぶ志願兵からなった」）、プロパガンダの見本であると位置づけている（「ソビエト、ファシスト、ナチスの象徴は、大衆の欲求ないし潜在力を多様な方法で解釈しているという点では、近年の際立った形態である」）[81]。

　メリアムは、将来、こうした「権力の操作方法」は、「"体質論"と呼ばれる領域における科学的方法の深化、パーソナリティの肉体的－心理学的基盤についての知識、個人や大衆に占める象徴の知識」、こうした手法によって補完されることになろうと判断している。また、「科学的であろうと、芸術的であろうと、大衆行動やパーソナリティの内奥のデータを理解する人々によって、権力は掌握されることになる」とし、これを肯定的に予測するとともに、ヒトラーは、確かに、科学者ではないが、大衆の診療法を直感的に

第 2 章　ナチ・ドイツ

掴んでいるという点では、この分野における科学的展開を予示しているとし、さらに、次のように述べている。

　　実際、大衆型の示威行進の過程で、奇跡とでも呼び得るようなことが、つまり、態度が変化し、個人の行動が根本的に変化することも起こり得ることである。……社会的・政治的態度の適応不全や固定観念は大集会の熱気に、また、雄弁家や群集そのものにさらされることで、「治癒し」てしまうことも起こり得ることである。トロッキーやヒトラーの手法はピーターやサヴォナローラの場合と、それほど異なるものではない。……こうした大衆デモにおいて、……精神的「回心」という肉体的「治癒」とでも呼ぶことが起こりうるが、これは、その後の政治的態度や行為の方向づけの再設定という点で、類似の効果を持つことになる。

　メリアムは、さらに、次のように付言している。すなわち、精神的「体質論」やシンボル操作という手法は「古くから知られていて、利用されてもきた。だが、より広い大衆の参加についての、また、大衆心理と大衆組織についての、より深い理解を、さらには、芸術的象徴は別としても、大衆広告や大衆扇動についての、より深い理解を基礎とするようになったのは、近年のことに過ぎない。ムッソリーニ、ヒトラー、レーニン、ガンディーのことを思い浮かべるだけで、この新しい技術が権力のありように、どのように作用し、現代の政治生活に、どのような意味をもっているかが分かるであろう」と[82]。

　メリアムは『政治権力』[83]の初期の草稿をルーサー・ギューリック（Luther Gulick）に送ったと思われる。ギューリックは、当時、ニューヨークの「公行政研究所」のディレクターを務める指導的専門家であり、後に、ＡＰＳＡの会長に就くことになる。ギューリックは、この草稿に 2 つのコメントを付したうえで、メリアムに返書を送っている。そのコメントは「ドイツにおけるヒトラーの虐殺」に触発されたとしつつ、第 1 に、ヒトラーはユダヤ人を「部分的にしろ、スケープゴートとしているが、この書は、スケープゴー

111

トの技術を深めているとは思われない」し、第2に、ヒトラーが「経済的重点策をユダヤ人から〔彼の〕信奉者へと移している」が、こうした技術は経済的支援者を取り込むという点では新しいものではなく、「ウィリアム征服王がイギリスで貴族とともに使ったことであるし、ローズヴェルトがN. R. A.〔全国産業復興法〕をもって使い得るものと、それほど変わるものではない」と指摘している。これにたいし、メリアムは、「ドイツの状況は極めて注目すべきものであって、ご指摘のように、この状況を、さらに、注視したい」と応えている[84]。

ワイマールの"冬"、ナチの"太陽"

　1934年8月16日、アメリカの新聞は、シカゴ大学のオルバート・レパウスキー（Albert Lepawsky）がナチの突撃隊の急襲を受けたと報じている。彼は、ベルリンのノイコエルン・スタジアムで示威行進を見物していた。その主要な弁士はナチの情宣大臣のジョセフ・ゲッペルスであった。『ニューヨーク・タイムズ』紙によれば、「彼〔レパウスキー〕は、突撃隊が旗を掲げ、縦列を組んでスタジアムに入るのを観ていたとき、褐色シャツ隊のひとりが隊列から離れて、彼の顔を殴ったが、その理由は、彼がヒトラー型敬礼をもって腕を上げなかったからである」とされる。また、『シカゴ・トリビューン』紙は次のように報じている。

> 　レパウスキー教授（26歳）は、1932年にシカゴ大学で学位を取得している。それ以降、政治学部の助手を務めている。彼の研究はシカゴ地域の司法組織の分析であり、その成果は公刊されていて、教育集団のあいだでは良い評価を受けている。彼は、政治学部のボスであるチャールズ・メリアム博士の指導を受け続け、昨年の夏に社会科学の研究奨学金を受けて、海外で研究を続けているが、シカゴ大学の在外研究期は、この秋で終わることになる。

シカゴ大学の歴史学教授のウィリアム・ドッド（William Dodd）は、1933年にドイツ大使に任命されている。彼は、1934年8月14日の日記のなかで、この事件の後、レパウスキーが大使館を訪れたと記している。レパウスキーの傷はそれほど大きなものではなかったが、ドイツの外務当局の謝罪を求めたのにたいし、ドッドは事態をアメリカ総領事に伝えるよう助言している[85]。レパウスキーはこれに従っている。また、総領事はウィルヘルムストラッセから加害者は罰せられることになると告げられた、とされる[86]。

この事件の直後に、チャールズ・メリアムは、親友のドッドに宛ててパリから手紙を送り、「オルバート・レパウスキー殴打の新聞記事を読んで心配しているが、彼はシカゴ大学の私の主任助手である」と伝えている。また、レパウスキーは、アメリカ市民として保護されてしかるべきであるとしたうえで、次のように付言している。「私は、数週間前に、市町村連絡協議会会長のイエゼリッチ博士と彼の助手のゴエルティッシュ博士に会っている。彼らは、レパウスキーの研究に深い関心の意を示すとともに、できるだけの援助をしたいと申し出た」[87]と。

レパウスキーは、ナチ・ドイツで何を研究していたのであろうか。なぜ、ゲッペルスの憎しみに満ちた演説を聞こうとしたのであろうか。メリアムは、パリで何をしていたのであろうか。イエゼリッチ博士とはどのような人物で、なぜ、レパウスキーの研究に興味を示したのであろうか。

1930年代初期に、レパウスキーはメリアムの主任助手の役目を務めている。その研究プロジェクトの成果は、シカゴ地域の都市行政の共著として残されている。当時の公行政の支配的アプローチには「効率性」が求められていたこともあって、この書もシカゴ地域の組織構造に「混乱」が認められるとし、この地域行政の集権化を目指した改革が求められるとしている[88]。

この共著は、行政研究という点では、メリアムの最初の、しかも、唯一の研究書であるとはいえ、この分野に対する彼の関心が新しく浮上したわけではない。というのも、1899年にベルリンで院生生活を過ごしているが、その過程でドイツの都市行政の研究グループを組織するとともに、ヒューゴ・プ

ロイスに強い共感を覚えているからである。プロイスは教授で、ベルリン市議会の議員を務め、後に、ワイマール憲法を起草している。1901年、メリアムは、シカゴ大学の教員スタッフに加わり、都市改革運動に積極的に参加するとともに、プロイスと同様に、市議会議員に選ばれている。また、共和党改革派として、1911年と1919年のシカゴ市長選挙に立候補するも落選している。2度目の落選後、メリアムは選挙政治から身を引き、その高い組織技術に訴えて、シカゴ大学にとどまらず広く社会科学の研究の制度化に乗り出している[89]。メリアムを「父祖」とする重要な組織のひとつが「公行政研究所（PACH）」である。PACHは1931年に設立されているが、この局面は不況が深刻化していただけに、それまでの改革に弾みがつき、アメリカの雑然とした行政構造の整理とその公的サービスの専門化が求められるようになっていた。PACHは包括型の組織として構想され、多様な専門組織や統治技術の改善を目指す全ての人々を「糾合することで、知識と経験の直接的交換を期す」ものであった。この研究所はシカゴ大学のキャンパスを中心にするものとされ、この大学の政治学部と緊密な関係を保つことになった。恐慌期に、この学部の3分の1の院生が公行政を専門とし、研究所が彼らの主な訓練の場となった。その職員のなかには、この学部で教職に就いた者もいるだけでなく、研究所は学生や新しく学位を得た研究者に有給職の機会を与えている。この点では、この局面にあって得難い職場であった[90]。

　PACHの所長はルイ・ブラウンローであり、ジャーナリストから転じて都市行政の専門家となっている。彼はシカゴ大学の仲間たちとの交流を保つとともに、とりわけ、メリアムとの親交を深くしている（両者の結びつきを示すハイライトのひとつは、両者が、ルーサー・ギューリックと並んで、1936-37年にローズヴェルト政権の行政管理委員会の委員となっていることである）。彼らは、統治の目的と方法とは混同されるべきではないという点で意見を共通にしていた。ブラウンローは、統治の方法には国際的な比較研究が求められるとするメリアムの考えを十分に理解していたし、自らも「行政技術は、言葉、国、政治組織を問わず、交換可能なものである」と信じていた[91]。

第2章 ナチ・ドイツ

　1934年7月、ブラウンローは、公行政に関する情報と研究の交流を深めるためにパリの国際会議を組織している。当時を回顧して、彼に限らず、メリアム（この会議に出席している）も「行政の方法と実際は、政治的コントロールに大きな違いがあるとしても、交換可能なものであるという理論を、なお、信じていた」であろうと言っている。この立場から、ブラウンローは、37名の代表者のなかに、2名のドイツ人の参加を求めている。その一人がクルト・イエゼリッヒである。彼は、ベルリン大学の都市学研究所の所長であり、また、ナチ・ドイツ地方機関連合（市町村連絡協議会）の執行委員長を務めていた。ブラウンローの回顧録によると、イエゼリッヒのナチ入党は、当時、未決状態にあったが、会議には「暗い影を落としていた」とされる[92]。だが、会議の報告において、ブラウンローは、オーストリアのエンゲルベルト・ドルフーズ首相の暗殺のなかで（この会議の開催中に起こった）、強い政治的緊張関係にあったとはいえ、「会議は平穏に進み、行政の科学化の方法が検討され、政治の点では極めて広く、深い違いがあるにもかかわらず、行政の科学と技術に本質的統一性が認められることを劇的なまでに示すことになった」と主張している[93]。

　さらには、ブラウンローは、パリ会議の後でも、行政技術が互換可能なものであるという考えを変えることはなかったと回顧している[94]。パリからベルリンへの途次、シカゴ時代のドッド大使を訪ねている（メリアムはパリに滞在し、ここでレパウスキー事件を知っている）。8月23日のドッド日記によれば、「ブラウンローはアメリカの都市問題について熟知していて、ドイツの諸都市の職員たちに会い、ナチ政権が都市の住宅プロジェクトを無視するかどうかについて話し合っているが、この分野については行政が、とりわけ有効であったし、このプロジェクトは50年以上も続いていた」と記している[95]。ブラウンローが話し合ったドイツ高官の一人がイエゼリッヒであった[96]。

　アメリカの他の行政研究者たちもイエゼリッヒとの協力関係を維持し続け、彼がナチ党に加わってからも、その研究を高く評価している。政治学者のロジャー・ウェールズ（Roger Wells）は、イエゼリッヒが編集した『自治

115

年報（*Yahrbuch für Communalwissenschaft*）』[97]の第1巻（1934年）を評して、ドイツの都市政治の展開を注視し続けようとするアメリカ研究者にとって「不可欠」の位置にあると述べている。『年報』の第2巻は1935年にベルリンで発刊されている。この巻は、アメリカ都市協会のディレクターでPACHの要員の論文を含めて、イギリスとアメリカの専門家たちの論文を所収している。この年報はローランド・エグジュール（Rowland Egger）の賛辞も受けている。彼はバージニア大学の若い政治学者で、ブラウンローの選任を得て、この分野の主要な国際組織の舞台であるブリュッセルのリエゾン・オフィスで働いていた[98]。エグジュールは、「世界中の地方政治の研究者がイエゼリッヒ博士とその協力者たちの恩恵に浴していると言えるのは、素晴らしいことに、地方政治の知識を最新のものにし続けるという課題に正面から取り組んでいるからである」と記している[99]。エグジュールは1936年までブリュッセルにとどまり、この地で国際公行政センターを創設している。そのスタッフには「ベルギー、イギリス、ドイツの国籍」の研究者も含まれていた。1937年には、彼は、少なくとも見たところ「国際協力の前進を期し得る」と記している[100]。エグジュールはバージニア大学に戻り、公行政を担当するとともに、（1957年から）政治学部の部長を務め、1964年にプリンストン大学の政治学と公務論の教授職に就き、1979年に亡くなっている[101]。すると、なぜ、メリアムが1934年の夏にパリに出かけ、ナチ都市連合の会長であるクルト・イエゼリッヒと、どのように会うことになったかを了解し得ることになる。また、メリアムの言葉を繰り返すと、イエゼリッヒが「レパウスキーの研究に強い関心を示した」という事実からすると、レパウスキーがドイツで研究することを求められたのは、都市行政の領域であったと想定される。実際、レパウスキーが受けたプロジェクト助成は社会科学研究評議会のフェローシップであり、この資金によってヨーロッパに出向いているし、その研究には都市地域の行政構造の比較研究も含まれていた。

レパウスキーがこのフェローシップを受けたのは、ほぼ、ヒトラーが政権に就いた頃にあたる。ハンブルクに着いて、彼は、ナチの支配がすでに広く

第 2 章　ナチ・ドイツ

及んでいて、「私の都市地域の研究という固有の課題とファシストの全体的運動とは切り離し得ない」状況にあるとしている。そんなわけで、彼は、都市行政の集中的研究に取り組むにあたって、まず、ナチ革命をもっと広く観察しようと決めている。レパウスキーは、1933年 8 月 6 日付けの手紙をシカゴの友人に送り、次のように記している。

　　ドイツは成熟したファシスト理論という点では、それらしい理論を、なお、形成しているとは言えないとしても、遠からず、理論化することになると思われる。それでも、民族主義哲学、花火とその技術、デモと熱弁、そして声明のなかにある。私は楽しく過ごしていて、ドイツ精神を学ぶことでドイツの政治社会を理解する手掛かりを得ることができると思っている。新しいうねりがドイツの政治社会に起こっていて、政治アピールと組織化という点で、ひとつの実験となり得ると思われるが、これにアメリカの人々が共感を覚えたり、理解を示すことはあるまい。私についていえば、今のドイツで学ぶことは容易ではないが、一心に耳を傾けているし、既に、極めて興味深いナチの同調者の幾人かとも会っている[102]。

翌日、レパウスキーは長文の手紙をチャールズ・メリアムに送り、次のように伝えている。

　　今のドイツでは、すべてが「同質化（*gleichgeschalten*）」〔協調化、集中化〕の過程にあります。公共事業の必要が指摘されていますが、これは、狭い範囲であれ、平等化と方向付けの公的過程を示しています。ナチ党は真剣に協調的一党型の民族国家の建設を試みています。組合と経済団体とを、また、スポーツと音楽や法とを問わず、ほとんど、すべての集団には党の政治委員がいますし、人事も政策も、その影響に服する方向を強くしています。かつて、市民教育のなかで、また、都市政治の研究のなかでも指摘なさったことですが、その種の市民意識のひとつのタイプを窺うことができます。

レパウスキーは、さらに、ヒトラーの「驚くべき」人気について伝えたうえで、プロパガンダの問題に触れ、次のように述べている。

ときには素朴な場合もありますが、プロパガンダはに、総じて、十分なものがありす。若きゲッペルスが〔シカゴ〕大学で夏期講義を4年間おこなうことになれば、プロパガンダの興味深い講義をおこなうでしょう。出版、ポスター、映画、ラジオはすべて十分に監督されていますが、彼の表現力には、確かに、この上なく優れたものであるという印象を覚えることもあります。演説は興奮のなかで聞き取れません。ナチ式の敬礼やスキンヘッドは、アメリカの新聞が指摘するほど一般化しているわけではありませんが、幾万もの人々が参集し、楽隊と行進は予想通りの激しい反応を喚起し、花火と轟音は熱狂的喝采を呼ぶことになります[103]。

　この手紙で、レパウスキーはゲッペルスのプロパガンダの中身について、事実上、論じてはいないが、プロパガンダの技術面については、「総じて、十分なものがあります」と積極的に評価している。興味深いことに、彼はユダヤ人であった[104]。手紙のなかで、レパウスキーは研究計画の予定をメリアムに伝えている。それによれば、もう10日から2週間、ハンブルクですごしたのち、ベルリンに約4カ月、滞在し、さらには、イギリスへ出向いて、半年間、留まることにしたいと伝えている。だが、実際には、このプランに従ったわけではないと、また、イギリスに出向いたとしても、その滞在期間を短縮したと思われる。新聞報道からすると、当初のドイツの滞在期を延ばしている。1934年8月にノイエコエルム・スタディアムに、どうして深い関心を持つことになったかは知る由もないが、メリアムへの手紙からすると、また、恐らくは、同じスタジアムと思われるが、ベルリン・スタジアムでのナチの示威運動に出席したとするメモからすると、プロパガンダが社会コントロールの技術であると判断し、これに強い興味を覚えることになったからであると思われる。これは、明らかに、チャールズ・メリアムから引き継いだ課題でもあった。
　レパウスキーはナチの「同質化」政策の全体に興味を深くすることになったとはいえ、公行政の研究を放棄したわけではない。彼はハンブルクとベルリンの大学で客員職に就いている。また、イエゼリッヒと研究を共にするこ

第 2 章　ナチ・ドイツ

とが個人的にあったかどうかは不明であるにせよ、ベルリン大学の都市研究所で、イエゼリッヒのスタッフとは交流を深くしたと言える。シカゴに戻るにあたって、レパウスキーは「ナチは帝国を改良する」と題する論文を *APSR* の1936年号に寄稿している。脚注からすると、この論文の最終稿が送られたのは、1935年９月前後であったと思われる（ニュルンベルク法は9月中旬に制定されている）[105]。

　レパウスキーは、この論文の冒頭において、「革命は経済階級間のみならず、政府間の権力移動を伴う」と指摘するとともに、革命政権は、そのイデオロギーのいかんを問わず、行政的遺産を長期に残すことになるとし、次のように続けている。

　　フランスは1790年代に約40の州を廃止し、83の行政区ないし県を置いたが、こうした政治改革は、当時の自由・平等・友愛という声の高まりのなかで目立ったものではなかったにしろ、フランス革命が長く残した成果と言えるのではあるまいか。ＵＳＳＲの24の自律的リージョンと共和国についてはいうまでもなく、ロシアを構成している７つの共和国の連合は、プロレタリアートの独裁という扇動的スローガンが強力に打ち出されているとはいえ、民族的共存の重要な実験であったと言えるのではあるまいか。……さらには、最高裁の判決を規制しているとはいえ、今や、ワシントンと州都との間で、また、州議会と市議会との間で権力バランスが変動していると言えるのではあるまいか。

　レパウスキーは、さらに、「権力の国際バランスの過程は、今や、ナチ・ドイツの検討をもって豊かなものとなり得る」とし、アメリカのニューディール派は第３帝国で進められている行政集中から教訓を得ることができると述べている。また、「帝国改革（*Reichsreform*）は、取り立てて新しいナチの理念とは言えず、集権型国家は"不実な"ワイマール憲法会議において、既に、ユダヤ人のプロイス教授によってすら求められている」し、「ナチスは、他者が計画し、研究したことを実行しているに過ぎず、ドイツを連邦国家から集権型の単一国家へと変えることになった」と指摘している。レパウ

119

スキーは、ナチ革命の初期に、幾千人ものユダヤ人たちがドイツの官僚機構から追放されていたことを承知しつつも、再確認するかのように、「政治化の当初の波が引いてから、……ドイツ官僚制の権力は、それなりに再確立されつつある」と述べている。結論として、彼は、「ナチ自身は潰えることになる」としても、「ドイツ帝国を改革するという歴史的過程に、いくつかの役割を果たしたとされることは確かである」と指摘している。

　この論文は、ドイツにおける当時の都市行政の展開についても論評している。ナチは都市の慢性的赤字の立て直しに「積極的に」取り組んだが、「諸都市の政治調整は予想されたよりも困難なものとならざるを得なかった」のは、「都市の中枢部がドイツのプロレタリアートの牙城」と化していたからであるとし、さらに、次のように指摘している。

> ドイツの人々は諸困難を自覚していて、都市のプロレタリア体制を抑え込もうと奮闘し、広範な諸方策を講じている。ハンブルクのように、かつての共産党の中心地においても、徹底的調査が進められている。その目的は、怠慢、不正常、共産党への投票、こうした条件が重なっている地域にスポットをあて、どの地域が問題であるかを明確にすることで、いわゆる「社会活動の中心地」を孤立させることにある。問題が急を要していることは、ドイツの研究者や教授たちが、都市生活を研究するにあたって、アメリカの社会科学者たちの技術を、事実、シカゴの生態学研究の全てのスポット・マップを活用していることにも窺い得る。ナチの研究者と政治家たちも、都市の個別主義のみならず、都市プロレタリア主義が都市の調整を州の清算的救済よりも困難なものとしていることを承知している[106]。

　このナチの社会調査プロジェクトは、レパウスキーも指摘しているように、当時、シカゴ大学の政治学者のハロルド・ラスウェルが進めていたプロジェクトに類するところがあった。というのも、ラスウェルは、シカゴの大衆のあいだで、なぜ共産主義のプロパガンダが有効性を発揮しているかについて、その要因の社会心理学的分析を進めていたからである[107]。

　オルバート・レパウスキーは、シカゴ大学政治学部の出身者の一人で、厚

第2章　ナチ・ドイツ

遇をもってＰＡＣＨの役職に就いている。1936-38年に、この研究所の副ディレクターを務めているが、同時に、住所を同じくする課税行政官連合のディレクターをも兼任し、非常勤で政治学を教えてもいた。真珠湾攻撃後、志願兵としてアメリカ空軍の軍役につき、1945年に中佐として退役している。その後、アラバマ大学で公行政の教授と公務訓練のディレクターを務めている。1953年にカリフォルニア大学バークレー校の政治学部に移り、1976年に退職している。レパウスキーに送られた名誉職にはＡＰＳＡ理事会の委員（1949年）、ＡＰＳＡの副会長（1956-57年）、西部政治学会の会長（1963-64年）があり、1992年に亡くなっている[108]。

クレアレンス・リドレー（1891年生まれ）は、元市政執行責任者(シティ・マネジャー)で、1927年にシラキュース大学で学位を取得したのち、ルイ・ブラウンローの招きを得て、シカゴで「国際シティ・マネジャー協会」を指揮し、やがて、ＰＡＣＨの要員となっている。また、ブラウンローの依頼を受けて、チャールズ・メリアムは彼を政治学部の准教授に採用している。この学部のメンバーとして、リドレーは1930年代と1940年代に大学院生の公行政教育に熱心に取り組み、代表的には、1936年からは、後にノーベル賞を受賞することになるハーバート・サイモンの指導にもあたっている[109]。

1933年の夏に、リドレーは、アメリカの都市行政の専門家たちと共にドイツの諸都市を訪ねている。その報告が『全国都市レビュー（*National Municipal Review*）』の1934年4月号に載っている[110]。リドレーは、「現に、ドイツの主要都市のすべてに置かれている都市広報局」に視点を据え、その役割を都市事情に関する情報の宣伝に求めている。また、「ハノーバーの新聞社6社の代表に個人的にインタビューしたが、この面談からすると、市役所のニュースが検閲されているという、あるいは、広報局が報道を"着色する"ことで現政権を支えようとしているという雰囲気を覚えることは全くなかった」と報じている。総じて広報局の有効性に強い印象を持ち、その成功の鍵は局の主任たちの「質の高さ」にあるとするとともに、「その地位の高さが、とりわけ有能な人物を職務に誘っていることは、評価すべき事実である」と述

べている。だが、数ヶ月前に、数千人のドイツ行政職員が、恐らくは、一部の都市広報職員すらもが解雇されているということについて触れてはいない。この論文の結論部分で、リドレーは次のように指摘している。「アメリカの公務員は、総じて、奉仕すべき公衆に伝達することに無関心であるだけに、ドイツの都市広報局が使っている技術から大いに学ぶべきである。……もっと適切な広報活動の必要が、ドイツと同様に、アメリカにおいても広く認識されることになろうし、今や、その認識は急がれてもいる」と。

　ＡＰＳＡの人名録の1953年版からすると、リドレーはシカゴ大学政治学部のメンバーであり、また、国際シティ・マネジャー協会のディレクターとされているが、1961年版には、彼の名前は見当たらない。このことからすると、ＰＡＣＨが1956年に解散していることからみて、この局面でシカゴ大学の教職も終えているのであろう[111]。

　ルイ・ブラウンローは、既述のように、その伝記において、1934年の局面では行政技術の政治的中立性の理論を確信していたが、この点ではメリアムも同様であったと述べている。また、両者の助手であるオルバート・レパウスキーとローランド・エグジュールは、少なくとも、1935年の遅くまでは同様の判断に立っていたことは明らかである。では、ブラウンローとメリアムは、こうした考えをどの時点で放棄することになったのであろうか。

　1936年が分岐点であったと思われる。ドイツで予定された催しに参加するかどうかについて、アメリカの諸機関のなかにはジレンマを覚える組織もあった。アメリカ・オリンピック委員会は、アメリカの選手たちがベルリン大会に参加すべきかどうかを決めなければならなかった。アメリカの主要大学は、ハイデルベルク大学創立550周年記念の祝典に代表者を送るよう求められてもいた。さらには、ルイ・ブラウンローとその助手たちは、ベルリンとミュンヘンで開催を予定している「国際地方政府連合（International Union of Local Authorities）」の集会に参加するかどうかについて、その決定を迫られていた。結局、アメリカの選手のメンバー全員がベルリン大会に参加してい

る。また、ハーバード、コロンビア、イエール、ジョンズ・ホプキンズの各大学を含めて、アメリカの主要大学はハイデルベルク大学からの招待に応じている[112]。そして、ルイ・ブラウンローも、ドイツのホスト役たちから、会議がナチ役員の「干渉を受ける」ことはないという保障を取りつけたうえで、また、ＰＡＣＨの資金援助を得て、約20名のドイツ派遣団を送ることにしている。この派遣団のなかには、チャールズ・メリアム、シカゴ大学の上級公行政研究員のレオナード・ホワイト（Leonard White）、シカゴ大学の社会科学部長のビアーズレィ・ラムル（Beardsley Ruml）も含まれていた。だが、ドイツ側は、会議の公開を避けるという約束を破っただけでなく、ブラウンローを含めて、派遣団のリーダーたちとヒトラーとの会見を求めた。会議の終盤を迎えたころ、クルト・イエゼリッヒは、自らがブリュッセルの国際本部のディレクターになるという動議を提出した。この動議は投票の結果、否決されたが、会議は「緊迫した雰囲気」のなかで幕を閉じたとされる[113]。

　少時、時間を置いて、1936年７月に、ブラウンロー、ホワイト、メリアムなどから編成されたベルリン派遣団がワルシャワで開催された第６回国際行政集会に出席している。この席には、ファシスト独裁の諸国の派遣団も参加していて、選挙型議会は討論機関に過ぎないと非難するとともに、審議手続きを無視して、行政権が最高の権威機関であるし、国家の官僚機構が行政首長の真の機関であるとする決議を強引に採択しようとした。この決議が、結局、通らなかったので、イエゼリッヒは、突然、ベルリンに変える準備をしだした。だが、ファシストたちが、専門的行政と政治的行政首長との区別を解消することを求めるに及んで、ブラウンローとメリアムは、ナチの行政方法が民主的レジームにも妥当し得るとする考えに疑念を深くすることになったと思われる。ベルリン会議の政治化やワルシャワにおけるファシスト派遣団の鉄面皮な行為を、また、民主政に対する激しい攻撃を見るに及んで、一定の自己批判を迫られ、民主政と自由が重要な価値であり、守るべきものであるとする考えを深くすることになった。こうした不愉快な事態は、ブラウンローとメリアムが大統領行政管理委員会の報告書の草案の作成中に起こっ

ただけに、彼らは、慌てて、この報告書に行政部が民主的であることが必要であるとする指摘を追加している[114]。1936年夏の出来事は、また、メリアムの研究姿勢を大きく変えることにもなる。というのも、1936年以前の局面においては、憲法上の権利はイデオロギー的偽装であるとし、また、社会コントロールの科学的技法が民主的政治に替わり得るのではないかと判断していたが、この年度以降、メリアムは、自由と民主政が規範的理念であるとし、その擁護を強く求めるようになったからである[115]。

メリアムとブラウンローの助手たちのなかには、1936年以降も、ナチの方法を移植できるのではないかと考えていた研究者たちもいる。G. ライル・ベルズレー（Belsley）は、「アメリカ・カナダ市民サービス会議」のディレクターとして、1935年にシカゴに赴任している。この組織の本部はPACHに置かれていた。PACH集団の他の上級メンバーたちと同様に、ベルズレーもシカゴ大学へ非常勤で出講している。彼の組織の役割は、ジャクソン民主政の非効率的な遺産である"スポイルズ・システム"の廃止に取り組み、メリット・システム型の行政要員に組み替えることであった[116]。1938年、この会議は、1937年度ドイツ市民サービス法の公刊を起案している。その翻訳の任にあたったのは、ミシガン大学の政治学者のジェームズ・ポロック（James Pollock）とその院生のアルフレッド・ボーナーである[117]。

ジェームズ・ポロック（1898年生まれ）は、1921年にミシガン大学を卒業し、1925年にハーバード大学で政治学（government）の学位を取得している。その後、ミシガン大学に戻り、早くも、1934年に正教授に就き、アメリカにおける指導的なドイツ政治の研究者のひとりとなっている。1930年のナチの選挙勝利に驚きつつも、彼は、当初、ナチの綱領を「底抜けにあどけない」ものであるとしていた。また、ナチの人種主義を嫌悪しつつも、ワイマール政治のイデオロギー的分極化状況に失望もしていた。1933年2月付の未公刊の論文で、ポロックは、基本的には、1930年以降、ワイマール民主政は、いずれにしても、茶番に過ぎないものとなっていたとし、ヒトラーが大統領に

就くことを評価している。また、指導者（*Führer*）は極めて危険な人物であるというより、極端ではあるとしても、伝統的なドイツの反動家であるとし、閣内の非ナチ派がヒトラーを規制するであろうと期待するとともに、ヒトラー自身も政権の座に収まれば、もっと責任ある態度をとることになろうと判断している。さらには、ユダヤ人たちの餓死など起こらないであろうし、ベルサイユの約束は守られるであろうと予測していた[118]。

　ポロックは第３帝国の事態を注視していた。1934年夏に、彼は、カール・シュルツ協会（フェライン）を共同スポンサーとする一群のアメリカの研究者たちと共にドイツを訪ねている。この協会は、既に、ナチの情宣機関の前線と化していた[119]。帰国後、同僚たちに宛てて「素晴らしい機会を得た」と書き送っている[120]。彼は、ナチ政権に対しては、客観性という姿勢を守ることにし、倫理的パースペクティブからナチズムに取り組むことを避けることにしたと述べている。この点で、1938年に発刊されたドイツ政治のテキストで、観察者に徹するとして、力点は「政治諸勢力、イデオロギー的動き、この政権の施策と成果の社会的・道徳的意味ではなく、第３帝国を構築している統治機構にある」と指摘している[121]。

　ナチ・ドイツに対するポロックの価値自由型スタンスは、*APSR*誌の1939年２月号所収の書評に最も明確にあてられている。ポロックが書評を寄せた著書は、フランスの歴史家であるアンリー・リヒテンバーガーの著書であり、ナチズムは、確かに、一定の批判に服すべきではあるが、「ドイツの実験」の重要な側面には称賛すべきものがあり、例えば、連帯、規律、労働キャンプで育てられる善意を挙げることができるとしている[122]。ポロックは、このフランスの歴史家は、折に触れて、ナチの方法を批判してきたが、この書には「酷評や難詰」は見当たらず、「ヒトラー体制に対する他の多くの激しい非難と弁護論とは対照的」に、ナチズムについて「リヒテンバーガー教授は、バランスのとれた解釈を提示している」し、「〔コロンビア大学〕学長で〔政治学者のニコラス・M.〕バトラーが序文」で、近年のドイツ史について「"著者は客観的で冷静な見解を述べている"としていることにも同意し得る

であろう」と指摘している。要するに、ポロックは、1938年に至っても、ヒトラーのドイツの「激しい非難」と「弁護論」は、ともに、望ましいことではないと判断していたことになる[123]。

　ポロックは、1930年代において、終始、ミシガン州の市民サービスの改革運動に積極的に取り組み、ミシガン市民サービス研究委員会の議長を務めるとともに、ミシガン・メリット・システム協会の共同設立者ともなっている。ある新聞報道を引用すれば、地域の市民グループを前に、「効率的行政改革からすると、スポイルズ・システムの廃止が最も重要な問題である」と熱っぽく語ったとされる。この報道は次のように伝えている。

　　ポロック博士は、「権力分立という古くからの教義」に内在せざるを得ない諸困難をも引用しつつ、「この論理を突き詰めると、行動しないことが求められることになる」と指摘した。また、「すべてのヨーロッパで独裁体制が成立しつつあるが、この体制から学び得ることは、行動しなければならない局面にあるということであり、その必要にも迫られているということである。現在の政治には、もっと、リーダーシップを発揮しうるシステムが求められている」と語った[124]。

　1937年に、ナチ市民サービス法が公布されている。これは、ポロックがドイツへの関心と公務員改革への関心とを結びつけうる機会となった。1937年6月、彼はG.ライル・ベルズレーに宛てて、院生の協力を受けつつ、この法律を翻訳していると伝えるとともに、「その序文の執筆」を依頼し、「出版の意義」について述べている。さらには、出版の助成を依頼するとともに、「ドイツ市民サービスは古くなっていますので、この法典には有益であるとするにとどまらないものがありますし、広く活用されると思います」と伝えている。そして、ミシガンの市民サービスの進行状況も要約している。ベルズレーは、直ちに、この法典の出版を了解する旨を伝えている[125]。

　このテキストの序文で、共同訳者のポロックとボーナーはナチを高く評価し、ドイツ行政の二世紀に及ぶプロジェクトを完成したと位置づけている。

第2章　ナチ・ドイツ

「世界中でも最も完全かつ周到な人事法典」を起案することで、ナチは、ワイマール憲法が果たし得なかった事業を完成し、全公務員の統一規定を確立したと、また、内容にとどまらず、「明確かつ包括的に表現され、論理的に叙述され、極めて注意深く重要な規定が明示されてもいて、これにまさる法典は存在しない」だけに、「人事問題の研究者であれば、散漫な検討をもってしても、その価値を認めないわけにはいくまい」と述べている。確かに、ポロックとボーナーは、ナチの「政治的信頼性」が強制されるなかで、ドイツの公務員のあいだに「一定の退廃」を呼んでいるとしつつも、幸いなことに、「アメリカのスポイルズ・システムに類する事態は起こってはいない」と述べている[126]。同じ文脈で、ポロックは自らのテキストにおいて、ナチがユダヤ人の公務員や「反抗的」分子を「粛清した」としつつも、「技術部門や外務局には、ほとんど変化は見られない」と記している。また、「総じて、公務員の大多数は以前と同様の状況にあるし、アメリカ流の完全なパージは起こっているわけではない」と述べている[127]。したがって、ナチのパージは、不愉快であったにしろ、アメリカでは選挙結果に従って行政員の入れ替えが起こるだけに、ナチの事態は、総じて、悲観すべきものであるとは考えていなかったことになる。

　市民サービス法典に関する、この論文は、ブライアン・モール大学のロジャー・ウェールズ（Roger Wells）によって検討され、*APSR*誌の1938年10月号に所収されている。ウェールズはポロックとボーナーの作業について、「世界中で最も完全な人事法典の特徴に注目せざるを得なかった」と評している。すでに、ポロックは、ウェールズに宛てて、「この論文が好評を博している」だけに、「"ドイツの都市法典"と題する類似の論文ないし小冊子を出すことで、この課題を遂行したいと思っている」と伝えている。また、ポロックは、既に、この法典の翻訳を終えており、ＰＡＣＨの別の組織である「全国都市連盟（National Municipal League）」から公刊するため、その交渉に入ることをウェールズに伝えるとともに、その序文の執筆を依頼している[128]。ウェールズは「良い」考えではあるが、他の緊急の課題を済まさなければな

らないので、助力しかねると応えている[129]。

その間に、ポロックの院生であるアルフレッド・ボーナーはナチの行政改革に関する論文を書き上げている。この論文は APSR 誌の1939年10月号に収録されている。ボーナーは、「これまでのところ、ドイツの分離主義を求める伝統的勢力と強力な地方政党のボスが反対するなかで、もっと合理的な経済的・地理的区分線に沿って、ドイツの区画を再設定することができなかったこと」に失望せざるを得ないとしつつも、幸いなことに、「オーストリアの"奪回地"とズデーテン地方」が新しい行政「モデル」の実験地となっていて、「ドイツの他の地域にも広げられる」と思われるが、その行方は「なお、定かとは言えない」と述べている。だが、当面のところ、まず言えることは、「新しい法律が地方行政改革の実現を目指すに過ぎないものではなくて、ウィルヘルム・フリック博士の指摘に従えば、"帝国の将来の決定的再編を目指した重要な踏み石"にせんとするもの」にほかならないと結んでいる[130]（フリックは、ニュルンベルク法の起草者として、後に、死刑の判決を受けている）[131]。

ボーナーは、やがて、政治学界から離れることになるが、彼の指導教授の経歴がその名を留めることになる[132]。1945-46年に、ジェームズ・ポロックは、ドイツのアメリカ占領区の行政官となったルシアス・クレイ将軍の特別顧問を務めている。その後も、幾度となく、アメリカ占領機関を助言するためにドイツを訪ね、その功績をもって、文民の最高勲章にあたる「勲功メダル」を受けている。また、1950年代に、アメリカ－ドイツ関係の理解を期すキャンペーンに積極的に取り組み、西ドイツ政府から叙勲されている。1948-1968年までミシガン大学のマーフィン教授職を、1947-1961年に政治学部長を務めている。そして、1950年にＡＰＳＡの、1955-58年に国際政治学会の会長を務め、退職後間もない1968年に亡くなっている[133]。

ポロックは、ロジャー・ウェールズにドイツ都市法典の序文の執筆を依頼している。これは、ウェールズがドイツ都市行政の権威であるとされていたからである。彼の『ドイツの諸都市（*German Cities*）』は1932年に出版され、

ローランド・エグジュールは「壮大な著作」であると評している[134]。その なかで、ウェールズは、恐慌によるドイツの諸都市の難局とそれに伴う自律 性の喪失を嘆くともに、可能性は乏しいにしろ、共産党がドイツで権力を掌 握することになれば、都市自治が破壊されることになろうと、また、ドイツ で第3帝国が確立される可能性の方が高いと言えようが、この場合には、地 方制度が大幅に変更されることはあるまいと言えるのは、「ヒトラー派は過 去に訴えているし、また、都市自治は第2帝国の最も重要な特徴であったか らにほかならない」と指摘している[135]。

　すると、ナチ支配の前夜に、ロジャー・ウェールズは、ジェームズ・ポ ロックも同様であったと思われるが、ヒトラーをドイツの保守派であって、 経済の安定化をもって、また、都市自治という過去の栄光を回復することで ドイツに善政をしくであろうと見なしていたことになる。彼は、1934年夏に ナチ・ドイツを旅することで、ヒトラーへの信頼を強くしたと思われる[136]。 この確信は、1935年に執筆した*APSR*誌上の書評に明らかであって、この著 書は、政治学者のフレデリック・シューマンによるナチズムの批判的分析で あるが、「出色の著作」であると評しつつも、さらに次のように続けている。 「随所で、著者が誇張に訴えていることは明らかである。例えば、ドイツの 党は"古代東洋の専政主のなかでも最も専政的君主にまして、ヒトラーが帝 国を統治するための手段"としているとの指摘を挙げることができる。…… 最後に、"新生ドイツの友人"である必要にはないとするに及んでは、シュー マン教授はヒトラー体制の（精神的と対置される）実証的成果を過小評価し ていると言える。この国家は必要以上に悪しざまに言われていることにな る」[137]と。

　1935年夏の*APSR*誌に所収の論文で、ウェールズは、ナチスを称賛して 「〔ワイマールの〕多党型システムの行過ぎ」から起こっていた「極めて重大 な状況」からドイツの都市政治を救出したとするとともに、次の結論を導い ている。「『ドイツ都市法典（*Deutsche Gemeindeordnung*）』は地方政治を破壊す るものではなくて、19世紀におけるように、復興と繁栄の再来を目的として、

より安定した基盤を新しく構築することを目指すものであるという国民社会主義の主張を……根拠あるもの」としている、と。さらには、ドイツの「都市行政から、ユダヤ人、共和主義者、社会主義者、その他の"信頼できない"分子が追放された」ことを認めつつも、この事実との釣り合いを期して、「その空席を有能な人々に当てるという政策が採られている」と述べている。ウェールズは、こうしたパージの非道徳性に関心を示さなかったわけではないとしても、それよりも、「都市の市民サービスの専門的性格」に関心を深くしていたことになる[138]。

ウェールズは、その後も APSR 誌にドイツの行政機構の集権化について寄稿している。編集者のフレデリック・オッグは先のレパウスキーの論文と組み合わせて所収したことについて、脚注で、両論文を一対化することで「第3帝国の政治学的・政治－地理学的展開の極めて完全で、時宜を得た実態報告とすることができた」と説明している[139]。また、ウェールズは次のように報じている。「ドイツ諸州（Länder）の整理は、今や、実質的に完了している。ワイマールの名残の雪は少しは残っているとしても、国民社会主義の陽を受けて急速に融けつつある」と。ウェールズは、さらに、ナチの行政改革を詳細に、また、無批判的に報じている。例えば、ナチによって、「司法行政」の集権化が「急速な展開」をみたと指摘しているが、その司法実態について触れてはいない[140]。

ロジャー・ウェールズの死亡記事は次のように報じている。彼は「第2次大戦後にドイツの民主化に貢献し、1945-47年にアメリカ軍政下の市民行政長官代理を務めている。……ドイツにおける功績をもって、合衆国自由勲章を受けている」と[141]（ポロックとウェールズを例とすると、戦後ドイツの再民主化は、部分的ではあれ、皮肉なことに、かつて、アメリカ民主政はドイツの独裁体制から学んでしかるべきであるとした論者によって指導されたことになる）。ドイツにおける役目を終えて、ウェールズはブライアン・モール大学に戻り、APSR 誌に寄稿し続けている。そのなかには、地方自治は「ナチ支配によって破壊されたとする」論文も含まれている[142]。ブライアン・モール大学で、

第2章　ナチ・ドイツ

彼は、政治学部長を1期、また、ペンシルヴェニア政治学会の会長も務め、1994年に亡くなっている[143]。

　オルバート・レパウスキーが1930年代に行政学の研究に取り掛かった世代に属しているとすると、また、クレアレンス・リドレーは、この「中間期」の世代を代表する位置にいて、当時、活動の盛期を迎えていたとすると、ウィリアム・F・ウィロビー（Willoughby、1867年生まれ）は、この分野に基礎を据えた世代のひとりで、この局面では、たそがれ期を迎えていたことになる。彼は1933年にブルッキングズ研究所を退職している。ウィロビーは、政治理論家のウェステル・W・ウィロビーとは兄弟にあたり、ジョンズ・ホプキンズ大学を卒業後、ウッドロー・ウィルソンが学長を務めていたころにプリンストン大学の政治学教授となり、その後、1890年代に連邦公務員となっている。ウィロビーは、ウィルソンと同様に、多数派民主政については両義的姿勢をとどめ、終生、広範な政策決定の領域を、教育ある、公平で、効率性を重んずる専門家に委ねることで、党派型政治の気まぐれから分けるべきであると判断していた。1910-12年に、ウィロビーは、フランク・グッドナウと共に、タフト委員会の一員として、この課題に取り組んでいるが、その報告は政府の効率化を強く求めるものとなっている。また、1916年に、グッドナウは、新設の政治調査研究所（ＩＧＲ）の議長についている。この研究所は、その後、ブルッキングズ研究所に変わるのであるが、ウィロビーをこの研究所のディレクターに任じている。ウィロビーは、当初の数年間、ＩＧＲで1921年の財政・会計法の成立キャンペーンに積極的にかかわり、やがて、多様な連邦機関の組織化に関する研究論文の作成にエネルギーを割くことになる。こうした論文は「政治的」中身を抜き取り、「効率性」に焦点を据えるものであっただけに、ブルッキングズ研究所の、ある歴史家は「恐ろしいほどに冴えない」ものであると評したほどである[144]。ウィロビーは1932年にＡＰＳＡの会長に就いている。

　Ｗ・Ｆ・ウィロビーは、終生、行政の効率化を主張し続け、政治と行政と

の分離を強固に求めたことに鑑みると、『近代国家の統治 (*The Government of Modern State*)』の1936年版で、アメリカは、イタリア、ドイツ、ロシアで導入された革命的制度については、「起こり得るかもしれない権力の濫用は別」としても、「専政の利点を民衆政治に組み入れることができるのではないか」という視点から「調査し、検討」すべきであるとしていることも驚くべきことではあるまい。また、アメリカは、例えば、ナチが「多くの〔つまり、連邦型の〕統治形態よりも単一型の方が有望である」としていることから、さらには、帝国を構成している諸邦を「一気に」解体しようとしていることから多くを学ぶべきであると指摘し、次のように続けている。

> これにとどまらず、既存の区分を無視し、歴史的伝統ではなくて、地理的・民主的・行政的・個人的必要に即して、行政領域の体系を帝国の下位単位に再区分するということ、これがヒトラー政府の公然たる意図である。……こうしたナチによる革命的行動によって、政府の権力は大いに強化され、統治構造の単純化が大幅に進み、効率性と経済性は高まり、そのなかで公務が執行されることになる[145]。

すると、レパウスキーやウェールズと同様に、年長のウィロビーも、アメリカにおける権力バランスの重心を諸州からワシントンに移すという点では、ドイツにおける権力集中がモデルとなり得ると見なしていたことになる。

ここで検討した研究者の多くは、直接的ないし間接的に、シカゴ大学政治学部とその関連機関であるPACHと結びついていた。チャールズ・メリアムのヴィジョンと起業の才覚で、シカゴ大学は政府機関と実業界の指導層から行政改革の強い要請を受けるという有利な地歩を得て、ニューディール期を迎えている。だが、他の諸大学も需要の増加に直ちに応えている。例えば、ハーバード大学は、卒業生のルシアス・リタウアーの援助を受けて1936年に公行政スクールを設置している[146]。この新しいスクールは、当時、政治部門のトップを競っていた同大学の学部から、主として、教授スタッフを集めている。カール・フリードリッヒ (Carl Friedrich, 1901-1984) は1922年に

第 2 章　ナチ・ドイツ

ドイツから移民し、1926年にハーバードの教員となっているが、彼も、1930年代に行政研究の要請を受けた政治学部のひとりであり、リタウアー・スクールの設立に関与している。フリードリッヒは、当時、政治学部門の希望の星であったし、その名声は、部分的であるにせよ、ズビグニュー・ブレジンスキーとの共著である『全体主義独裁と専政（*Totalitarian Dictatorship and Autocracy*）』で戦後に高まっている（フリードリッヒは1960年代初期にＡＰＳＡの会長に就いている）。この著書で、フリードリッヒは、ファシスト、ナチ、ソビエトの各独裁は「歴史的に特有で、独自のもの」であると、また、この政権は「恐るべき」ものであるだけに、過去の独裁との類推をもって、「大目に見る」ことがあってはならないと指摘している[147]。

　だが、30年前には、カール・フリードリッヒは、それほど警戒心を示すこともなく、ファシスト独裁の台頭を受け入れている。1956年に、不断の対外膨張が全体主義政権の特徴のひとつであると指摘しているが、1928年の時点では、「文化的・知的成果に鑑みて、帰属してしかるべきと思われる土地を征服したい」とするファシスト・イタリアに同調する意向を示している[148]。また、1933年2月の*APSR*誌において、ジャーナリスティックなヒトラーの描写に書評を寄せて、このナチのリーダーを酷評しすぎると指摘し、次のように述べている。「他の民衆型リーダーと比較しておれば、もっと、寛大に評価することができたと思われるが、この書は、この人物の性格とパーソナリティに現実的印象を与えようと決めてかかっている」と[149]。

　フリードリッヒは*APSR*誌の次号に小論を寄せている。この論文はヒトラーの権力掌握の前夜に印刷されたものと思われるが、フリードリッヒは、パウル・フォン・ヒンデンブルクがワイマール憲法48条の暫定的独裁権を行使したことを強く擁護している。彼の弁護論は2つの関連した議論からなっている。ひとつは、48条に規定された緊急権とは、民衆政府の行き過ぎをチェックするための妥当な制度的メカニズムであるということであり、もうひとつは、ドイツの優れた公務行政が緊急独裁権の濫用をチェックし得るということに求められている（「官僚制、専門的公務行政が存在しないとなると、

大統領に独裁的権限が賦与されているとしても、これは、実践的には、かなり限定的有効性しかもち得ないことになろう」と)。部分的にしろ、ドイツ官僚制に信頼を寄せていたので、フリードリッヒは、ドイツ民主政が墓穴を掘りつつある局面に至っても、その将来を楽観視していた。実際、例の小論において「ドイツは立憲的民主政国家に留まるであろうし、強い社会化の傾向を持ち続けることで、専門的公務行政のバックボーンとなり続けるであろう」と予測している[150]。恐らく、この予言に触れてのことであろうが、フリードリッヒは、1937年に、ナチのおかげで「愚か者のように思われた」と正直に述べている[151]。

　フリードリッヒは、他の行政研究者と同様に、連邦官僚制の拡大と専門化を含めて、ニューディール期のアメリカ国家の拡大を支援している。この局面の彼の主要な著作のひとつに、社会研究評議会の公務員検討委員会の援助を受け、1935年に公刊された論文がある。この論文の結論において、フリードリッヒは、「アメリカ憲法が行政機能に課している内在的制約」を見失うことなく、アメリカの行政職員は海外政権の実績を学ぶべきであるとしている。また、よく訓練されたアメリカ公務員であれば、「共産主義とファシズムは、現実の政府が民衆の必要に応えることができなかったことに発した極端な見解であることを知ることになろうし、この国の基本法を破ることなく、両者の見解の健全な点を実現することに努めることになろう」と述べている[152]。すると、フリードリッヒは、立憲的自由を重視し、アメリカをファシスト独裁のイメージで作り変えることを望んでいたわけではないが、ファシズムを立憲民主政の対極にマニ教的に位置づけるという姿勢は、まだ、固めてはいなかったことになる。というのも、1930年代の中期に至っても、ファシストの綱領に「健全な」要素を認めていたからである（恐らく、彼が読み取ったのは、官僚的効率性、経済の合理化、重商主義的貿易政策であったろう）。

第2章　ナチ・ドイツ

ヒトラーの「最も啓発的なコメント」

　ナチの綱領の主要点のなかでも、アメリカの政治学者が好意的注目を寄せたのは行政改革であったと言えようが、*APSR*誌はナチズムの別の点についても無批判的な評価を所収している。
　カール・F．ゲイザー（Karl F. Geiser, 1869年生まれ）はオバーリン大学の政治学部の教員であり、長いあいだ学部長も務めている。第1次世界大戦中には、慌てて専政的敵対国から民主政を守るための論文を発表することで、アメリカの行政部のプロパガンダに寄与している[153]。だが、専政に対するゲイザーの批判的姿勢は、そのうちに後退し出したと思われる。これは、ヒトラーの『わが闘争（*Mein Kampf*）』を要約した英訳版の書評に窺うことができる。この書評は*APSR*誌の1934年2月号に所収されている。
　歴史家のロバート・ハーツシュタイン（Robert Hertzstein）によれば、1933年に、フランクリン・ローズヴェルト大統領は『我が闘争』の本のなかに、「この訳本は、ヒトラーが現に語ったことを大幅に削除し、全く間違った意見を述べている」と記したとされる。この点で、ハーツシュタインは「ローズヴェルトは正しかったし、要約版は、ヒトラーがユダヤ人問題でどれだけ苦しんでいたかを、また、彼の恐るべき外交政策の目標を正しく伝えてはいない」と判断している[154]。だが、ゲイザーは、*APSR*誌において次のように主張している。すなわち、訳者は、

　　ヒトラーの全貌を極めて公平に伝えている。この訳書にはヒトラーの最悪の性格も、とりわけ、過度のユダヤ人嫌いや最も啓発的な国家論と政府本質論も含まれている。これは、「人権は国家の権利にまさる」との、また、「最善の国家形態とは、自然の恵みを受けて、コミュニティの最高の人物をリーダーとし、影響力ある地位につけ得る形態のことである」との指摘にも表れている[155]。

　この書評においてゲイザーは、この書はナチを「国民型計画の実験」を

行っている「理想主義者」であると、また、「ドイツが新しいタイプの社会的・経済的秩序を確立し、豊かさのなかの貧困という現状を克服し得ることになれば、目的は手段を正統化することになる」ことを示唆するものであるとしている[156]。

ゲイザーは、ナチ党の対外情報主任代理のロルフ・ホフマンの最も有益なアメリカの接触者であった。ゲイザーのホフマン宛ての書簡のコピーは、ナチ式の挨拶を付して、アメリカにおけるナチのプロパガンダの成功を示すものとして、ルドルフ・ヘスの事務室に回送されている[157]。APSR誌の1937年6月号は、ゲイザーが、最近、退職し、ベルリンに在住しつつ、政治学大学校（Hochschule für Politik）などで講義していると伝えている。

何らかの理由があってのことであろうが、APSR誌は第3帝国に関するヘンリー・リヒテンバーガーの著書の書評を2度、所収している。ジェームズ・ポロックはこの書を高く評価しているが、この評価はジョンズ・ホプキンズ大学のヨハネス・マターンにも共有されている。また、ポロックと同様に、マターンは著者の論述の方法を評価して、「大衆向けの主観的アプローチを採ると論述に歪みが起こり、対象とされる諸システムを好意的に、あるいは、否定的に描かざるを得ない」ことになるが、こうした一方的論述を避け、「穏当な中間的方法が選択されている」とし、次のように続けている。「リヒテンバーガーは両方向に目配りするなかで、その論述は切れ味を欠くものにとどめざるを得なかった。彼は、このレジームが不可避であるとしつつも、国民社会主義の極端さを褒めそやしているわけではない。他方で、現実の行き過ぎの詳細な論述も避けている。恐らく、フランス革命の諸理念と、革命派が自らの理念を実現しようとするなかで起こった行き過ぎとの違いを意識してのことであろう」と[158]。したがって、マターンは、暗に、ナチの理念とフランス革命の理念とを結びつけ、ナチ・イデオロギーの「極端さ」だけを嘆いていることになる。ヨハネス・マターンは、1911年以降、ジョンズ・ホプキンズ大学の司書助手を務め、1922年に、この大学で政治学の学位を取得している。1938年から1949年にホプキンズ大学を退職するまで、図書

館における地位を保持しつつ、政治学の助教授を務めている[159]。

　*APSR*誌は、ジェームズ・ミラーのヒトラー・ユーゲント運動に関する論文を所収している。ミラーはミネソタ大学の院生であった。この組織は「若くて、熱血的」なバルドール・フォン・シーラハを指導者とし、その構造は「アメリカのボーイ・スカウト運動と似ている」とミラーは述べている。彼は、ユーゲントに認められる極端なドイツ・ナショナリズムを否認しつつも、この運動は、

> 肉体労働に対する汚点を消去し、階級間の壁を除去するとともに、知識中心主義を打破することを目指している。こうした運動が民主政のなかで生まれ、育ったことに、不愉快なものを覚えようとも、……若いナチたちが党の信奉者に育てられているという点では、完全に成功していることを認めないわけにはいかない。今や、ドイツの青年たちは、先輩たちほどには強い階級意識にとらわれてはいないし、物理的にも、より恵まれた状況にあり、自らの国を陽のあたる地とすることを、はるかに強く志望している[160]。

　ミラーは、1946年から1954年まで、ミシガン州立大学で政治学を担当するとともに、ミシガン州の会計監査員を務め、その後、ウェスタン・ミシガン大学の総長に就いている[161]。

　政治学者がナチ・ドイツに興味を覚えた別の次元として、「憲法体制」を挙げることができる。この問題は*APSR*誌の1938年12月号の主要な論題とされている。その著者はアルフレッド・ボーナー（Boerner、ポロックの院生）である。彼は、ナチの公法の狙いを「自律的な公的権威」を合理化することに求めつつも、ナチ法学者が設定した「複雑な機構」によって、政党と国家との関係が規制されることになったと積極的に評価している。また、「第3帝国の憲法理論」を淡々と仔細に分析し、例えば、次のように述べている。1933年末に、「"党と国家の統一を守るための法律が成立することで"、この党は公法の団体(コーポレーション)となった。……法学的視点だけからすると、この行為はナチ党の地歩を示すものであると言える。だが、革命を成功させていた運動

からすると、その新しい地位は、現実の権威の高さにそぐわないものに見えた」と。また、続けて、この問題を解決するために、ナチの法学者たちは、巧みな立法をもって、ナチを「公法の団体」とすることで、特別の地位を保障した（例えば、「他の団体と区別して、ＮＳＤＡＰ〔国民社会主義ドイツ労働者党〕のユニフォーム、記章、標識、シンボルが、党財務部の事前の許可なく売買・着用することには、あるいは、作成されることにはなるまい」と）。そして、この論文は、ニュルンベルク法について言及してはいない[162]。

　APSR誌の1936年2月号で、オーバーリン大学の若き政治学者のジョン・D・ルイス（Lewis）は「第3帝国の公法に関する最初の包括的著作」であるとの書評を残している[163]。彼が書評の対象とした著作は2人の「有名」法学者の手になるものであって、彼らは「帝国と共和国の両政府に仕え、今や、自らが第3帝国の任務に就き得ると考えている」と述べている。とりわけ、著者のひとりであるマイズナー博士の著書は、ドイツ憲法の今後を展望するという点で、なお、影響力を留めていたと思われる。ルイスは、著者がナチの法改正を「歴史的・イデオロギー的枠組みをもって権威と統一性を与えることで、真のドイツ国家に再編するためのステップ」であると位置づけていることに満足の意を示すとともに、著者たちが「客観的」に論述し、「イデオロギー的誇張を最小限に留めている」ことを高く評価している。ルイスは、1972年にオーバーリン大学を退職するまで、政治学部のメンバーに留まり、その間の19年間、学部長を務めている。彼の経歴のハイライトは、APSR誌の書評欄の編集者（1948-52年）を、また、ＡＰＳＡの副会長（1962-63年）を、さらには、中西部政治学会の会長（1967-68年）を務めたことである。彼は1988年に亡くなっている[164]。

　APSR誌の1938年12月号において、カリフォルニア大学バークレー校の大学院特別研究生のガーハード・クレッブズ（Krebs）は別のナチ法の著作に関する書評を残している[165]。その書評の多くは、ドイツの著者が解説したナチ憲法論の詳細な検討に当てられている。彼が対象とした著書の批判は、唯一、次の点に求められる。すなわち、「著者は、例のリーダーが、自らの

意欲による場合は別としても、どのように民族の客観的意思を、その才能とエネルギーや任務から引き出し得るかということを明らかにしていない。ただ、著者は、"民族的帝国が絶対主義や独裁体制でない"と断言している」と。また、結論として、次のように指摘している。「著者は帝国学士院の会員であり、ドイツ公法誌の編集者でもあるという高い地位からみて、〔著者の見解〕は、今日のドイツにおける公式の憲法論の表明であると見なしてよかろう。その理論を受け入れるか否かを、あるいは、その概念の一部が現状の合理化や正当化に過ぎないと見なすか否かを問わず、注目してしかるべき理論である」と。「一部の」ナチ概念が主観的合理化であると思われるとすることで、クレッブズは、他のナチ理念が客観的に健全であるという意味を含ませている。彼は、軍役を経て、少時、ウェスタン・リザーブ大学で教職に就いた後、アメリカ労働省に勤めている[166]。

ナチとの邂逅のインパクト

ナチ・ドイツに対する調整主義の姿勢は、1930年代の政治学の言説の枠内に十分に収まり得た。極めて重要な人物も含めて、アメリカの政治学者の多くはナチズムの「成果」を讃え、その批判を「行き過ぎ」にとどめている。また、ナチの反セミ主義を合理化している場合も見られる。こうした政治学者といえども、熱烈なナチ派ではなかったが、典型的には、ナチ・ドイツの価値中立的な研究が求められると、また、ナチ綱領の不愉快な点と健全な点とを区別すべきであると、さらには、ナチ・イデオロギーには、反民主的で拒否すべき点もあるとはいえ、アメリカは（とりわけ、公行政の分野について）ナチ政権の成果を学び得るとした。

論文や書評に見られるように、ナチ・ドイツに対する調整主義的姿勢は、1939年10月ごろまで*APSR*誌上に登場している。この局面は、ナチがポーランドを侵略した直後にあたるが、慌てて抗議することはなかった[167]。第2次世界大戦が勃発し、ローズヴェルト政権が明確に反ドイツの側を支援する

に至って、政治学の専門誌は、ようやく、旗幟を明らかにし、こうした論文の掲載を停止している。この局面に至って、調整主義的で無批判的なナチズム論はナショナリスト的で、無条件の批判的方向を強くし、今日に至っている。調整主義に対するタブーが強力に作動するなかで、経験豊かな政治学者といえども、こうしたタブーが働いてはいなかった局面があったとは、今も、信じがたい思いにとらわれることであろう。

第2次世界大戦がアメリカの政治学に与えたインパクトは、ナチ・ドイツのイメージを変えることになっただけでなく、戦争の経験とホロコーストは行政分野にも深い痕跡を留め、その威信を崩すことにもなった。

既述のように、公行政はアメリカ政治学のなかでも、最も威信と人気の高い分野のひとつであった。ＡＰＳＡの創設当時、公行政は政治学の5分野のひとつと見なされていたし、この学会の当初の11人の会長のうち、5人が公行政の研究者であった。恐慌期に、公行政はアメリカの学界における財政の緊縮に強く抵抗し、そのメンバーたちは財源を引き出して新しい研究機関も設立している。また、この分野は、新しく地位を高め、ルイ・ブラウンロー、チャールズ・メリアム、ルーサー・ギューリックを大統領行政管理委員会のメンバーに送り込み、これを指導しているし、その勧告はローズヴェルト大統領によって執行されてもいる。1940年までの全政治学者の5分の1は公行政部門で学位を取得している[168]。

公行政の威信は、主として、教義について合意が共有されていて、これがメンバーの結束を固くし、この分野に目的感を与えたことによる。その中心的理念は、行政の原理とは、統治システムのいかんを問わず、ほぼ同様のものであって、"効率性"が優れた行政の試金石であるとされた。19世紀後期に、この分野が成立してから、第2次世界大戦の終了期まで、公行政の専門家たちは、集権的で位階型の官僚制が本質的に効率的であるとする点で意見を同じくしていた。したがって、権力を単一のセンターに集中することで統治を合理化し、厳格な階統型の組織構造によって権威をトップダウン化し得ると判断していた[169]。また、公行政の専門家たちは、行政は専門的行政員の慈

第2章　ナチ・ドイツ

善と公平のなかで運営されると信じていたので、選挙されない官僚層に広範なコントロール権を付託することで、政治の腐敗や効率性の欠如から、つまり、マシーンと"猟官"や情実関係から公衆を救出し得ると判断していた。

　第2次世界大戦後、公行政の分野は長い制度的衰退と政治学からの疎外状況に陥った。1930年代において、この分野の中枢であった「公行政研究所」は、1956年に財政難から閉鎖されている[170]。ハーバード大学の公行政スクールは、1950年代に途上国のリーダーを育成すべきであるという要請が強まるなかで、伝統的原理に即して、この分野の教育を続けていたが、1960年代に至って、こうした原理は放棄され、「公共政策」型カリキュラムに変えられている（このスクールは、後に、ケネディ・ガヴァメント・スクールに発展的に解消している）[171]。また、1960年代初期までに、ＡＰＳＡの出版物は公行政を政治学の中心分野から外すに至っている。そして、政治学者たちは、公行政が政治学の分野に入るのだろうかと思い出しているし、公行政の研究者たちは「若いころのように行政学者たちが歓迎されることはなくなっている」とこぼしている[172]。

　大戦以前に、公行政の絶大な威信は、部分的であれ、この分野の理論的合意に負っていたように、戦後、急激にその地位を失することになったのは、こうした合意が潰えたことによるものである。1930年代に、効率的行政という教義は外部からの批判を浴びることになっただけでなく（例えば、政治学者たちは、個人の行為に焦点が据えられてはいないと批判した）、内部からも批判が起こっている。1947年に、ハーバート・サイモン（Herbert Simon）はシカゴ大学で効率的行政を重んずべきとの教育を受けていたが、この原則に「痛烈な一撃」を加え、論理的に矛盾した「格言」に過ぎないと指摘している[173]。効率性の教義が基本的原則とは見なされなくなり、長い「批判的自己検討」期に入っていた。だが、別の正統な理論を生み出し得ない状況が続いた。1967年に、優れた公行政研究者のドワイト・ワルドー（Dwight Waldo）は、戦後、この分野を支配した「アイデンティティの危機」を嘆いているし、1974年には、ヴィンセント・オストロム（Vincent Ostrom）は、公

行政の分野が、なお、「知的危機」のなかにあるとしている[174]。また、より近時に至っても、ドナルド・ケトル（Donald Kettl）は、公行政が「危機のなかにある」とし、「第2次世界大戦後、……公行政は左右に揺れ、いくつかの政策的失望を呼ぶことで、よろめき、分裂状況にあった」と指摘している[175]。

では、この危機の原因は何に求めるべきであろうか。公行政自身の内部史は、この危機の起源を、主として、戦時に政府機関のスタッフとしてワシントンに押し掛けた多数の研究者の個人的経験に求めている。この点で、ケトルは、「多くの公行政研究者たち」が「新しい現実主義(リアリズム)の感覚をもって、ワシントンから大学に戻った」とする[176]。また、こうした公行政研究者たちは、現実世界の公行政が「原則的行動ではなくて、無原則的な便宜主義にとらわれているし、……理論と実践との乖離を架橋することが困難の度を強めている」と判断している[177]。

戦後の公行政の危機について、このように説明されている。これは、本書が国際的戦争をアメリカ政治学の展開の転換点であったと位置づけるものであるだけに、このテーマに沿っていると言える。だが、本書の分析からすると、公行政の専門家たちの戦時下の個人的経験が重要であったとしつつも、この危機は、歴史的に行政効率の典型例であると見なされていた敵と戦わねばならなくなったという事実にも発している。効率性のパラダイムの衰退は、部分的であれ、アメリカ政治学において賛美されていたドイツの官僚制が、都市財政と下水システムの効率的運営のみならず、ナチ綱領の最悪の「行き過ぎ」を呼ぶことにも効率的であったことを改めて冷静に自覚したことにもよる。合理的で効率的官僚制が進歩と福祉の起動力になるという、また、「政治」は非合理的で病理的な結果を呼ぶに過ぎないとする考えがナチズムという惨事の原因のひとつとなった。だから、1930年代のアメリカ政治学者たちは、マックス・ウェーバー（Max Weber）の理念よりもクルト・イエゼリッヒ（Kurt Jeserich）の著作になじんでいたのである。だが、戦後、ウェーバーを発見し、彼の官僚制的合理性に対する懐疑的見解に生起を吹き込む

第2章　ナチ・ドイツ

ことになった[178]。戦後、公行政分野の衰退が周期的に繰り返されるなかで、行政が非政治的であるという、あるいは、合理的官僚制によって合理的結果が実質的に保障されるという考えにはとらわれなくなったと言えよう。

●注

1) ＡＰＳＡのオーラル・ヒストリー・インタビューの記録はケンタッキー大学図書館が所収している。ダールの記録の引用は34頁である。

2) メリアム（Charles Merriam）、ウィロビー（William F. Willoughby）、マンロー（William B. Munro）は1933年以前にＡＰＳＡの会長を務め、ポロック（James Pollock）とフリードリッヒ（Carl Friedrich）は第 2 次大戦後に選ばれている。

3) ダールのオーラル・ヒストリーの記録、34頁。

4) 次を参照のこと。Lewis S. Feuer, "American Travelers to the Soviet Union, 1917-1932: The Formation of a Component of New Deal Ideology," *American Quarterly* 14（Summer 1961）: 119-49; Peter Filene, *Americans and the Soviet Experiment, 1917-1933*（Cambridge, Mass.: Harvard University Press, 1967）; Robert A. Skotheim, *Totalitarianism and American Social Thought*（New York: Holt, Rinehart and Winston, 1971）; John Diggins, *Mussolini and Fascism: The View from America*（Princeton: Princeton University Press, 1972）.

5) Stefan Kuhl, *The Nazi Connection: Eugenics, American Racism, and German National Socialism*（Oxford: Oxford University Press, 1944）.

6) Marie Kopp, "Legal and Medical Aspects of Eugenic Sterilization in Germany," *American Sociological Review* 1（1936）: 761-70. 770から引用。

7) Leonard Dinnerstein, *Anti-Semitism in America*（Oxford: Oxford University Press, 1994）; John Higham, *Strangers in the Land: Patterns of American Nativism, 1860-1925*（New Brunswick, N.J.: Rutgers University Press, 1955）, 277-86.

8) Robert E. Herzstein, *Roosevelt and Hitler: Prelude to War*（New York: Paragon, 1989）, 122.

9) Higham, *Strangers in the Land*, 277-86.

10) Peter Novick, *That Noble Dream: The "Objectivity Question" and the American Historical Profession*（New York: Cambridge University Press, 1988）, 173. 次も参照のこと。Andrew Winston, "'As His Name Indicates': R. S. Woodworth's Letters of Reference and Employment of Jewish Psychologists in the 1930s," *Journal of the History of the Behavioral Science* 32（1996）: 30-43.

11) ハロルド・ラスウェルの両親あての書簡。March 29, 1923, Harold Dwight

Lasswell Papers, Manuscripts and Archives, Yale University Library, box 56.

12) ハロルド・ラスウェルの両親あての書簡。July 2 1924, and November 14, 1928, Lasswell Papers, box 56.

13) ルイス・フィンケルシュタイン（ユダヤ教神学校校長）のラスウェル宛ての書簡。December 3, 1963, Lasswell Papers, box 34.

14) Kate Pinsdorf, "Nature and Aims of the National Socialist German Labor Party," *American Political Science Review*（以下、*APSR*と略記）25（May 1931）: 377-88. 次から引用。377, 378, 384.

15) Ibid., 381, 387, 378-79, 380.

16) Marion Pinsdorf, *German-Speaking Entrepreneurs: Builders of Business in Brazil*（New York: Peter Lang, 1990）.

17) 1930年代の*APSA*誌の論文は会員審査を経てはいなかった。今日の審査システムは1960年代後期まで制度化されてはいなかった。オッグが半ば専政的とも言える手法をとっていたので、不満が高まり、編集者の地位を解任されている。だが、私の調査した限りでは、このエピソードの記述において、オッグに対する不満や離任とナチ・ドイツの無批判的論文を受け入れたこととが結びついているとする指摘は見当たらない。次を参照のこと。Samuel Patterson, Brian Ripley, and Barbara Trish, "The American Political Science Review: A Retrospective," *PS: Political Science and Politics* 21（1988）: 908-25; 次に所収のテイラー・コール、オースティン・ラニーのオーラル・インタビュー。Michael Bear, Malcolm Jewell, and Lee Sigelman, eds., *Political Science in America: Oral Histories of the Discipline*（Lexington: University Press of Kentucky, 1991）.

18) 次を参照のこと。American Political Science Association（APSA）, *Biographical Directory*（Washington, D.C.: APSA, 1968）; George Carey, "Obituary: Francis Graham Wilson," *PS: Political Science and Politics* 9（1976）: 393.

19) 次を参照。John G. Gunnell, *The Descent of Political Theory*（Chicago: University of Chicago Press, 1993）, 136.

20) Carey, "Obituary: Francis Graham Wilson."

21) Francis G. Wilson, *The Elements of Modern Politics: An Introduction to Political Science*（New York: McGraw-Hill, 1936）, 650-51.

22) Ibid., 653.

23) Ibid., 655.

24) Ibid., 662.

25）APSA, *Biographical Directory* (1968); Albert Somit and Joseph Tanenhaus, *The Development of American Political Science* (Boston: Allyn and Bacon, 1967), 105-8.
26）Carey, "Obituary: Francis Graham Wilson."
27）Social Science Research Council, *Fellows of the SSRC, 1925-1951* (New York, 1951), 439; Carey, "Obituary: Francis Graham Wilson."
28）*Remarks Made at the Presentation of the Seymour Thomas Portrait of William Bennett Munro* (Pasadena: California Institute of Technology, 1947).
29）William Bennett Munro, *The Governments of Europe*, 3d ed. (New York: Macmillan, 1938). マンローのカール・フリードリッヒ宛て書簡。December 2, 1931, Carl Friedrich Papers, Harvard University Archives.
30）Munro, *Governments of Europe*, 633-35.
31）Ibid., 635.
32）Ibid., 635-36.
33）Ibid., 636.
34）Woodrow Wilson, "The Study of Administration," 1887, in *The Papers of Woodrow Wilson*, ed., Arthur S. Link et al., 69 vols. (Princeton: Princeton University Press, 1966-94), 5: 359-80.
35）Vincent Ostrom, *The Intellectual Crisis of American Public Administration*, rev. ed. (University: University of Alabama Press, 1974), 9.
36）Frank Goodnow, *Municipal Government* (New York: Century, 1909), 387, 386. グッドナウの経歴については、次を参照のこと。Dorothy Ross, *The Origins of American Social Science* (New York: Cambridge University Press, 1991), chap.8.
37）Albert Shaw, *Municipal Government in Continental Europe* (New York: Century, 1895), 290, 289.
38）Wilson, "Study of Administration," 379.
39）次を参照のこと。Roger Wells, *German Cities: A Study of Contemporary Municipal Politics and Administration* (Princeton: Princeton University Press, 1932), 3.
40）William Bennett Munro, *The Government of European Cities* (New York: Macmillan, 1909; rev. ed., 1927). 両版とも次に引用されている。Bertram Maxwell, *Contemporary Municipal Government of Germany* (Baltimore: Warwick and York, 1928), 129.
41）Frederick Blachly and Miriam Oatman, *The Government and Administration of Germany* (Baltimore: Johns Hopkins Press, 1928), 641. 包括的とは言えないが、ワイマール行政の別の優れた研究には次が含まれる。Maxwell, *Contemporary Municipal Government of Germany*; Wells, *German Cities*.

42) 例えば、Carl Friedrich and Zbigniew Brzezinski, *Totalitarian Dictatorship and Autocracy* (Cambridge, Mass: Harvard University Press, 1956).

43) 例えば、次を参照のこと。John Diggins, "Flirtation with Fascism: American Pragmatic Liberals and Mussolini's Italy," *American Historical Review* 71 (1966): 487-506; Filene, *Americans and the Soviet Experiment*; Skotheim, *Totalitarianism and American Social Thought*.

44) アメリカ政治学者のファシスト・イタリアに対する無批判的姿勢については、次が検討している。Ido Oren, "Uncritical Portrayals of Fascist Italy and of Iberic-Latin Dictatorships in American Political Science," *Comparative Studies in Society and History* 42 (2000): 87-117.

45) Somit and Tanenhaus, *Development of American Political Science*, 105.

46) Barry Karl, *Charles Merriam and the Study of Politics* (Chicago: University of Chicago Press, 1972). 次に所収のデヴィッド・イーストン、ハインツ・ユーローのオーラル・ヒストリー。Bear, Jewell, and Sigelman, *Political Science in America*.

47) 例えば、次を参照のこと。Herbert Simon, *Models of My Life* (New York: Basic 1991), chap. 4; Gabriel A. Almond, *A Discipline Divided: Schools and Sects in Political Science* (Newbury Park, Calif.: Sage, 1990), app.B.

48) Charles E. Merriam, *New Aspects of Politics* (Chicago: University of Chicago Press, 1925). 次に引用。Ross, *Origins of American Social Science*, 455.

49) Merriam, *New Aspects*.

50) メリアムは、個人的には戦時期の経験を「難破船」であって、そのことで知的方向を「再設定」することになったとしている。次を参照のこと。Karl, *Charles Merriam*, 184.

51) 次を参照のこと。Higham, *Strangers in the Land*, chaps. 8, 9.

52) 次を参照のこと。George Blakey, *Historians on the Homefront: American Propagandists for the Great War* (Lexington: University Press of Kentucky, 1970); David M. Kennedy, *Over Here: The First World War and American Society* (Oxford: Oxford University Press, 1980).

53) Charles E. Merriam, "American Publicity in Italy," *APSR* 13 (1919): 541-55.

54) Ross, *Origins of American Social Science*, 454.

55) チャールズ・メリアムのポール・コソク宛ての書簡。April 5, 1927, Charles E. Merriam Papers, Special Collections Research Center, University of Chicago Library (以下、MPと略記), box 33.

56) メリアムのシェパード・クラフ宛ての書簡。April 9, 1928, MP, box 37.

57) メリアムのポール・コソク宛ての書簡。April 5, 1927, MP, box 33.

58）社会科学研究評議会の会議におけるメリアムの指摘の草稿。Undated, p.151, MP, box 139.

59）Charles E. Merriam, *The Making of Citizens: A Comparative study of Methods of Civic Training* (Chicago: University of Chicago Press, 1931), ix.

60）メリアムのハーバート・シュナイダー宛ての書簡。December 23, 1927, MP, box 39; メリアムのシェパード・クラフ宛ての書簡。April 9, 1928, MP, box 37.

61）Paul Harper, ed., *The Russia I Believe In: The Memoirs of Samuel Harper* (Chicago: University of Chicago Press, 1945).

62）Samuel N. Harper, *Civic Training in Soviet Russia* (Chicago: University of Chicago Press, 1929), xiv.

63）Harper, *Russia I Believe In*, 156.

64）Herbert W. Schneider and Shepard Clough, *Making Fascists* (Chicago: University of Chicago Press, 1929).

65）Herbert W. Schneider, "Italy's New Syndicalist Constitution," *Political Science Quarterly* 42 (1927): 161-202; Herbert W. Schneider, *Making the Fascist State* (New York: Oxford University Press, 1928).

66）Diggins, *Mussolini and Fascism*, 226.

67）Schneider, *Making the Fascist State*, v. メリアムのシュナイダー宛ての書簡。July 26, 1929, and October 11, 1927. シュナイダーのメリアム宛ての書簡。January 3, 1928, MP, box 39. メリアムのシュナイダー宛ての書簡。December 13, 1929, Schneider Papers, Columbia University Library.

68）Charles E. Merriam, "Review of 'Making the Fascist State'," *Journal of Political Economy* 39 (1931): 132-33.

69）Schneider and Clough, *Making Fascists*, 203-4, 74-74, 204.

70）メリアムのシュナイダー宛ての書簡。February 27, 1929, MP, box 39. メリアムのクラフ宛ての書簡。November 14, 1929, MP, box 37.

71）Merriam, *Making of Citizens*, 222, 224, 223, 232.

72）Ibid., 220, 227, 349, 310.

73）Harper, *Russia I Believe In*, 181.

74）Diggins, *Mussolini and Fascism*, 147; William Dodd Jr. and Martha Dodd, eds., *Ambassador Dodd's Diary, 1933-1938* (New York: Harcourt, Brace, 1941), 131; Herzstein, *Roosevelt and Hitler*, 128.

75）Charles E. Merriam, *Political Power: Its Composition and Incidence* (New York: Whittlesey,

1934), 325.
76) Ibid., 184.
77) Ibid., 229, 286-87, 292-93.
78) Ibid., 299.
79) メリアムはカール・マンハイムの『イデオロギーとユートピア』に強い共感を寄せている。次を参照のこと。ibid., 73n., 243n. 1930年代の法現実主義者、マンハイム、歴史学者については次を参照のこと。Novick, *That Noble Dream*, chap.6.
80) Ibid., 311, 316.
81) Ibid., 303, 42, 41, 95, 39.
82) Ibid., 310, 305, 237, 311.
83) この書で、メリアムは明確にマキャヴェリの理念を否認している。マキャヴェリはサヴォナローラ処刑後のフローレンス政治にかかわり、君主は武力に依拠すべきとしたが、これはサヴァナローラの失脚を受けてのことであった。メリー・デーツがこの点を明確にすることを勧めてくれたことに感謝する。
84) ギューリックのメリアム宛ての書簡。September 18, 1933. メリアムのギューリック宛ての書簡。October 4, 1933, MP, box 99.
85) Dodd and Dodd, *Ambassador Dodd's Diary*, 114.
86) *Chicago Tribune*, August 16, 1934.
87) メリアムのウィリアム・ドッド宛ての書簡。August 17, 1934, MP, box 34.
88) Charles Merriam, Spencer Parratt, and Albert Lepawsky, *The Government of the Metropolitan Region of Chicago* (Chicago: University of Chicago Press, 1933).
89) 次を参照のこと。Karl, *Charles Merriam*.
90) Louis Brownlow, *A Passion for Anonymity*, vol. 2 of *The Autobiography of Louis Brownlow* (Chicago: University of Chicago Press, 1958), 472, 225. 次も参照のこと。Karl, *Charles Merriam*, 147; Simon, *Models of My Life*; Leonard White, "Training for Public Service at the University of Chicago," *National Municipal Review* 28 (July 1939): 570-72.
91) Brownlow, *Passion for Anonymity*, 262.
92) Ibid., 302, 307.
93) Louis Brownlow, "Planning and Cooperation among International Organizations," *National Municipal Review* 25 (September 1936): 480.
94) Brownlow, *Passion for Anonymity*, 307.
95) Dodd and Dodd, *Ambassador Dodd's Diary*, 155.

96) Brownlow, *Passion for Anonymity*, 310.
97) Roger Wells, "Review of Dr. Jeserich's 'Jahrbuch'," *National Municipal Review* 23（November 1934）: 639.
98) Brownlow, *Passion for Anonymity*, 231-32.
99) Rowland Egger, "Review of Dr. Jeserich's 'Jahrbuch'," *National Municipal Review*（May 1935）: 286.
100) Rowland Egger, "Hinky, Dinky, Parlez Vous?" *National Municipal Review* 26（October 1937）: 478.
101) APSA, *Biographical Directory*（1973）; Paul David, "Obituary: Rowland Egger," *PS: Political Science and Politics* 12（1979）: 545-46.
102) レパウスキーのハイ（メリアムの別の学生で、助手のハイマン・コーエンのことであろう）宛ての書簡。August 6, 1934, MP, box 34.
103) レパウスキーのメリアム宛ての書簡。August 7, 1933, MP, box 34.
104) Gabriel A. Almond, "Obituary: Albert Lepawsky," *PS: Political Science and Politics* 27（1994）: 282-84. レパウスキーはアーモンドの義兄弟である。
105) Ibid.; Albert Lepawsky, "The Nazis Reform the Reich," *APSR* 30（April 1936）: 324-50. 331頁の注44を参照のこと。"Sept.-Oct., 1935"は公刊された資料に言及している。
106) Lepawsky, "The Nazis Reform the Reich," 324, 348, 349, 350, 342, 345.
107) Harold D. Lasswell and Dorothy Blumenstock, *World Revolutionary Propaganda: A Chicago Study*（New York: Knopf, 1939）.
108) Almond, "Obituary: Albert Lepawsky"; APSA, *Biographical Directory*（1968）; APSA, *APSA Membership Directory*（Washington, D.C.: APSA, 1988）.
109) Brownlow, *Passion for Anonymity*, 222; Simon, *Models of My Life*; White, "Training for Public Service," 571.
110) Clarence Ridley, "The Information Bureau in German Cities," *National Municipal Review* 23（April 1934）: 209-11, 214.
111) Brownlow, *Passion for Anonymity*, 465-66.
112) 次を参照のこと。Michael Zalampas, *Adolf Hitler and the Third Reich in American Magazines, 1923-1939*（Bowling Green, Ohio: Bowling Green University Press, 1989）, 96-97.
113) Brownlow, *Passion for Anonymity*, 360-61.
114) Ibid., 362-70.
115) 次を参照のこと。Tang Tsou, "Fact and Value in Charles E. Merriam," *Southwestern Social Science Quarterly* 36（1955）: 9-26.

116) "Civil Service Assembly Makes Chicago Its Headquarters," *National Municipal Review* 24 (March 1935): 175.

117) James K. Pollock and Alfred Boerner, *The German Civil Service Act* (Chicago: Civil Service Assembly of the U.S. and Canada, 1938).

118) Dennis Anderson, *James Kerr Pollock: His Life and Letters* (Ann Arbor: Michigan Historical Society, 1972).

119) 約50人の研究者がこのツアーに参加し、シカゴ、コロンビア、プリンストンの各大学の教授も含まれている。ツアーの旅程は次に認めることができる。James Pollock Papers, Bentley Library, University of Michigan（以下、PPと略記）, box 85. ポロックのK. O・バートリング博士宛ての書簡。May 22, 1934, PP, box 1. カール・シュルツ協会については次を参照のこと。Dodd and Dodd, *Ambassador Dodd's Diary*, 156, 261.

120) ポロックのアーノルド・B. ホール宛ての書簡。August 30, 1934, PP, box 1.

121) Kurt Wilk, "Review of Pollock's 'The Government of Greater Germany'," *National Municipal Review* 28 (June 1939): 485.

122) Henry Lichtenberger, *The Third Reich* (New York: Greystone, 1937).

123) James K. Pollock, "Review of Lichtenberger's 'The Third Reich'," *APSR* 33 (February 1939): 120-21.

124) 次の表題の新聞切り抜き。"Declares Elimination of Spoils System Essential," PP, box 95. 新聞名と日付は切り抜きからは判明しない。

125) ポロックのベルズレー宛ての書簡。June 30, 1937. ベルズレーのポロック宛ての書簡。July 9, 1937, PP, box 3.

126) Pollock and Boerner, *German Civil Service Act*, 6, 9, 11.

127) James K. Pollock, *The Government of Greater Germany* (New York: Van Nostrand, 1938), 105.

128) Roger Wells, "Review of 'The German Civil Service Act'," *APSR* 32 (October 1938): 1008. ポロックのウェールズ宛ての書簡。July 18, 1938, PP, box 7.

129) ウェールズのポロック宛ての書簡。September 13, 1938, PP, box 7.

130) Alfred V. Boerner, "Towards *Reichsreform* — The *Reichsgau*," *APSR* 33 (October 1939): 853-59. 次から引用。853, 854, 858-59.

131) William Shirer, *Twentieth Century Journey*, vol.2 (Boston: Little Brown, 1984), 204.

132) ボーナーの名は、かろうじてリストに認められるものの、所属は不明。APSA's *Biographical Directory* of 1945.

第2章　ナチ・ドイツ

133）Anderson, *James Kerr Pollock*.
134）Rowland Egger, "Review of 'German Cities'," *National Municipal Review* 22（February 1933）: 75.
135）Wells, *German Cities*, 13.
136）ウェールズのジェームズ・ポロック宛ての書簡。June 21, 1934, PP, box 3.
137）Frederick L. Schuman, *The Nazi Dictatorship: A Study in Social Pathology and Politics of Fascism*（New York: Knopf, 1953）; Roger Wells, "Review of 'The Nazi Dictatorship'," *APSR* 29（August 1935）: 678.
138）Roger Wells, "Municipal Government in National Socialist Germany," *APSR* 29（August 1935）: 653-59. 次より引用。658, 653.
139）Roger Wells, "The Liquidation of the German *Länder*," *APSR* 30（April 1936）: 250-61. 324頁の編者の注記。
140）Ibid., 350, 357.
141）Elsa Wells Kormann, "Obituary: Roger Wells," *PS: Political Science and Politics* 28（1995）: 123.
142）Roger Wells , "The Revival of the German Union of Local Authorities after World War II," *APSR* 41（1947）: 1182-87. 次より引用。1182.
143）Kormann, "Obituary: Roger Wells".
144）Donald Critchlow, *The Bookings Institution, 1916-1952*（De Kalb: Northern Illinois University Press, 1985）, 30-40. 次より引用。40.
145）W. F. Willoughby, *The Government of Modern States*, rev. ed.（New York: D. Appleton, 1936）, vi, 111, 182-83.
146）"History of the Kennedy School of Government," www.ksg.harvard.edu/kennedy/ history.
147）Friedrich and Brzezinski, *Totalitarian Dictatorship and Autocracy*, 5, 3.
148）Carl J. Friedrich, "Review of Michels' 'Sozialismus und Faschismus in Italien'," *APSR* 22（1928）: 197-99. 次より引用。199.
149）Carl J. Friedrich, "Review of Emil Lengyel's 'Hitler'," *APSR* 27（February 1933）: 148.
150）Carl J. Friedrich, "The Development of the Executive Power in Germany," *APSR* 27（April 1933）: 185-203. 次より引用。200, 203.
151）次に引用。Gunnell, *Descent of Political Theory*, 138.
152）Carl J. Friedrich, "Responsible Government Service under the American Constitution," in *Problems of the American Public Service: Five Monographs on Specific Aspects of Personnel Administration*（New York: McGraw-Hill, 1935）, 74.

153) Karl F. Geiser, *Democracy versus Autocracy* (New York: D. C. Heath, 1918).
154) Herzstein, *Roosevelt and Hitler*, 78.
155) Karl F. Geiser, "Review of 'Germany Twilight or Dawn?' by Anonymous, and 'My Battle' by Adolph Hitler," *APSR* 28 (February 1934): 136–38.
156) Anonymous, *Germany: Twilight or Dawn?* (New York: McGraw-Hill, 1933), 7.
157) Herzstein, *Roosevelt and Hitler*, 123, 130.
158) Johannes Mattern, "Review of Lichtenberger's 'The Third Reich'," *APSR* 31 (October 1937): 962–64.
159) APSA, *Biographical Directory* (1953).
160) James Miller, "Youth in the Dictatorships," *APSR* 32 (October 1938): 965–70.
161) APSA, *Biographical Directory* (1968).
162) Alfred V. Boerner, "The Position of the NSDAP in the German Constitutional Order," *APSR* 32 (December 1938): 1060–81. 次より引用。1081, 1061, 1065, 1071, 1076.
163) John D. Lewis, "Review of 'Staats und Verwaaltungsrecht im Dritten Reich'," *APSR* 30 (February 1936): 172–73.
164) Harlan Wilson et al., "Obituary: John D. Lewis," *PS: Political Science and Politics* 21 (1988): 307–8.
165) Gerhard Krebs, "Review of Huber's Verfassung'," *APSR* 32 (December 1938): 1171–73.
166) APSA, *Biographical Directory* (1953).
167) Boerner, "Towards *Reichsreform*—The *Reichsgau*."
168) Donald Kettl, "Public Administration: The State of the Field," in *Political Science: The State of the Field*, ed., Ada Finifter (Washington, D.C.: APSA, 1993), 407–28.
169) Ostrom, *Intellectual Crisis of Public Administration*, 26–28.
170) Brownlow, *Passion for Anonymity*, 465–66.
171) "History of the Kennedy School of Government".
172) Kettl, "Public Administration," 411–12. 引用はDwight Waldoに依拠した。
173) Ostrom, *Intellectual Crisis of Public Administration*, 7; Herbert Simon, *Administrative Behavior: A Study of Decision-Making Processes in Administrative Organizations*, 4th ed. (New York: Free Press, 1997), 29.
174) Ostrom, *Intellectual Crisis of Public Administration*. Waldoの10頁に引用。
175) Kettl, "Public Administration," 408.
176) Ibid., 411.
177) Ostrom, *Intellectual Crisis of Public Administration*, 6.

178) ロス（Ross）は次のように指摘している。「マックス・ウェーバーの悲観的官僚制観が1950年代までアメリカの行政学者にインパクトを与えることはなかった」と。*Origins of American Social Science*, 452.

第 3 章　スターリンのソ連

　当初、アメリカはソ連を承認しなかったが、1930年代初期にモスクワと外交関係を結ぶ方向に動いた。その関係は友好的とは言えなかったが、冷戦的なものでもなかった。この章では、戦間期から冷戦盛期の政治学の言説において、米ソのイメージがどのように展開したかという視点から、その形成過程を辿ることにする。1950年代のソ連研究に浮上した「全体主義」のコンセンサスが、また、それに伴って、アメリカ政治の研究において「反全体主義プログラム」が登場するが、この点の検討から始める[1]。この研究プログラム全体からすると、ナショナリズムの強いイデオロギー的方向を反映して、アメリカは全体主義の他者に対抗する優れたアンチテーゼであるというアイデンティティが設定されたと言える。だが、戦間期には、政治学のトップの2学部の研究者のなかには、スターリンのレジームを全体主義独裁と規定することには、必ずしも乗り気ではなかった論者もいる。むしろ、ソ連は自由化の方向を辿っていると見なし、アメリカはロシアの経済的平等に教訓を読み取るべきであると判断している。また、この指導的部門の他の研究者たちは、スターリンの民主政の可能性について幻想を覚えてはいなかったにしろ、ソ連の中央型計画の実験は、恐慌期のアメリカにとって重要な教訓となり得ると判断していた。すると、戦間期の政治学者たちは、ロシア／アメリカをナショナリストの視点からのみならず、調整主義の目をもって捉えていたことになる。

全体主義と1950年代のアメリカ政治学

　1950年代は、「国民安全保障国家」の確立期にあたる。国家の軍事・情報

機関が大きく拡大するなかで、国民安全保障国家は、主要な学界機関を含めて、表向きは私的な組織を重視する方向へと動くことになる。そのなかで、主要な研究型大学のなかには、運営費の50％以上を実質的に連邦助成に依存する大学も現われている[2]。社会科学界は国家の大判振る舞いの恩恵にうまく乗り、その主要な人物のなかには、国家の国民安全保障機関との関係を深くした研究者もいる[3]。

ソ連研究における全体主義のコンセンサス

社会科学の諸部門のなかでも、国家の安全保障との関係を最も深くしたのは、ソ連研究の分野である。冷戦期の最初の20年間に、ソ連研究の威信は、政府の強い分析要請のなかで、また、「全体主義」という理念に依拠したコンセンサスが形成されるなかで、大いに高まった。

「全体主義（*totalitarianism*）」という言葉は1920年代のイタリアに発している。ファシストたちは、この言葉をもって、「全体国家」をつくり、人々の生活の全てを、この国家に包摂することを目指すとしている[4]。歴史家のアボット・グリースン（Abbott Gleason）によれば、「全体主義」という言葉は1930年代にアメリカの公的言説に入り込み、必ずしも精確に、また、厳格に使われていたわけではないが、この時期の終わりに至って、ナチとソ連の独裁体制を指す言葉として頻繁に使われだしたとされる。左翼的リベラル派を含めて、左翼の多くは、1939年の独ソ不可侵条約の調印まで、ドイツとソ連とを比較することに強く反対していた[5]。すると、アメリカにおけるナチとソ連の類似論の共鳴板は、国際政治の輪郭が変化するなかで揺れていたことになる。類似論の主要な弁護者のひとりは、次のように述べている。「ほぼ1936年には……〔ドイツとソ連との〕違いが強調され、1939-40年には否定され、1934-45年には、実際、大いに注目されるようになり、1947年以降は無視されることになった」と[6]。

1947年3月12日の有名な演説が「トルーマン・ドクトリン」の誕生を印

第3章　スターリンのソ連

す位置にあるとされるが、この演説において、ハリー・トルーマン大統領は、「全体主義」と闘っている世界の「民主政」の国家を助けるべきであると述べている。トルーマンが、明示的に、「全体主義」という言葉を使ったことで、この言葉に正統性が与えられ、広く人口に膾炙しだし、やがて、全体主義研究者の考察の熱い対象となった[7]。ハンナ・アーレント（Hannah Arendt）のような歴史家や公的知識人たちは全体主義のイデオロギー的起源を辿っているし、現局面の全体主義の実際を分析することが社会科学者の、とりわけ、ソ連の研究に携わっている研究者の課題とされた。この点で、グリースンは次のように指摘している。

　　アメリカの学界が全体主義という考えを借用し、展開するようになった。これは、1945年以降のソ連ないしロシア研究と深く結びついている。政府の多様な機関のみならず、フォード、カーネギー、ロックフェラーといった財団の援助を大きく受けて、ソ連エリアの研究センターがコロンビア、ハーバード〔などの主要大学〕で設立されている。……冷戦は、財団やアメリカ空軍のような政府機関がソ連研究に財政的援助を与えることに弾みをつけた。……そのなかで、公然と、あるいは、少なくとも隠然と、財団、大学、中央情報機関（CIA）、連邦捜査局（FBI）、国務省の協力体制がとられ、ソ連研究が進められるとともに、親ソ派は切り離されることになった[8]。

こうした軍部－財団－学会の複合体のなかで、全体主義に関する最も重要な2つの著書が、ハーバード大学の政治学者によって公刊されている。それは、マール・フェインソッド（Merle Fainsod）の『ロシアはどのように支配されているか（*How Russia is Ruled*）』と、カール・フリードリッヒとズビグニュー・ブレジンスキーの『全体主義独裁と専政（*Totalitarian Dictatorship and Autocracy*）』である[9]。

　フェインソッドは、ハーバード大学ロシア研究センターの主要メンバーであり、このセンターとアメリカ軍部との緊密な関係を確立することにかかわっている。『ロシアはどのように支配されているか』を執筆していたこ

ろ、彼は、隠密の政治攻勢に対するロシアの弱点に関する秘密プロジェクトに参加している。このプロジェクトは政府をスポンサーとしていた。彼の著作は、ロシア研究センターが出版した他の著作と同様に、亡命ソビエト人へのインタビューに依拠し、空軍の支援と資金援助に負うものであった（空軍が、このインタビューに関心を深くしたのは、目標選択の改良と心理戦の分析の必要に発している）[10]。フェインソッドの著書について、歴史家のノーマン・ネイマーク（Norman Naimark）は、全体主義学派と冷戦の浮上とが深く結びついていたからといって、そのなかで生まれた研究の質が低かったわけではないとしている[11]。『ロシアはどのように支配されているか』は博捜の書であり、徹底的で優れた論述にあり、多くの脚注も付されている。スターリンの死後、間もなく出版されているが、少なくとも20年間、主要な大学や大学院ではソ連政治のテキストに使われている[12]。

　フェインソッドは、「全体主義の芽」がボルシェヴィズムに内在していると、また、スターリン体制下で、その芽が全体主義レジームと結びつくことで、政治的異端者を完膚なきまでに一掃するとともに、社会組織の全ての形態を政権の目的に従属させることになったとしている。フェインソッドの論述において、ソビエト社会がどのようにコントロールされ、共産党が、教化とプロパガンダによってのみならず官僚的コントロールと大量テロによって、社会をどのように従属させているかということ、この点が強調されている。また、このテロを「近代の全体主義のかなめ」であると位置づけるとともに、ロシアは「巨大な矯正院であって、強制収容所とその他のソ連社会との違いは、収容所の内部の管理が、はるかに残忍で、屈辱的なものに過ぎないことである」と指摘している[13]。

　フェインソッドは、明らかに、ファシストとナチの政権がソ連の全体主義の「模型」となったとしつつも、両者を比較してはいないし、全体主義を精確に定義しているわけでもない[14]。この理念を「一般的モデル」にするという、また、ソ連とドイツとの類似性を明示するという作業は、ハーバード大学の政治学部の同僚のカール・フリードリッヒの課題となった。フリード

第3章　スターリンのソ連

リッヒは、戦後、アメリカのドイツ占領機関で働いているが、全体主義への関心は、部分的であれ、「〔ドイツにおける〕西側の軍事政権の立憲主義的独裁と全体主義のパターンとを比較するということ、これが興味深い課題となった」と指摘している[15]。1953年に、フリードリッヒは全体主義に関する研究会を組織している。その報告で全体主義という言葉が使われている。これは、文書をもって、この概念を明示しようとした彼の最初の試みにあたる。この研究会に続いて、フリードリッヒは、ソ連よりもドイツの事例に通じていただけに、自らの学生でであったロシア研究センターの若いスタッフのズビグニュー・ブレジンスキーを研究仲間に加えている。その共著が『全体主義独裁と専政』(1956年)であり、「これまでになく全体主義を明確に論じた"権威的な"著作として、少時、最も大きな影響力を持った」とされる[16]。

フリードリッヒとブレジンスキーは、20世紀の全体主義独裁が"歴史的にユニークな"ものであって、「過去の専政的レジームは現代の全体主義独裁ほど恐るべきものではなかった」とし、こうした現代型独裁の「レジームは、大衆民主政と近代技術のなかでのみ成立し得た」と、また、「世界支配を目指す闘争は、……全体主義者の自然な性向」であるから、「こうしたイデオロギー的帝国主義者に対抗するための警戒心を緩めると、第2次世界大戦のような、いや、もっと悪い悲劇を呼ぶことになる」としている[17]。

フリードリッヒとブレジンスキーは、ソビエト、ナチ、ファシストの各政権には違いが認められるとしつつも、6つの共通点を挙げ、こうした特質が結合することで全体主義の「シンドローム」を呼ぶことになったとする。それは「公認のイデオロギー、……特徴的には、人類の最終的完成局面に焦点を据え、これを志向している」こと、「典型的には、独裁者に指導された単一の大衆政党」、「テロ型の警察支配システム」、「すべてのマスコミ手段」を政党が「ほぼ完全に独占していること」、そして、「実効的武装闘争のすべての手段」を政党が掌握することで「ほぼ完全な独占状態」が起こっていること、「全経済の中央コントロールと方向づけ」、これであるとする[18]。この書の大部分は、こうした特徴を基礎に、ナチとソ連の政治分析にあてられている。

159

1950年代に、ソ連政治の全体主義的解釈の対抗理論が浮上することはなかった。これは、ソ連が、実質的に、アメリカの研究者たちに閉じられていたことによる。また、異端者と見なされた論者たちは財政的支援を断たれていただけでなく、主要雑誌に投稿する手掛かりも拒否され、さらには、解雇されるという状況のなかで、自らの考えを慎重に内に秘めざるを得なかったことによる[19]。ベトナム戦争のなかで、アメリカ社会の冷戦コンセンサスが崩れ始めると、全体主義学派は「修正主義派」の一連の攻撃に服することになった。こうした批判的研究者のなかには、「利益集団」や「制度的多元主義」からソ連政治を分析しだした政治学者も含まれていた[20]。修正主義派は全体主義コンセンサスを打破し得たが、その一人のアルフレッド・メイヤー（Alfred Meyer）が苦々しく指摘しているように、彼らが全体主義の野獣を幾度も殺さなければならなかったという事実は、その力に並々ならぬものがあったことを示している[21]。ここで、その論争を再現しようとは思わないが、それは、他の研究において、既に、この論争について十分に論じられているからである。また、修正主義派の多くは、全体主義のモデルはスターリンのソ連に適用し得るとするとともに、分析の焦点をスターリン以降の局面に移したからでもある[22]。

アメリカ政治における反全体主義計画

　冷戦のなかでアメリカ政治の分野がソ連政治ほどには直接的に、また、明確に言及されることはなかったとはいえ、同様に重要な位置にあった。イラ・カッツネルソン（Ira Katznelson）が論じているように、冷戦はアメリカ政治を「条件づける要因」として作用し、「不安の原因」となっただけでなく、目的感を与えることにもなった[23]。実際、この時代に、広く反全体主義が自覚されることで、アメリカ政治の理論的言説から、ためらいつつも「国家」の意識を削除してもよいのではないかと思いだしている。ところが、実際には、この局面のアメリカ国家は、これまでになく強力なものとなってい

たし、アメリカの学界も、従来になく国家との結びつきを深くしていた[24]。

　「国家」という言葉は、確かに、第1次世界大戦後、政治学の中心的理論の地位を失っていた。戦間期に、アメリカの政治学者たちは、政治学の別の教義として「多元主義」を受け入れ、規範的テーゼというより政治生活を精確に記述するための言葉として使いだしていた。実効的な集権型権威が欠如すると、社会集団間の自由な競争が無秩序を呼ぶのではないかという懸念を深くすることで、政治学者たちは、集団の個別的利益を超える公的利益が存在するという概念を放棄することに、ためらいも覚えていた[25]。例えば、チャールズ・メリアムは、アメリカにおいて、人種的・宗教的・階級的集団が増殖することを所与としつつも、彼が市民教育というプロジェクトを提示したのは、こうした社会的現実は病理であることを中心的前提とし、専門家を中心とした自律的な中央機関によって匡正されることで、多様な諸集団を国民的全体に統合し得ると判断したからである。

　アメリカ政治の古典的研究が1950年代に公刊されている。その代表作が、デビッド・トルーマンの『統治過程（*The Governmental Process*）』とロバート・ダールの『民主政理論序説（*A Preface to Democratic Theory*）』である。こうした研究の意義は、主として、利益集団多元主義を規範的テーゼであるとし、これを無条件に承認していることに求めることができる[26]。その国家拒否論には、先行者たちよりも一貫したものがあると言えるのは、「国家」という言葉の空白を自律的統治機構や公的利益という概念で、あるいは、いずれかの概念で埋める必要はないとしているからである。トルーマンは、アメリカの統治機構は「〔利益〕集団の諸活動と要求の反映」に過ぎないとし、また、「国民全体の利益とは多様な集団の利益のことであって、これとは別の、これを超える利益が存在する」という考えは時代遅れの「ドグマ」に過ぎないと一蹴している。さらには、「全体包括的な〔国民的〕利益について論ずる必要がないのは、そのようなものなど存在しないからである」と喝破している。これは、戦間期の多くの政治学者にとって、また、多元主義に傾きがちな多くの論者たちにとってすら、にわかには受け入れがたい指摘であったと

言えよう[27]。

　第2次世界大戦後、多元主義が、なぜ記述的論述から規範的論述へと方向を転じたのであろうか。「国家」概念の放棄という知的プロジェクトのなかで、統一的な公益の存在すらも否定するに及ぶことになったが、こうした事態は、どうしてアメリカの公衆が反ソのコンセンサスで統一される局面で、また、現実主義的国際関係論者たちが、冷戦政策の指針として、「国益」を掲げる局面で浮上したのであろうか[28]。

　この疑問に的確に答えるためには、アメリカ政治が、アメリカの政治と知的生活の他の分野と同様に、全体主義の不安に襲われていたことを認識しなければならない。ジョン・ガネル（John Gunnell）が指摘しているように、アメリカ政治の研究者のあいだで、多元主義が規範的に再評価されることになったが、これは「〔1930年代以降〕全体主義的集権主義と国家中心主義が勢いを強めている政治の世界において、アメリカ政治こそが民主政の前線であるという意識が覚醒されたこと」と結びついていた[29]。同様の脈絡から、イラ・カッツネルソン（Ira Katznelson）は、戦後アメリカ政治の主要な解説者たち（デビッド・トルーマン、ロバート・ダール、V. O. キー）の知的プロジェクトは「反全体主義プログラム」を特徴としていたと位置づけている[30]。こうした理論家たちの著作は、中立的論調と現実主義を標榜しつつも、道徳的目的感を背景とするものであったが、その後の世代の研究者たちは、この種の感覚を見失うことになったと指摘している。トルーマンは『統治過程（The Governmental Process）』において「病原的」と呼んでいるが、これは革命政治や全体主義政治を指すものであって、これに対する堡塁を築こうとしていたことは明らかである[31]。また、ロバート・ダールは、全体主義独裁の脅威が広まっていたと回顧している。左翼の批判者たちが、政治学は大衆参加よりも安定を強調していると批判するなかで、ダールは、これに応えて、次のように指摘している。

　　近年、民主政の「安定」の諸条件が強調されすぎているようにも思われて

いるが、ソ連、イタリア、ドイツ、スペインで「安定した」民主政が成立し得なかったことを想起する人々であれば、民主政の安定化の諸条件に焦点を据えている著者たちを冷笑するわけにはいかないと思うであろう。こうした著述家たちが民主政の「不安定」について考えるとき、想起することは、政権交代やレジームの些細な違いではなくて、独裁体制と比較すると最悪のポリアーキーといえども約束の地であるだけに、民主政が崩壊すると野蛮な独裁体制が成立するのではないかということである[32]。

トルーマンやダールの研究は冷戦や当時の反全体主義の衝撃と結びついていると見なし得るが、もっと特殊な事情も絡んでいる。トルーマンが社会集団の客観的な「カテゴリー的」規定（例えば、社会階級）を拒否し、行動論的に（メンバー間の「相互作用の最少の頻度」に依拠した）規定に求めるべきであるとしているが、これは、マルクス主義を想起してのことである。さらには、利益が社会構造に占める客観的位置に根差しているとする考えを拒否し、態度の共有に求めるべきであるとしている[33]。また、ダールは、民主政の実質的性格ではなくて、その手続きを強調しているが、これはジョセフ・シュンペーター（Joseph Schumpeter）の分析に依拠するものである。というのも、シュンペーターは、1940年初期に、このままでは世界は独裁的国家社会主義の方向に動かざるを得ないと判断し、最低限の民主的形態を守ろうとしたからである[34]。ダールの「ポリアーキー民主政」は選挙過程を軸とするものであって、明らかに、西側の選挙制度とソ連のプレビシット型選挙とを比較するという手法を採っている[35]。手続き型民主政の概念は、シュンペーターの国家社会主義の懸念に発し、今日に至るまで（批判されなかったわけではないにしろ）アメリカ政治学の支配的位置にある。この点で、ロバート・パットナム（Robert Putnam）は、「現代の民主政観は、多くの論者が認識している以上に、経済史学者のジョセフ・シュンペーターに負うものである」と指摘している[36]。

以上のように、戦後アメリカ政治の最も有力な諸理論が描いたアメリカ像は、ロシアのイメージと結びついていた。全体主義のソ連は、基本的に「他

者」を暗示するものであって、アメリカのアイデンティティではないとされた[37]。ソ連は、全てが国家であり、社会は存在しないのにたいし、現に国民安全保障国家が生成しているとはいえ、アメリカは全てが社会であって、国家は存在しないと、また、全体主義者たちがイデオロギーによって指導されるのにたいし、アメリカの人々は自らの利益をプラグマティックに追求しているとされた。さらには、共産主義のイデオロギーでは、階級闘争が客観的事実であるとされるのにたいし、アメリカでは、行動論的に規定された集団間の温和な競争が存在しているに過ぎないと、また、共産党は「人民」の名において支配することを求めるのにたいし、アメリカでは、「人民」は集団に具体化され、公衆全体の利益などは存在しないとされた。そして、ソビエト「民主政」の修辞は経済的平等の実質化と結びついているのにたいし、アメリカの民主政治は政治的視点と手続きの点からのみ規定し得るとされた。

　必ずしも緊密な結びつきにあったわけではないにしろ、研究者の諸集団はソ連の全体主義像とアメリカ政治の「反全体主義プログラム」を鮮明にしている。また、ソ連研究とアメリカ政治理論が、様相を異にしつつも、重要なことに、冷戦のなかで形成されたという事実に鑑みると、こうした研究プログラムが、世界は「民主政」と「全体主義」に分裂していると描くことになったのも驚くべきことではない。これは、冷戦の政治的二極化を反映するものであったし、これを再生産することにもなった。

　こうした二極化を表象するイデオロギー的傾向はナショナリスティックなものとなった。このナショナリズムは、確かに、セイモア・マーチン・リプセット（Seymour Martin Lipset）の『政治的人間（*Political Man*）』（1960年）やガブリエル・アーモンド（Gabriel Almond）とシドニー・ヴァーバ（Sidney Verba）の『市民文化（*Civic Culture*）』（1963年）といった後の古典に見られるような勝者の論調を帯びてはいなかった。というのも、ダール、トルーマン、フリードリッヒ、フェインソッドの著作は、冷戦が激しい局面の成果であって、アメリカの勝利を容易に想定し得ない状況の著作であったからにほかな

らない。だから、フェインソッドとフリードリッヒは、ソ連が遠からずアメリカのようになるとは想定していないし、ダールはナショナリズムの例外主義観を披瀝し、「アメリカ政治の通常のシステムは、他国に輸出するためのものではない」と述べている[38]。この点では、トルーマンも、アメリカの民主政を他国に教えることではなくて、「病原的」掠奪者から、どのように自らを守るべきかということに腐心している。だが、こうした研究者たちも、世界はアメリカから学ぶことはないとしても、アメリカのシステムも世界から、いわんや、自らの敵である全体主義体制から学ぶべきものなど全くないと判断していた。

戦間期の調整主義イメージ

　1920年代後期と1930年代のアメリカの指導的政治学者のなかには、ソ連を調整主義のレンズで見ていた研究者もいる。この局面においては、スターリンのロシアを積極的に描いたり、一定の教訓をソ連に求めるべきであるとすることも奇異なこととは言えなかった。アメリカ民主政の実質化の視点からすると、経済的平等が民主政の前提条件となるとする論者たちは、ロシアが「民主的」方向を目指しているとし、いつかはアメリカの自由とソビエトの平等とが統一されると予想していた。こうした判断は、シカゴ大学のフレデリック・シューマン（Frederick Schumann）に読み取ることができるし、マール・フェインソッド（Merle Fainsod）との1934年の共著にもうかがい得ることである。また、アメリカの生産額の衡平な分配よりも、その経済的停滞に関心を深くしていた論者たちでさえ、ソ連を国家指導型の産業合理化の、また、知的な経済計画化のモデルであると見なしていた。このように判断した論者のなかには、1930年代にハーバード大学の上級ソ連研究者であったブルース・ホッパー（Bruce Hopper）も含まれている。いずれにしても、1930年代の政治学者たちは、アメリカとソ連のシステムは分岐というより、収斂の方向をたどるであろうと予測していた。ソ連の「全体主義」とアメリカの

「民主政」とは不倶戴天の関係にあるとする考えが学問的コンセンサスを形成していたわけではなく、これが浮上することになったのは冷戦期に至ってのことである。

　戦間期のソ連観が調整主義の方向にあったことを明らかにし、これが妥当な判断であることを示すために、ハーバード大学のガヴァメント学部とシカゴ大学の政治学部（ポリティカル・サイエンス）とのかかわりを深くしていた研究者に焦点を据えることにしたい。両学部は、第1次世界大戦後、政治学の最も世評の高いプログラムを準備するに至っていて、1925年に実施された公式的評価では、ハーバード大学とシカゴ大学は第1位と第2位を占め、戦前に高い評価を得ていたコロンビア大学を凌ぐ位置にあった[39]。シカゴの評価が跳ね上がったのは、チャールズ・メリアムの指導力に、また、知的実験に積極的に取り組んだことによるものであった。ハーバードは、知的には、それほど冒険的な方向にはなかったとはいえ、（1920年代には）ベネット・マンロー（Bennett Munro）やアーサー・ホルコム（Arthur Holcombe）のような有名な研究者をそろえていた。ハーバードのガヴァメント学部には、マール・フェインソッドとカール・フリードリッヒという有望なスターたちがおり、彼らによってロシアが全体主義であるというイメージが決定的に打ち出されることになった。

　論証を進めるにあたって、あらかじめ3つの制約を付しておかなければならない。第1に、以下で検討する見解が政治学のエリート学部において広く認められると言っているわけではないことである。だが、検討の対象とする研究者たちは、その同僚たちによって高く評価されていたし、アメリカの最も代表的な学部で教職に就き、APSAの会長に就いた論者もいる。したがって、その見解は、ヘゲモニー的ではなかったにせよ、当時の政治学の言説において重要な意見を提示していたと言える。

　第2に、1920年代と1930年代において、ソ連に対する調整主義の姿勢は、アメリカに限らず、ヨーロッパの知識人に広く見られたということである。無批判的で、全く同調的とも言えるロシア像が『ザ・ネーション（The Nation）』や『ニュー・リパブリック（New Republic）』といったリベラルを標

榜する雑誌に、さらには、より保守的と思われる『ニューヨーク・タイムズ』紙にも、しげく登場しているし、『ニューヨーク・タイムズ』のモスクワ通信員はウォルター・デュランティであって、彼はスターリンの西側の代弁者であった[40]。政治学の言説は、良かれ悪しかれ、こうした状況の文化的言説の一部をなしていた。

　第3に、アメリカ政治学者のイデオロギー的変化は国際政治の変化のなかで起こったと指摘することになるが、この理解にたいし、政治学者たちの見解の変化は合理的な研究過程のなかで起こったことであるとする反論も想起し得ることである。実際、それほど明確ではないにせよ、ソ連観の変化は1930年代のスターリン派による抑圧が劇化するなかで、また、スターリン政権の野蛮な実態に関する情報を得ることができるようになるなかで起こっている。例えば、ハーバードの上級ソ連研究者のブルース・ホッパーは、1938年のモスクワ訪問まで、ソ連の実験について好意的であったが、その後は、反スターリンの方向に姿勢を転じている[41]。

　だが、「研究」のなかで起こったことであるとする理解には2つの限界がある。第1に、スターリンのソ連に対する一部の重要な研究者たちの同調的、ないし無批判的姿勢は1930年代初期の野蛮な集団農場化と産業化の後も、さらには、1936－38年の忌まわしいモスクワ裁判の後も尾を引いていたことである。1938年11月に、アメリカの代表的ソビエト研究者と目されていたシカゴ大学のサミュエル・ハーパー（Samuel Harper）は、彼の著作が「ヨーロッパの独裁体制」と題するシリーズに入れられることにたいし、出版社を訴える姿勢を示している。というのも、ソ連はアメリカ的意味では民主的とは言えないまでも、「民主主義的」であると、なお、判断していたからである[42]。また、1938年に『政治学クォータリー（*Political Science Quarterly*）』誌は、ソ連における「大規模な社会主義的農業化」について詳細な専門的評価を所収しているが、これは、この実験のなかで起こった大量餓死と粛清を完全に無視したものとなっている[43]。

　「研究」によるものであるとする第2の限界は、新しい事実が利用できる

ようになることで、政治学者たちがソ連のイメージを変えることになったと、部分的には言えるとしても、これをもってアメリカのイメージが変わることになったとするには不十分であるからにほかならない。1930年代のアメリカ民主政の実質的理解は、1950年代に手続き的理解に変化している。これは、アメリカ政治システムの変化に求め得ることであろうか、それとも、アメリカのシステムについての政治学者の解釈の変化に求めるべきことであろうか。同様に、1950年代に、政治学者のアメリカ都市政治観は劇的に変化しているが、これは、都市生活の質にふさわしいだけの改善があってのことであろうか。いずれの場合にも、アメリカ政治の解釈の変化は、第2次世界大戦と冷戦という脈絡と切り離しては十分に理解し得ないものであって、この脈絡のなかで、政治学者も含めてアメリカの知識人は自らの国の社会と政治制度を好意的に理解しだしている。

ハーバード大学関連の研究者たち

ウィリアム・ベネット・マンロー（William Bennett Munroe）は、ハーバード大学のガヴァメント学部の最初のメンバーで、後にAPSAの会長に就いている（1926–27年）。チャールズ・メリアムとチャールズ・ビアードに続いて彼が選ばれたということは、政治学界において、この学部が高い地位を占めつつあったことを反映している。第2章で指摘したように、マンローは1929年にハーバード大学を去り、カリフォルニア工科研究所に移っているが、1925年にポピュラーな比較政治のテキストを出版している。その改訂版は1931年と1938年に出版されているが、1938年版において、ナチの反ユダヤ主義について次のように指摘している。

> アメリカの人々は、政府と〔共産主義〕政党との関係の理解に困難を覚えているわけではない。……全く同様の状況が州と都市の政治に繰り返されているし、州知事や市長が、また、州議員たちが党幹部の秘密会議で決めた結論を追認しているにすぎないことを、さらには、党幹部が公務員の職務を指揮

第 3 章　スターリンのソ連

している光景も繰り返し目撃している。そして、トウィードとクローカーやウァーレとルーフといった、さらには、ヒニカとヒンキ・ディンクといったアメリカの政治ボスについても多くの著作が残されている。スターリンと彼の政　治　局（ポリティビューロー）はアメリカの政党ボスの、また、彼の命令に服している副官一味のアメリカ版に過ぎない。ロシア政治局は密室で会議を開き、その話の内容が洩れるわけではなく、その情報が人々に届くのは、政府の常置機関のサイン入りで発せられる広報によってのことに過ぎない[44]。

　マンローはボルシェヴィズムの弁護論者ではないし、彼のソ連観は極めて批判的なものである。とはいえ、彼の論述には調整主義者の思想に折に触れて浮上する罠を、つまり、外国の政治システムの欠点をあげつらうことで、自らの政治システムの批判を喚起しようとする傾向を認めることができる。マンローはアメリカの政党マシーンをひどく嫌ったが（この種の嫌悪感はウッドロー・ウィルソンの時代以来、政治学に広く共有されている）、こうした嫌悪感がスターリンの専政体制の過小評価に及んでいる。マンローは、クレムリンとタマニー・ホールとの類似性に訴えることで、スターリンのロシアを批判するという発想に立っている。だが、後に、カール・フリードリッヒは、スターリンの圧政は独特のものであって、歴史に類例をみない「恐るべき」独裁政治であると位置づけることになるが[45]、マンローの批判とフリードリッヒの位置づけを、どのように統一すべきかとなると、かなり困難なものが残る。また、マンローの反ボルシェヴィキ論がソ連のイメージとアメリカ政治の病弊の診断とを結合したものであったとすると、この種の手法がより革新的論者の思想に影響を与えることになったとしても、驚くべきことでもない。

　マンローが1938年に描いたスターリンの独裁像とフリードリッヒが1956年に設定したソ連像とを比較すると、ロシアのイメージが変化していることは明らかである。この点でマンローの極めて消極的なアメリカの都市政治観と、強い影響を残したダールのニューヘヴンの多元主義政治像とを比較してみると、政治学者のアメリカ像の変化に著しいものがある[46]。アメリカの知識

史において、ほぼ1940年と1960年とのあいだに、アメリカ政治学において起こった地方政治のイメージの変化ほど激しい例は、他には見当たらない。しかも、妙なことではあるが、ダールは、イエール大学の政治学部の同僚たちを含めて、ニューヘヴンの白人たちが郊外に脱出している局面で、この都市の自治を高く評価している。

　マール・フェインソッドだけがハーバード大学のガヴァメント学部のソ連研究者であったわけではない。事実、1930年代に、彼がアメリカ政治の研究に多くのエネルギーを割く局面において、ブルース・キャンベル・ホッパー（Bruce Campbell Hopper, 1892-1973）はハーバード大学のソ連研究者としての地位を確立している。ホッパーは、今や、忘れられた存在ではあるが、1930年代においてはソ連問題の著者として、また、講演者や政府顧問としてフェインソッドを凌ぐ位置にいた[47]。

　ホッパーは、第１次世界大戦期にハーバード大学で学生時代を過ごしているが、当時から、その姿勢には学問と安全保障の両者を志向する傾向を認めることができる（このことからすると、冷戦期にアメリカ政治とソビエト研究とが緊密に結合することになるが、これは原理というより、範囲の点で新しいものであったことになる）。ホッパーは、ハーバード大学時代に将校の訓練を積み、その後、フランスに赴き、戦闘機の指導者として「第96デー爆撃中隊」に従軍している[48]。1920年代初期に、広く、ヨーロッパ、中東、アジアを歴訪し、1926年に母校のインストラクターに就いている。また、現代世界問題研究所の研究員として、1927-29年にモスクワで過ごしている。この研究所は親露派の実業家で、シカゴ大学出身のチャールズ・R.クレーンによって設立されている（彼はサミュエル・ハーパーも支援している）。ホッパーは「ソビエトの経済統治術」と題する論文で学位を修得し、1930年にハーバード大学のガヴァメント担当の准教授に就いている[49]。

　ホッパーは、ハーバード大学の学長で政治学者のA.ローレンス・ローウェル（Lawrence Lowell）の知遇を得て、講演するよう求められ[50]、1931年に、ボストンのローウェル研究所における一連の講義をもとに、当時のロシアに

ついての考えを明らかにしている。その著書はイギリスとアメリカで公刊されている[51]。

この一連の講義からすると、ホッパーのソ連旅行は「キルギス・ステップ」や「北極近くのコーラ半島」にも及んでいたことになる。彼のロシア人観には、恩着せがましいまでの人種主義論と異常なまでの現実主義論を認めることができる。彼は「国際関係の新しい〔現実主義〕学派」を自称し、合理的政治分析は「突飛な倫理感に発する一時的判断」に従うべきではなく、大きな権力闘争として世界を捉えるべきであると判断している。また、ロシアが経済化プログラムのなかで大躍進しつつあることを認めつつも、脅威を覚えたのは、「〔主要な権力競争〕の舞台が太平洋の新しい経済センターに移行し、……この地域において資本主義と社会主義とが張り合うことになる」のではないかと考えたからである[52]。

ホッパーは、ロシアの急速な産業化は民族・言語・地理・歴史の諸条件のなかで形成されたロシアの国民性に根差していると解釈している。スラブはアーリア人種ではあるが、ロシアのアーリア人種は「自由に混合」したとし、次のように続けている。彼らは、まず、「アジア人〔劣等なということ〕」やフィンランド人と、次いで、タタール人と混血したが、彼らは「上層のモンゴル人や下層のトルコ人であった。……高い頬骨と平べったい顔を〔ロシアで〕よく見かけるが、これはフィンランド人との混血のせいである」と。また、ロシア語は「極めて感傷的であるし、その詩は昔をしのぶものであって、民族の曙に引き戻す響きを帯びている」と。さらには、地理、とりわけ、ロシアの「統一と広さはツアー型専政と共産党の集権型コントロールの説明となり得る」と。そして、次のように続けている。冬の夜は長いだけに、

> 恐らく、ロシアの人々は饒舌とならざるを得ないのであろう。世の中で、ロシア人ほど多弁な人々はいない。……ロシアの友人は一晩中、ある形而上学の1点について私を説得し続け、退屈のあまり、納得しそうになるとみるや、立場を変えて、10時間も前に私が使った議論で攻めまくるのではないかと思われた。これは、多くのロシア人が白海のソロベッキエ島の政治囚人だ

からであり、彼らは語らないではいられないのである。

　ホッパーは、さらに、ロシア人について検討し、次のように述べている。寒さと暑さが厳しいだけに、「精神的にも肉体的にも、無気力で受動的になる」し、「暗鬱な気候のなかで、気分も滅入り」、経済的窮乏を呼ぶことにもなる。「外国人であれば、一部屋で住むことのできるロシアの人々の数を聞いて、驚かざるを得ない。彼らは我々のようなプライバシーの感覚を持ち合わせてはいない。農民のあいだには、常に、ある種の原始共産主義が漂っているし、厳寒のなかで密談し、何かをしようとすると、個人ではなく集団として行動することが一般的である。だから、別の国であれば拒否される社会主義も受け入れることができるのである」と[53]。

　気候の厳しさにロシア史の重圧が重なるとする。つまり、ロシアの人々は「自治の伝統を現に欠いているし、自由を知らず、夢中になったこともない。……彼らは小作農であり、あるいは、その出自を辿れば、小作農であって、最近まで、文字も読めない状況にあった」[54]と。

　さらに、次のように指摘している。すなわち、逆説的ながら、ロシアの人々は民族的にも文化的にも劣っているからこそ、ソ連は驚異的な近代化を遂げることができたのである。「粛清」と「飢餓」の光景は「アングロサクソンの人々には耐えがたいものがある」が、ロシアの人々は「幸福を犠牲にして、人生の夢すらも持ち合せてはいない」。ロシアの大衆は受動的で、従順であるから、「起こっていることの歴史的意味について無自覚である。これは、すべての人々が、繰り返し、集団的鋳型にはめ込まれていることを意味している。……その結果、頑健かつ健康的で、エネルギーに満ち、創造的ではあるがロマンに欠け、道徳的ではあるが功利に長け、無神論的な社会習慣がはびこることになる。人類はこうした非人間的連中や集合的巣箱を作ったことはないが、これが近い将来、ロシアを覆い尽くすことになるであろう」と[55]。

　アメリカは、この新しい「連中」にどのように対応すべきであろうか。焦

第3章　スターリンのソ連

点化しつつある太平洋地域において、どのようにロシアと競争すべきであろうか。この課題の対応にホッパーの調整主義の発想が明確に浮上している。彼は、集産主義によって「尊ぶべきことの多くが破壊されている」とはいえ、アメリカの人々は、危険なことに、集産主義の目覚ましい「組織的成果」を看過しているとし、行き過ぎた集産主義を見習わずとも、「ロシアから学ばねばならない」と指摘し、次のように続けている。すなわち、アメリカは「私的所有を基礎としつつも、国家による効果的な計画化」を導入し、「生産と消費との調和を期す」べきであって、「これを欠いていることで、現在の危機を呼ぶことになった。……アメリカは、何らかの計画化をもって、技術を使いこなせていない状況を克服するとともに、可能な限りの高賃金を、また、雇用と退職後の保障を期すべきである。レッセ・フェールの無慈悲の競争を抑える必要がある」と[56]。

　要するに、ホッパーはアメリカ経済の活力に自信を失いつつも、ロシアの経済成長に対する賛美と恐怖とを一体化させつつ、ロシアから「学ぶ」べきであるとする調整主義の姿勢を示していることになる。この例からすると、スターリニズムを合理化しようとすると、左傾化したり、大衆を支持し、革新的になる必要などなかったことになる。「アジア的」ロシアの大衆に対するエリート主義的で慈恵的な姿勢は「経済発展の物語」と結びついて、スターリン独裁の無批判的見解を呼ぶことになったのである[57]。

　ホッパーは、1930年から1938年のあいだに6度、ソ連を訪問し、そのたびに緊密な関係にあった国務省のロシア課に見聞を伝えている[58]。また、彼の言に従えば、「秘密にされるであろうと思って、士官学校で口を滑らせる」こともあったと語っている[59]。彼は多くの秘密の報告や講演を残しているが、こうした資料からも、スターリンの産業化政策に同調的であり続けたことがわかる。例えば、1933年3月、海軍士官学校の将校に、ボルシェヴィキはロシア大衆の文化水準を大いに高めたと、また、ロシアの第1次5カ年計画はソビエト市民の生活を改善することには結びつかなかったにせよ、遅れた国を産業の強国に変えたという点では「目覚ましい成果」を残していると述べ

173

ている。さらには、1937年の講義では、「資本主義の弊害をソビエトが解決することができれば、民主政の別の後継者たちよりも、個人の自由を高め得ることになる」と指摘している[60]。だが、ホッパーのモスクワ訪問は1938年を最後としているが、この頃には、「ロシアの指導者には、既に、有徳が認められない」と述べるに至っている[61]。

1942年に、ホッパーは、戦時戦略局（OSS、CIAの前身）の要請を受けて、バルト海地方を監視するためにスウェーデンに赴任している。その後、アメリカ戦略空軍の歴史主任となり、カール・スパッツ将軍と親交を深め、スパッツが空軍参謀長に任ぜられてからは彼の特別顧問に就いている。ホッパーは1947年にケンブリッジのハーバード大学に戻っているが、この局面では、後輩の同僚たちが、復員後、学部のポストに就いていたので、昇任の機会を失したと判断している。また、彼の研究成果の多くは秘密扱いにされ、出版されていなかった。そこで、ホッパーはスパッツ将軍に働きかけ、彼の政治コネをもってハーバード大学の関係機関に働きかけることで空軍政治の新しい教授職に就こうとしたが、この計画は挫折している。というのも、彼は1961年に退職するまで准教授に留まっているからである。彼の教育関心が古くからの空軍関係に移っていたこともあり、新設のロシア研究センターと深くかかわることはなかった[62]。

1949年の書評で、ホッパーは、政治的自由と経済的民主政とが調和し得るかどうかは、ソビエトが「その最も重要なイデオロギー概念を修正」し得るかどうかにかかっているとする著書の判断を高く評価している[63]。すると、アメリカはレッセ・フェールというイデオロギーを変え、ソビエトの集産主義モデルに近づくべきであるとする当初の考えを変えていたことになる。だが、「アジアの」人民の政治的能力は低いとする考えを変えてはいなかった。というのも、退職後の講義で、彼は次のように述べているからである。「〔共産主義という〕敵のプロパガンダは激しさを増し、植民地主義は意味のない攻撃にさらされている。だが、植民地政治によって、また、長い教育のなかで世界は文明化したということ、これが事実である。……イギリスの公務員

は、世界中で、未開の人々に公正と慈悲を、また、啓蒙を広めたという点で、これにまさる献身的で優れた役割を果たした人々は他にはいない」と[64]。

マール・フェインソッド（Merle Fainsod, 1907-1972）は、1932年にハーバード大学で学位を修得し、インストラクターとしてガヴァメント学部に留まっている。彼の著書が『国際社会主義と第1次世界大戦（*International Socialism and the World War*）』（1935年）である。これは学位論文を基礎としていることは明らかであって、ロシアの資料にとどまらず、マルクスの思想とその解釈に深くなじんだ明解な歴史研究である[65]。その書評が『アメリカ政治学会誌（*APSR*）』に所収されているが、評者は、著者の今後の著作が研究者の書棚の重要な位置を占めることになる「はずである」と予見している[66]。フェインソッドは該博で、言葉にも長けていただけに、アメリカの指導的なソ連研究者となるであろうと予測されていたのである。だが、この書の歴史叙述は、唐突にも1919年で終わっているだけに、その後のソ連に関わる資料や価値判断を欠いている。序文で、第3インターの研究を追加するプランを予示してはいるものの、これは実現されずに終わり、彼の主な関心もアメリカの政治と経済に移ったと思われる[67]。

だが、フェインソッドのソ連観（および、大恐慌中のアメリカ観）を『アメリカ人民とその政治（*The American People and Their Government*）』にうかがうことができる。このテキストブックは、ワシントン大学出身で、公法学者のアーノルド・リーン（Arnold Lien）との共著である（フェインソッドは、彼と学部時代を共にしている）[68]。この書の主筆はリーンであるが、彼はソ連の共産主義の専門家ではなかったことに鑑みると、ソ連に関わる章がフェインソッドの承諾なしに執筆されたとは思われない。また、1937年にフェインソッドは書評を執筆し、そのなかで、リーンのアメリカの諸問題に関する判断と課題は自らのパースペクティブと一致していると指摘している[69]。

リーンとフェインソッドの共著の表題が基本的パースペクティブを示している。というのも、民主的システムの研究は「人民自身の分析から始め、こ

の人民の諸権力の包括的検討を含めるべきである」としているからである[70]。こうした人民中心的でボトムアップ型の論調は、例えば、ウィリアム・B・マンローの『アメリカの政治（*The Government of the United States*）』の既刊のテキストブックに見られるような保守的でトップダウン型の政治観とは対照的視点に立っている[71]。彼らのテキストは貧者の苦境に強い同情を寄せ、恐慌によって起こったアメリカ庶民の諸状況に強い関心を示すとともに、貧富の所得差を着実に埋めるよう求めている（ただし、「観念主義的」に完全な平等を求めているわけではない）。また、民主政の論述において、選挙過程に、それほど強い関心を寄せた論述にはなく、むしろ、大衆の参加を、また、政治的平等と経済的福祉の不可分性を強調し、次のように指摘している。

　　人々の活動はすべて緊密に結合し、相互に依存している。それなりの生活の糧を得る機会が拒否されたり、社会的障壁が一面に張り巡らされると、万人は平等に創られ、生命・自由・幸福を追求する権利を有するという言葉は笑い種となってしまう。貧富が対立し、社会層が固定されると、政治における民主的レジームは常に挑戦に服さざるを得ない。……民衆政府は自ら喚起した期待に応えてきたとは言えないとしても、また、失望を留めつつも、民主政治は前進している。これは、人々が善と能力を備えているという確信と、万人は自ら幸福になり得るとする約束とが結びつき得たからである。よりよいコミュニティを作るという夢と庶民の気高さという信念が民主政に活力を与え、幻滅を克服することで、世界中の、抑圧され無権利状態の人々の共感を呼び得たのである[72]。

リーンとフェインソッドは、さらに、政治的民主政の前進が19世紀のプロジェクトであったが、今や、政治的民主政は経済の、あるいは、「産業の」民主政をもって強化されるべきであるとし、次のように続けている。

　　民主政は、普通選挙にとどまらず、貧困を除去し、生活給を保障することを、さらには、失業の緩和を重要な課題としている。……弱者は、必要な場合には法律をもって強者から守られねばならない。諸個人は、衣食住に恵ま

れ、倹約による安心感を、また、少しの余暇を持ち得る場合に、市民としての精神や正義感を発揮し得るし、教育を媒介として自己を発展させることに関心を深くすることになる。これが知的市民の標識である。産業的民主政は政治的民主政にとって不可欠の補完的位置にある。19世紀には政治的民主政は前進し得たが、20世紀の歴史は産業的民主政の前進を記録すべき定めにあると思われる[73]。

『アメリカ人民とその政治』の進歩的性格には、大衆を支持する方向にとどまらず、深い国際主義的・反自民族中心主義の発想が含まれていて、次のように続けている。すなわち、政治と産業の民主政は「方法の点では個別のものではあると言えても、いずれも、人民大衆の物質的福利を高めることになる。この目的を実現するための方策が多様であることは、他の諸国の市民の成果を一瞥するだけでも明らかである。……各国家は人々の幸福を期すための創造的模索の実験室と化している。各国の発見と成果は極めて興味深いものであって、いずれの諸国にとっても興味と関心のまととなり得るものである」と[74]。

リーンとフェインソッドの論述は、アメリカ人民にとっても興味深い、外国の「実験室」の紹介にも及び、ソ連が、こうした実験室のひとつであると見なしている。例えば、階級対立の緩和を期そうとすれば、アメリカの人々は「共同の行動」について検討し得るのであって、その「最も強力な例を、イギリス、ロシア、スウェーデン、ドイツに、とりわけ、デンマークに求めることができる」としている。また、教育の視点からすると、アメリカの人々は高い識字率を誇っていると言えるが、「ロシア、シャム、トルコ、メキシコ、中国は非識字状況を克服するために、目覚ましいキャンペーン」を繰り広げ、そのことで「大衆が自らの定めについて、より十分に参加し得る道が拓かれつつある」し、ロシアにおいては「強大な身分制を廃止し、国家に権限を賦与する」ことで農業改革が進められているが、これは民主政の深化を期すものであって、産業の領域においても成果を上げつつあると指摘し、次のように続けている。

これは、恐らく、計画経済の最も注目すべき実験である。……国家の計画化は、5カ年計画に見られるように、世界注視のまととなっている。この計画と関連計画は産業化を展望するものであって、ロシアの技術的後進性を克服し、国外の産業家から実質的独立を期すとともに、ソ連の労働者の生活水準を上げ、社会主義体制を軌道に乗せるための基盤を築こうとするものである。……将来構想は労働者のユートピアを展望し、万人の安定的雇用の実現にとどまらず、老齢・病気・事故に備え、生活条件の改善や文化・教育・レクレーション施設の充実を図ろうとするものとなっている。こうした目標が実現されるかとなると、なお、定かではないが、いずれにせよ、ロシアの実験は、計画型国民経済の、また、国際経済の可能性という点でも広く注目されている[75]。

　そして、リーンとフェインソッドは、民族的偏見との闘いという点で、ソ連の先駆的役割を高く評価し、次のように述べている。

　　　フランスとロシアは民族的偏見を抑え込もうとしているという点で、その2例にあたる。フランスが植民地問題の処理に成功し得たのは、部分的であれ、有色の市民が白人とは市民的・社会的に平等の地位にいると考えていることによる。この点で、ロシアでは、理論的にも実践的にも、多くの民族や民族的存在が区別されることはない。その結果、民族的偏見のなかで混乱が起こり続けている場合と比べると、フランスとロシアは、より親密なコミュニティを形成していると言える[76]。

　リーンとフェインソッドはソ連を独裁体制と見なしてはいない。彼らは、ロシアにおける「絶対主義の打倒」を第1次大戦によって解き放たれたグローバルな「民主的感情の嵐」の表現であると位置づけるとともに、戦後、民主政が独裁的「圧政」へと転化した諸国からソ連を除外している。さらには、共著の終章を「普遍的目標と理想」と題し、「究極的目的からすると、人類は、本来、一体化し得るし、また、ある政治・経済・社会の組織が、より優れていると、あるいは、劣っているという判断は、個性と全般的福祉の

点で、どの程度の成果を挙げているかに依拠すべきことである」と結んでいる[77]。

　要するに、『アメリカ人民とその政治』は、アメリカ社会に広がっている経済的不平等と貧困を調整主義的に批判し、「産業民主政」が政治的民主政にとって不可欠であるとするヴィジョンを実質的に提示していることになる。冷戦期の政治学において、手続き的で、政治に限定した民主政観がヘゲモニー的位置を占めることになるが、この著者たちのパースペクティブからすると、この種の民主政観に立ったとしても、ソ連は指摘されているよりもはるかに民主的であって、それほど独裁的であると判断してはいなかったと思われる。

　すでに指摘したように、カール・フリードリッヒは、1956年に、20世紀の全体主義独裁は「歴史的に固有で、独特のものである」と、また、この体制を、例えば、「ヨーロッパの絶対君主政」のような過去の独裁になぞることで、「大目に見る」べきではないと主張している。そして、古い絶対主義の新しい形態ではなくて、「全体主義独裁とは、近代の産業社会（資本主義と呼ばれることが多い）の一定の特性の論理的拡大である」と位置づけている[78]。したがって、全体主義体制を脱産業型の展開形態であって、狭いエリート官僚が近代技術を駆使することで全面的にコントロールし得るとする方向に逸脱した形態であると見なしていたことになる。フリードリッヒの考えからすると、西側の産業化は通常形態であるが、全体主義諸国の産業化は逸脱形態を辿ったことになる。

　だが、1930年代の中期において、フリードリッヒはソ連の展開を特異なものであると見なしていたわけではない。彼が早い局面でスターリンのソ連をどのように見なしていたかとなると、「政府コントロールの政治に関する諸考察」と題する論文にうかがうことができる。これは、1935年のジョンズ・ホプキンス大学の講義に依拠するものであって、ニューディールの弁護論となっている。他のニューディール支持派がニューディールをレッセ・フェー

ル型資本主義の歓迎すべき転換であるとしたのにたいし、フリードリッヒは、レッセ・フェール資本主義とは神話に過ぎないとすることで、ニューディールの歴史的連続性を明らかにしようとしている。彼は次のように指摘している。「歴史から明らかなように、……近代の産業生活は、政府が正統的権力を疑念の余地なく独占するなかで生成し、維持されてきたと言える。封建的特権を打破するにあたって、イギリスのエリザベスとバーリーに、また、フランスのヘンリーⅣ世とシュルリーに見られように、偉大な君主とその廷臣たちや近代の領域型国家の創造者たちによって、近代の産業主義と資本主義の基礎が築かれることになった」。こうした近代の定礎者たちは、賢明なことに、重商主義政策を追求するなかで国民経済を統一するとともに、国民的市場を拡げ、生成期の産業を育成しただけでなく、国民型政府を集権化した。アダム・スミスとその支持者たちは、その後のイギリスの繁栄が、こうした早期の重商主義政策に負うものであることを見落としている。さらには、レッセ・フェールの弁護論者たちは、この教義が、一応、成功し得たのも、帝国的支配に負うところがあったことを看過している。「諸利害の自然な調和というアダム・スミスの教義は、イギリスと他の諸国とを問わず、帝国的収奪者の政治神話に過ぎない。アメリカは、……この教義の特徴を見落とすわけにはいかなかった。ハミルトンの有名な製造業者に関するレポート（1791年）は、植民地議会のなかで生まれた状況を政府によって修正しなければならないという前提に発している」と[79]。

　フリードリッヒは、さらに、カール・マルクスは「彼よりもオーソドックスな敵対者と同様に、政府がコントロールする政治に無知」であったとし、次のように続けている。マルクスはスミスとは違って、「過去のコミュニティにおける秩序維持に占める政府の強力な役割」を評価しているとはいえ、その哲学は「私的所有から浮上する階級間の敵対関係が廃止されてしまえば、生産の共通事業に参加するなかで個人と集団は自由に発展し得ると考えている」かぎり、スミスと「立場を同様に」していることになる。実際、スターリンの支配は「新しい官僚制に負い」、国家の死滅というマルクスの予測の

幻想性を証明するものにほかならない。また、レッセ・フェールとユートピア的社会主義は、いずれも国家の消滅を待望するものであるが、将来はいずれの方向にもなく、官僚制的－産業主義的国家中心主義の方向を辿ることになる、と[80]。

また、フリードリッヒは、次のように指摘している。ソ連は、西側と同様に、官僚的産業主義の方向を辿っているが、その半封建的過去を最近まで引きずっているし、ツアー政権の「腐敗は中枢」に及んでいるから、官僚的産業化を加速せざるを得ないことになる。ロシアの共産主義者たちは「近代の産業化を眼前」にしたのである、と。そして、次のように続けている。

> 彼らの前途には、真に巨大な産業発展の道が広がった。……5カ年計画は、基本的にはロシアの産業化プランであって、あらゆる点でロシアの国民経済の生産を高めることを課題としていた。〔ウェルナー〕ゾンバルトが指摘しているように、資本主義の精神とは「長期の計画化を、また、目的と手段との厳格な一致を、さらには、精確な計算を求める」ものであるとすれば、5カ年計画は資本主義の精神に収まり得るものである。だが、ゾンバルトは資本主義と呼んだが、これを「産業主義」に置き換えてみると、言葉の混乱を避けることができる。というのも、資本主義と社会主義の精神は、行為の合理化という点では究極的目標を異にしつつも、生産と合理化を求める産業主義という点では情熱を共通にし、資本主義は個別の実業型事業の拡大を、社会主義は国民経済全体の拡大を期しているからである。……この点に鑑みると、スターリンはバーリーやシュルリーの申し子であると言える。というのも、すでに指摘したように、両者は既存産業の規制と合理化を、また、その活性化を期すとともに、通商を促し、……「全土を経済目的の単位とすることで国民の経済活動を組織し、刺激すること」に努めたからである[81]。

この引用からも明らかなように、1930年代中期には、カール・フリードリッヒはスターリンのソ連を歴史的に特有なものであるとは見なしていなかったことになる。事実、20年後には不愉快なものであると位置づけることになるが、スターリンを過去の独裁者たちと比較することで、大目に見てい

たのである。また、スターリンを特定の歴史的人物と比較しているだけでなく、ニューディールを正統化するために、こうした人物を啓蒙的な国家の形成者であるとし、その評価の回復を期している。こうした人物として、彼が挙げているのはアレクザンダー・ハミルトンであり、より明確には、バーリーとシュルリーである。

だからといって、フリードリッヒがソ連の計画化を模倣すべきであると考えていたと言っているわけではない。アメリカがすでに産業化しているわけであるから、その課題は「生産を活性化することではなく、これを規制することにあるし、生産を増強することではなく、既存の、あるいは、潜在的な生産物を配分するのに、よりふさわしい手段と方法を発見すべき」であって、5カ年計画は、アメリカにはふさわしいとは言えないと判断していた。また、ロシアとアメリカとでは、基本的目的というより、手段の点で違っていると見なしていたし、両国は、「"産業主義的"合理化の精神を全土に広げる」という点では理念を共有しつつも、その実現の方法を異にしていると判断していた[82]。

シカゴ大学関連の研究者たち

1900年に、シカゴ大学の初代学長にあたるウィリアム・レイニー・ハーパー（William Rainey Harper）は、大学理事のチャールズ・クレーン（Charles Crane）とともにロシアを旅行している。ハーパーの熱のこもったロシア旅行記は息子のサミュエル・N.ハーパー（Samuel N. Harper, 1882-1943）に強い印象を残すことになる。彼は生涯をロシア研究に捧げたという点で、アメリカの最初のロシア研究者にあたる。1904年に父のハーパーが亡くなると、クレーンは、サミュエルのロシア旅行に幾度も財政的に援助を与えている。サミュエルは、彼の援助を得て、シカゴ大学でロシア研究のポストをえ、29年間、在職するとともに、1930年代には、アメリカの指導的ロシア研究者と評されることになる[83]。

第3章　スターリンのソ連

　サミュエル・ハーパーは、パリ、モスクワ、コロンビア大学で大学院生活の多くを過ごしている。シカゴ大学で学位を修得してはいないが、1912年に同大学の准教授となり、1931年に教授に昇任している。彼の担当は言語と歴史の部門であったが、その関心は、ロシアの過去というより、常に、ロシア政治の現状にあった[84]。彼の言によれば、「歴史学というより、政治学に興味を覚えていた」とされる[85]。コロンビア大学の院生時代（1901-11年）には政治学部の特別研究生の厚遇をえ、1920年代後期にはＡＰＳＡや「政治学のアカデミー」の集会に、常に出席しているし、シカゴ大学では、チャールズ・メリアムを始め、政治学部の同僚と親密な関係を結んでもいる[86]。

　1926年に、メリアムは彼を政治学コースのロシア政治の担当に据え、政治学者たちは「あなたを厚遇するだけに、我々の部門に掛け替えのない存在であると感ずるはずである」と伝えている[87]。要するに、ハーパーは、形の上では歴史学者とされつつも、政治学と強く結びついていたことになる。

　ハーパーは、1904年から1917年のあいだに、繰り返しロシアを訪ね、ロシアのリベラル派との親交を結ぶなかで、ツアー体制は西側流の立憲的レジームに道を譲ることになろうとの考えを深くしている。1917年3月にメンシェヴィキに指導された政権が成立することで、ハーパーは自らの楽観論を確かにしたと思われるが、メンシェヴィキに寄せた期待がボルシェヴィキの組織力と民衆への訴求力の評価を曇らせることになった。10月革命に驚きと当惑を覚えるなかで、ハーパーは、ウィルソン政権の反ボルシェヴィキ・キャンペーンに自らの専門的知識を熱心に割くことになるし[88]、「ユダヤの一味（ギャング）」がアメリカをそそのかせて、ボルシェヴィキ派の方向に誘導しようと画策していると述べている[89]。彼は、1918年9月に、公安情報委員会をスポンサーとする研究会の主要メンバーとなっている。この研究会は、資料から判断すると、ボルシェヴィキはドイツのエージェントであると推断している。だが、ハーパーが当惑したことに、資料は捏造であった。1919年から1922年に国務省で働いているが、彼の秘密の分析がソ連を承認しないという公式政策の拠り所のひとつになったとされる[90]。

ハーパーは、その後もワシントンにしげく通い、常に、国務省の高官に会っている。だが、徐々に、ソ連を承認しないという政策に疑問を深くするとともに、自らの反ボルシェヴィズムを放棄している。1924－25年にボルシェヴィキの指導について、もっとニュアンスの深い意見を表明するようになっているし、スターリンの「中庸」と、トロッキーを指導者とする主としてユダヤ人からなる集団の「過激主義」とを区別している。1936年に、スターリンが旧同志の革命家たちを反逆罪の裁判にかけだしたとき、ハーパーは「トロッキー、ジノーヴィエフ、カーメネフ、この3人のリーダーについては、個人的感情からすると怒りと憎しみすら覚えざるを得ないが、レーニンとスターリンについては、私の"ブルジョア的精神"においてすら、この3人ほどの怒りを覚えることはない」と述べている[91]。

　ハーパーは、ボルシェヴィズムの動態を調査するために、ロシアを訪問したいと思ったが、ソビエトの機関はビザの発給を拒否した。だが、チャールズ・メリアムが市民教育シリーズにソビエトの巻を加え、ハーパーに担当を委ねたことで、ソビエトの態度は軟化した。メリアムとハーパーは1926年にモスクワを訪問し、ハーパーは3カ月のあいだ、ソ連に留まり、地方を旅してもいる。そして、モスクワと田舎の生活が思ったより良いことに気付いている。また、チャールズ・クレーン（Charles Crane）と共に現代世界問題研究所を創設している。ハーパーは、クレーンに、ソビエト政権は安定しているし、その改革者たちには積極的姿勢が認められると、また、スターリンは世界革命の意図を持ってはいないと伝えている[92]。

　ハーパーが執筆したソビエトの市民教育は、彼のソ連研究のなかでも、最も重要な論文にあたる。その論調は客観的であっただけに、そうでなければ、もっと好意的なものとなったと思われるが、チャールズ・ビアードは*APSR*誌に批判的書評を寄せ、「計算機かと思われるほどクールな筆致である」と評している。また、『タイムズ・リテラリー・サプリメント（*Times Literary Supplement*）』は、同様に、彼は「ほとんど常に、その結論については注意深い」と位置づけつつも、なお「〔ソビエトの〕システムについては好意

的評価に傾いている」と評している[93]。実際、ハーパーの研究姿勢はソビエトの実験を称賛する方向を強くしていて、彼の伝記作者は、ハーパーが真の民主政と経済的平等とは不可分の関係にあると判断するようになっているが、この点では、ソビエトが「民主集中制」にあるとし、これに好意的姿勢を寄せているだけに、研究との齟齬が認められると指摘している。また、ハーパーは、ソ連の労働者と農民は、限界はあるにせよ、労働組合と協同組合によって政府の政策に現実的影響力を行使していると判断しているし、個別ソビエトにおける指導者の地位は選挙によるものであると信じている[94]。ハーパーの著書には「イズベスチア」紙も好意的書評を載せ、彼の訪問を断わることもなくなり、1930年から1939年に、さらに、5回、モスクワを訪問している[95]。

　1926年の遅く、ハーパーはモスクワからシカゴに戻る途次にあった。チャールズ・メリアムはすでに帰国していたが、「ロシアには興味深いものがあろうから、もう3か月ほど留まり、知人と時を過ごしたらどうか」とアドバイスしている。帰国後、ハーパーは、ソ連の実験は完全な失敗とも無条件の成功とも言えないと語っている。また、1929年の株式市場の暴落はハーパーの分析を求める声を高くした。1930年に、ソ連を再び訪ね、スターリンの5カ年計画を観察し、好感をもって帰国するとともに、国務省の友人に宛てて、この計画によって「新しいタイプの市民」を基礎に社会が建設されているし、その目標は行動力で共通善を実現しようとするものであると書き送っている[96]。また、講演や報告で、スターリンを「賢明で、才覚に満ちた……マシーンのボス」であると描いている。5カ年計画の荒さに不安を覚えていたとはいえ、スターリンの経済的成果を高く評価し、ソ連の実験が成功し得るには、大衆の要求に応え得るだけの犠牲が求められると判断し[97]、その後のソ連訪問においても、「食糧不足、財貨の欠乏、不十分な管理など、……困難で、コストのかさむ浪費にどのように対応するかという問題を抱えている」としつつも、「1930年から1932年の2年間の訪問期に、確かに前進をみた」と感じている[98]。また、旅行記で、スターリンを「意志の、権力と

知性の人物であり、……抜け目のない政治家」であるとし、ソ連の近代化の方向についても、なお、楽観的発言を繰り返しているし、スターリンの強制的な産業化策に伴う人的代償を低く見積もっている。さらには、1934年のソ連訪問後も、スターリンの農業集団化は「成功である」と判断している[99]。

　1930年代初期に、ハーパーはソ連との外交関係を確立すべきであるとするキャンペーンを積極的に展開し、1933年にローズヴェルト大統領のソ連政権の承認を歓迎し、米ソの同盟によってナチの脅威に対抗し得ると判断している。当時、彼が米ソの協力を唱えたのは、主として現実主義的視点に発してのことであったが、1936年にソビエトが新しく憲法を採択したことで、両国はヒトラーと対抗する絆を結んだことになるだけでなく、価値の点でも収斂化の方向を強くすることになろうと予測している[100]。

　1936年憲法が採択されたころ、ハーパーはモスクワにいて、この文書はソビエト政権が民主的公式を求めていることを示すものであると解釈している。そして、この憲法によって複数政党型議会制民主政が形成されることにはならないとしても、ソビエトの代表者は選挙民の意向を踏まえることになるであろうと、また、最高ソビエトは「立法手続きを一般化すること」で、西側の議会に「類するもの」に変わるであろうと予測している。1936年の訪問のレポートのなかで、ソビエト政権が経済民主政を強調していることを認めつつも、政治的民主政がソビエトのシステムでも同様の位置を占めることになるであろうとするとともに、アメリカは、ニューディールのもとで、引き続き経済民主政の方向を辿るであろうと述べている[101]。

　ハーパーの楽観主義は、『ソ連の政治（*The Government of the Soviet Union*）』（1937年）に表れている[102]。ブルース・ホッパー（Bruce Hopper）は、*APSR*誌に好意的書評を寄せ、ソ連が「個人の自由を大きく前進させる方向にある」と判断していると述べている[103]。実際、ハーパーは、ソビエト政権が「全体主義」の性格を帯びているとしつつも、選挙過程とは言えないにせよ、大衆が政策形成に実効的に参加していることに強い印象を覚えている。ロシア革命の一般的原則は共産党に継承されているとして、次のように指摘してい

第3章　スターリンのソ連

る。

　　新しい社会秩序をどのように生み出すかとなると、……それは、大衆が現実の建設過程に、どのように参加し得るかということに左右されざるを得ない。5カ年計画は最も具体的な政策表現であり、党のプログラムであって、集権型行政が求められることになる。だが、下からの対抗プランが浮上し、弾みがつくことになったのは、このプランが上から課せられた官僚主義的プロジェクトであって、民衆が実効的に反応し得ないと、挫折せざるを得ないと判断されたからである。こうしたプランが、どの程度に実現されるかということ、これが民衆の反応の指標となるし、ボルシェヴィキが「極めて多くの人々がこのプランの作成にあたっている」と言っているだけに、その実現の様式が、かなり強く問われることになる。

　ハーパーは、スターリンを評して「個人的独裁者」というより「教師」であると位置づけている。また、スターリンが「最近、明らかにしたことにも窺えるように、導入される政策が機能するためには、いわば、支持を必要としている人々の経験と指導部の見解との調和を期す必要があるとする原則に従っている」と述べている[104]。
　モスクワ裁判を含めて、大量粛清が1936年に始まっているが、この点では、ハーパーはソ連における政治的自由について楽観主義的展望に立っていただけに、両者をうまく統合することは困難であった。また、私信では、この粛清に重大な不満を漏らしつつも、スターリンを公的に批判することはなかった。むしろ、このパージを民主化への一段階であると、また、外敵の策謀に対する反応という点では、さらには、トロッキー派の一国社会主義に対する脅威に対する対応でもあるという点では理解し得ることであるとしている。『ソ連の政治』で、ハーパーは、ドイツと日本の強力な諜報活動がロシアで繰り返されているとするソ連の主張に同意するとともに、国内の不満分子と外国との接触を断つためには、反逆者の裁判も必要なことであると述べている[105]。ハーパーがモスクワを最後に訪問したのは、1939年5月のことである。

187

その際に、友人が「どうにか、破壊的追求の手が及ぶことを避けることができたと、このページの恐るべき面を話した後、"ヒトラーと日本人がオーストリア、スペイン、チェコスロバキア、中国で行ったことに鑑みると、スターリンは正しいし、賢明でもある"と語った」ことを紹介し[106]、ハーパーも彼の判断に基本的に同意している。

1939年8月、ハーパーは、他のソビエト同調者たちと共に、ソ連を「全体主義」国家にたとえる「妙な虚偽」と題する公開状に署名している。この公開状は、ソ連は文化の自由、労働組合主義、世界平和を強く求めていると主張している。だが、この公開状にサインしてから間もなく、独ソ不可侵条約が結ばれたことで、ロシアは平和の砦であるとするソビエト同調派の迷いを解くことになったが、ハーパーは姿勢を変えることはなかった。彼はこの条約を強く弁護し、西側の民主国がヒトラーに軟弱な姿勢を示したことからスターリンが採らざるを得なかった防衛策であると位置づけただけでなく、その後、スターリンがバルト海諸国を併合するに及んでも、こうした諸国の市民をナチズムと戦争から守るためであるとしている。だが、もはや、ハーパーの意見に同調するアメリカ人は、ほとんどいなくなっていた。1939年から41年6月にドイツがソ連に侵攻する局面に至って、学部の同僚たちは彼を避けるようになり、彼の受講生も減少することになった[107]。

第2次大戦中、米ソは戦時同盟を形成することになった。これは、ハーパーにとっては、終生の夢を実現するものであるかのように思われたし、彼の名声も回復した。1942年11月、彼は「ロシアの同盟国に敬意」を表する大衆行進を主催し、チャーリー・チャップリン、カール・サンドバーク、政府高官、上級軍人と席を共にしている。だが、3カ月後に、サミュエル・ハーパーは心臓病で亡くなっている[108]。

フレデリック・L. シューマン（Frederick L. Schuman, 1904-81）は、ハーパーの、また、国際関係の専門家のクインシー・ライト（Quincy Wright）の指導を受けて、シカゴ大学で学位を修得している。彼の学位論文は1928年に出版されている。この書は、アメリカのソ連敵視策を激しく批判し、不承認策の

第3章　スターリンのソ連

撤回を求めるものとなっている。チャールズ・メリアムは「彼の知的情熱と能力に強い印象」を受け、1927年にシカゴ大学の学部に招聘している[109]。

　ノーベル賞受賞者のハーバート・サイモン（Herbert Simon）は「30年代に、私は学部の学生であったが、"学部"と言えば、基本的には、メリアム、〔計量的方法の先駆者のハロルド〕ゴスネル、〔ハロルド〕ラスウェル、フレデリック・シューマンのことであった」と回顧している。サイモンは、シューマンをメリアムの学部の「スター」のひとりに数えている[110]。実際、シューマンは、たちまち、多産の著書をもって、また、優れた論者として頭角を現し、国際関係の現実主義的アプローチの先駆的理論家となった。

　シューマンの第2の著書はフランスの対外政策の研究であって、「冴えて、活々としたスタイルのゆえに」、また、「国際政治の分野に緻密な科学的方法を導入したという点で注目すべき成功を収めた試み」であると、高い評価を受けている[111]。また、第3の著書にあたる『国際政治（*International Politics*）』（1933年）は、当時にあって最もポピュラーな国際関係のテキストのひとつとなり、7版を重ねている。彼は、伝統的な国際関係の研究者たちが過度の「法律中心主義」に陥っていると、また、「統一的な解釈の枠組み」を設定し得ないでいると批判し、「権力政治」を統一的枠組みとすべきであるとしている。この脈絡において、15年後のハンス・モーゲンソー（Hans Morgenthau）を想わせる筆致で、「政治はすべて権力闘争であって、国内政治において権力は目的のための手段として追求されるが、国際政治においては目的自体として追求されることになる」と述べている。この書の書評が*APSR*誌に収載され、評者は「有益で、興味深く、冴えた著作であり、……体系的で思慮に富んだ研究と言えるし、知的にも刺激的である」と位置づけている[112]。シューマンは、その後、ドイツの「神経症（ノイローゼ）」の分析を残すとともに（この点については、第2章で指摘したように、ナチズムの「積極的」成果を「過小に評価した」と批判されている）、世界政治やソ連について多くの著書を残し[113]、その著書は33年間に13冊にも及んでいる[114]。

　名声を高くしたとはいえ、シカゴ大学はシューマンの正規教授への昇任を

189

認めなかったので、1936年にウィリアムズ大学の教授に就き、1968年まで留まっている。彼がシカゴ大学を去らざるを得なかったのは、主として、学長のロバート・ハッチンス（Robert Hutchins）の評価を得ることができなかったことに、また、メリアムが自学部出身者を採用するという方針を採っていたことに、さらには、ハッチンスが社会科学の科学的アプローチを嫌っていたことによるものである[115]。だが、他の理由も重なった。それは、1935年にドラッグ・ストアの経営者で百万長者のチャールズ・ウォルグリーンが、シューマンを始めとするシカゴ大学の教授たちが学生に共産主義を吹き込んでいると公然と批判しだしたからである。メリアムとハッチンスは協力しあってシューマンを弁護している。また、調査委員会が設置され、キャンパスには共産主義者による破壊活動は存在しないと判断している[116]。だが、この事態によって、シューマンの昇任は頓挫したと思われる。

　シューマンは、学内では超党派の姿勢で臨んでいたが、学外ではアメリカの最も明確なソ連同調者のひとりであった。1930年代に、研究活動と並んで市民にかかわる諸問題についても積極的に発言し、最もポピュラーな『ニュー・リパブリック（New Republic）』誌にもしげく寄稿している。こうした論稿に共産主義の、いわゆる「シンパ」の姿勢を、つまり、政治的志向についてはラディカルとは言えないが、ソ連を批判することなど、まず、ないというアメリカの知識人の姿勢を読み取ることができる[117]。

　シューマンがソ連に同調的であったのは、ファシズムに対する反感と深く結びついていた。彼は、ナチの膨張主義を危険視した第1級のアメリカ人のひとりであり、1935年夏に、コミンテルンが「進歩的」諸勢力は「人民戦線」に結集すべきであるとする呼びかけを発した際に、これに歓迎の意を表している。この呼びかけは、ソビエトの対外政策の変化を示すものであって、西側の民主政諸国を帝国主義であるとする方向から、「集団的安全保障」の名において、より緊密な協力体制を求めるものとなった[118]。シューマンは、現実主義の理論的パースペクティブに立っていたとはいえ、ソビエトの外交政策の転換を規範的に弁護する姿勢を示している。

第 3 章　スターリンのソ連

　シューマンは、1936年に「自由主義と共産主義：再考」と題する論文を発表し、両者のイデオロギー的類似性を指摘するとともに、これをファシズムから区別している。彼は、マルクスの哲学は「リカードとアダム・スミスを基礎」としているから、自由主義と共産主義は理性と庶民への信頼という点で考えを共通にしていると、また、自由民主政の諸国は「民主的政治形態によって、やむなく、経済的・社会的不平等を定着させることになった」が、これは、政治的民主政によって経済的民主政が実現されることになると判断してのことであったと、また、共産主義は「やむなく非民主的な政治権力の形態を導入することになったが、これは、経済的・社会的不正をただすためであった」とする。そして、ソ連の政治システムでは、公務員の大衆選挙、民衆の批判、政治への大衆参加が保障されているわけであるから、大まかに言って、ソ連は民主的であると主張している。さらには、ソビエトの共産主義と西側の自由主義は、いずれも「民主的」側面を持っているから、両者は、それぞれの経験から教訓を引き出し得るはずであると述べている。また、1937年の『ニュー・リパブリック』誌の論文においては、「こうした〔民主主義とソビエト主義〕との確信をより強く結びつけ、徐々に同化することができれば、自由は出口を見つけることができる」と指摘している。要するに、シューマンは、手続き的ではない、実質的民主政観を披瀝し、民主政には政治的自由のみならず、社会経済的平等も含まれると見なしていたのであって、その姿勢には、ソビエト主義の社会経済的特徴を借り受けることで、アメリカの自由民主政は自らの改善を期すべきであるとする調整主義を読み取ることができる[119]。

　モスクワ裁判によっても、スターリンの共産主義が進歩的性格を持っているとするシューマンの確信は揺らぐことはなかった。そして、1937年に、この裁判の判断にはトロッキーと被告たちの犯罪の事実のみならず、政治的便宜という視点も踏まえるべきであると主張している。また、トロッキーは世界革命の極端な提唱者であるが、スターリンは平和の側に立ち、ブルジョア民主政諸国と協力する用意にあると述べ、さらには、被告の自白が強いられ

たものであったにもかかわらず、これを鵜呑みにしただけでなく、彼らに対する罪状が捏造であったとしても、アメリカの人々はトロッキー派の敵からスターリンを守るべきであると述べている[120]。

1939年8月、「民主政と平和の積極的支持者」と題する公開状が発せられている。これには（サミュエル・ハーパーを含めて）400人のアメリカ人が署名しているが、シューマンも、その共同提案者のひとりとなっている。この公開状は、ロシアの革新的教育システム、科学的業績、啓蒙的社会・民族政策、経済成果を称え、さらには、次のように述べている。ソ連は「政治的独裁を過渡期の形態であると位置づけるとともに、民主政をあらゆる領域に着実に広げているし、新しく画期的な憲法を採択することで、ソビエト市民に普通投票権と市民的自由にとどまらず、雇用、余暇、無償教育、無料の医療と疾病や老齢者の保護を保障し、さらには、全分野における両性とすべての人種の平等を権利として保障している」と。そして、こうした成果からすると、共産主義とファシズムを同視し、ともに民主的生活様式の脅威であると見なすべきではないし、ソ連が世界平和の勢力であるとする議論を支持すべきであるとしている。皮肉なことに、この公開状は、独ソの同盟条約を報じた『ザ・ネーション』に所収されている[121]。

独ソ条約の署名後、ソビエトは集団的安全保障策を撤回するとともに、人民戦線も放棄している。シューマンは、1935年12月から1939年5月の一連の論文において、集団的安全保障を熱心に支持していたが、1939年11月に至って、ソビエトの反転に合わせて、自らの姿勢を変えている[122]。『ニュー・リパブリック』誌の論文で、スターリンのパージは、一部の無実の人々の生命を奪うことになったが、ナチのソビエト政権の転覆の試みを抑えることにもなったとする。そして、このパージが成功することで、ヒトラーはソ連攻撃の危険を察知し、西側におけるチャンスの機会をうかがうことになったと、また、イギリスとフランスがソ連の集団安全保障の申し出を拒否したわけであるから、ロシアが他の地域で安全保障を模索することになったとしても、その責めは両国が負うべきであるとしている。シューマンは、独ソ同盟

は「メディチ、リシュリュー、ビスマルクに類する外交手腕の成果」であると判断している[123]。

ソビエトはフィンランドに侵攻したことで、一時的ながら、シューマンのスターリンに対する信頼は揺らぎ、この侵入は「やみくもの蛮行であって、政治的のみならず、法的・道徳的ためらいすらも欠いている」と指摘している[124]。だが、米ソの戦時同盟が形成されてからは、信頼を取り戻し、1944年のAPSR誌においてソ連を世界の平和勢力であると高く評価している[125]。戦後、スターリン主義の評価に再び取り組み、その手段というより意図から判断すべきであるとし、1946年5月の『ニュー・リパブリック』誌において、「1930年代のソ連は集産主義と産業化の生みの苦しみ」にあったが、「ソビエトは権力基盤を構築し、ソビエト人民の豊かな生活と自由という期待に応えることができた」と記している[126]。同様に、『ソビエトの内政と外交（*Soviet Politics at Home and Abroad*）』（1946年）では、スターリン主義の2つの重要な成果には、その野蛮な側面をもって相殺するに余りあるものがあるとして、次のように述べている。

> ひとつは、コミュニティの価値と目的を中心にパーソナリティを再統一することで、現代の大衆型神経症（ノイローゼ）を治癒し、孤独から、ひいては、階級に深く分裂した社会の特徴である階級的根性と大衆的嫉妬心から解放したことである。他は、経済の麻痺と停滞を治癒し、……働く能力と意欲を持った人々であれば、不断に拡大している経済に生産的雇用を発見し得る制度的枠組みを構築し得たことである。

シューマンは、戦前と同様に、ソ連は、「その手段の点では、常に妥当するとは言えないにせよ、目的と成果の点では民主的政体」であると位置づけている[127]。

『ニュー・リパブリック』の通信員であったハインツ・ユーロー（Heinz Eulau）は、シューマンの著書に好意的書評を寄せている。ユーローは政治学者で、後に、政治学における行動論運動のリーダーとなり、ＡＰＳＡの会

長にも就いている。彼は、シューマンの著書はソビエト・ロシアに関する共通の誤解を解くものであると位置づけるとともに、西側の自由とソビエトの社会経済的平等とは、将来、収斂するであろうとするシューマンの展望に同意している。だが、マール・フェインソッドはシューマンの著書に激しい批判を寄せ、「ロシアの資料になじんでいない」だけでなく、「修辞の巧みさ」をもってしても、希望的観測を隠しおおせ得ないでいるし、「根本的問題は、シューマンがソ連における民主政の展開を希望し、期待するあまり、独裁の現実を曖昧にし、これを過小評価し、さらには、無視することになったことにある」と評している[128]。

1948年の大統領選挙でヘンリー・ウォレス（Henry Wallace）は敗北している。シューマンは彼の積極的支持を受け、トルーマン・ドクトリンに反対し、アメリカの冷戦政策を強く批判している。また、1971年のクインシー・ライトの退職記念論集に論文を寄せ、冷戦期のアメリカは「集団ノイローゼにかかっていた」が、これは、1930年代初期のドイツで観察した大衆ノイローゼに類する「大衆的精神病」であったとしている[129]。

シューマンの場合は、ジョン・バージェスの例にも似て、個別の研究者は、戦時期に愛国主義が高揚するなかで、その波に逆らって泳ぐことはできるとしても、非体制的な姿勢を示すことになるだけに、専門家としての名声をかけざるを得ないことを示している。彼の『国際政治』の初版は、APSR誌においても、極めて高い評価を受けたが、その第4版（1948年）は激しく批判され、「国際関係のテキストというより、政治的アジと特定の立場を吹聴する姿勢」が濃厚であるとされ、結論的には、「初心者は、その歪みを正す妥当な手段を欠いているだけに、テキストとしては不適切であるし、使用するには危険とも言える著書である」と位置づけられることになる[130]。

1950年に、シューマンは、上院議員のジョセフ・マッカーシー（Joseph McCarthy）によって国務省に雇われた共産主義者であるとされた（シューマンは、国務省で働いたことはない）[131]。政治学者たちは、総じて、マッカーシーの反共宣伝には乗らなかったが、慎重ではあったにしろ、大学での経歴

に傷がつくことにためらいを覚えなかったわけではない[132]。戦後に創設されたロシア研究センターにおいて、シューマンとその同調者たちは「論外」と見なされている[133]。また、ハロルド・ラスウェルは、シューマンの出版社が別のソビエト研究者の原稿を持ち込み、その評価を頼まれている。このとき、「彼の政治的態度はシューマンとは違っているから、クノップフ社の点数をとって、シューマンの著作のような情緒的論調にはないとしたらどうか」と答えている。1963年に、スタンフォード大学の政治学名誉教授のトマス・バークレイは、シューマンを非常勤職に雇う計画があることを聞いて、学長に宛てて、彼は「偏見とバイアスに満ち、意見と教育についても極めて主観的である」と、また、ウィリアムズ大学の「難題と混乱の種」であったと、さらには、シューマンを常勤とすると、スタンフォードの資金調達に困難をきたしかねないと伝えている[134]。

ソビエト側のシューマンに対する姿勢も変化している。1949年に、ニューヨークで「世界平和のための文化と科学の会議」が開催されているが、この席で、ソビエトの主席代表はシューマンを非難し、ロシアとアメリカの両者に好戦分子が存在しているとした[135]。数年後、『プラウダ』紙は、シューマンを帝国主義の弁護論者であると攻撃し、また、彼がとりわけ自慢にしていた『人類の共和国（*The Commonwealth of Man*）』(1952年) を誤って伝え、「アメリカの指導下で、征服をもって世界政府を構築しようとする考えを熱心に説く」ものであると報じている[136]。

『市民の創造（*The Making of Citizens*）』(1931年) において、チャールズ・メリアムは、ソ連は「市民教育の点で、最も興味深く、示唆に富んだ実験を行なっていて、市民調査の研究者に豊かな素材を提供している」と指摘している。また、ソ連の実験の成功の鍵は「民主的な社会システムを導入したこと」に求めることができるし、ツアー専政がリーダー層を世襲的貴族から補完していたのとは違って、

新しい公務員層は労働者から補充されている。古い体制は、確かに、残存しているが、力点は大衆の政治参加に移っている。政府のなかでも、最も印象深い役割を果たしているのは共産党と赤軍であるとはいえ、民主的アピールをもって、また、工場の組織的産業生活と農村ソビエトの農業生活の民主的実践によって、広範な支持が全公務員のために求められている。……経済と政治にとどまらず、民衆の教育にも大衆が責任を負うことで、民主的ナショナリズムの形態が生み出されている。これは、共産主義の創始者が全く予想しなかったことであるし、ある意味では、その一部にとっては歓迎せざることであったと思われる[137]。

　1930年代初期に、メリアムは、ソ連が民主化の方向を辿っていると判断し、アメリカは、国民形成の方法について、ロシアから有益な教訓を引き出し得るとする調整主義者の姿勢を示している。
　イリノイ州議会は、シカゴ大学が共産主義の転覆活動の温床であると非難した。メリアムは、チャールズ・ウォルグリーンの主張が立法部の調査の引き金となったと判断し、彼を説得することで、アメリカの体制を擁護するための一連の講義を開くとともに、当初、彼もこの寄金の恩恵に与っている[138]。また、1940年に、ウォルグリーン財団をスポンサーとして、5度の講義を行ない、それが『民主政とは何か（*What is Democracy ?*）』と題する著書に結実している[139]。この講義は、主として、1930年後期の著作に依拠したものであって、この局面に至って、アメリカ民主政の規範的弁護論を展開し、もはや、ソ連を「実験」とは受け止めることはなく、ロシアを「民主的ナショナリズム」とする幻想を捨て、「新しい専政」の形態であると判断するに及んでいる[140]。また、「民主政とは何か」に対する応答を、同じ財団の援助を受けて15年後に開かれた講演と比較することには興味深いものがある。というのも、1955年に、ウォルグリーン講義の一環として、ロバート・ダール（Robert Dahl）が『民主政理論序説（*A Preface to Democratic Theory*）』を公刊し、理念においてではなく、実際において民主政理論を設定しようとしているからである。既述のように、彼は、シュンペーターに従い、主として、手続き

第 3 章　スターリンのソ連

の視点から民主政を定義している。

　だが、1940年のメリアムのウォルグリーン講義は民主政の定義から筆を起こし、これは「政治的結合形態であって、政体の全般的コントロールと方向が民衆の参加や被治者の同意を期し得る妥当な分別と手続きに従って、全コミュニティによって決定されることを慣例とする」ものであるとしている。また、「民主政とは形態やメカニズムに過ぎないものではなく、……精神であり、仲間に対する姿勢のことであって、人間としての価値が最も洗練され、豊かに表現される政治的協力の形態である。形態が目的なのではなく、これは目的のための、つまり、人々の幸福を実現するための手段にほかならない」と指摘している。実際、メリアムの民主政擁護論は目的を、彼の口癖に従えば、民主政の「諸仮説」を豊かなものとすることに求めている[141]。

　メリアムは、民主政の目的には、「人々の尊厳性」の発展や「社会の完成を目指そうとする不断の営為」が、さらには、「文明の恩恵は、本質的に、大衆に帰属し、可能な限り迅速かつ衡平に広められるべきである」とする考えが含まれていると述べている[142]。また、次のように指摘している。「文明の恵沢に公平に与るため」には、「少なくとも、万人が安全の平等な機会に恵まれていること……アメリカのミニマム・スタンダードに従って万民が衣食住に与り得ること、正当な賃金で就職し、失業に対する保障が整っていること、さらには、事故と疾病から保護され、教育が保障されているだけでなく、……老齢の保障があり、余暇の機会や適切な文化活動に恵まれていること、これが求められる」としている[143]。したがって、メリアムは、理念的・実体的アメリカ民主政像を提示していることになり、これは、ダールが1955年のウォルグリーン講義で設定した現実主義的・手続き的民主政像とは、かなり著しい対照をなしている。

　メリアムは、民主政の理念を実現するためには「計画化」が最善の方途であることを繰り返し強調している。「自然と人的資源の点で、体系的で前向きの計画化によって、この国のシステムの基本的目標に最も適合的な、また、生産物を多くし得るだけでなく、妥当な配分に連なり得る政策を導入するこ

とができる」と「信ずべき理由は存在している」とする。彼は、研究者として、国民的規模の計画化に関する論稿を残しただけでなく、全国資源計画局の副議長として、その実施にも積極的に取り組んでいる。この部局にとどまらず、大統領の行政管理委員会（「ブラウンロー委員会」）でも重要な役割を果たすことで、ローズヴェルト大統領との結びつきを強くし、ニューディールの重要な人物となっている[144]。

メリアムは、レッセ・フェールの教義が「今や、総じて、拒否されている」ことに満足しつつも、「〔この教義の〕弱い形態が残存し、社会コントロールに、とりわけ、"プラン"と銘うった運動であれば、反対の論拠とされている」と判断している[145]。彼にとって残念なことに、第２次世界大戦期に、この「弱い」反対の声が議会と学界で高まったことである。というのも、連邦議会は、メリアムの民主的に計画された社会という主張に反撃し、全国資源計画局を解体したからである。議会内の反対派の修辞は、計画とは共産主義や全体主義のことであるとするものであった。学界で、メリアムが要約的に示した進歩的世界観は、とりわけ、保守的な亡命研究者の批判のまととされることにもなった。マサチューセッツ州ケンブリッジで、オーストリア生まれの経済学者であるジョセフ・シュンペーターは、ニューディール主義が官僚主義的社会主義へと移行するのではないかと恐れつつ、最小限主義的手続き民主政の概念に取り組んでいる。これはメリアムの民主政の理想主義とは対立するものであった。また、メリアムの近辺では、革新主義に批判的な保守派が、1941年に設置された社会思想委員会を足場に、シカゴ大学のキャンパスの基本方針を設定している。メリアムの伝記作者が指摘しているように、この委員会はヨーロッパの亡命知識人のセンターとなり、「メリアムのようなニューディーラーたちを心得違いの狭い考えの持ち主であり、人間性の素朴な解釈にとらわれている」と見なした[146]。

こうした訪問研究者のひとりに、オーストリアの経済学者のフリードリッヒ・ハイエクがいる。彼は、『隷従への道（*Road to Serfdom*）』（1941年）において、政府による社会と経済の計画化と自由とは両立し得ず、全体主義独裁に

第3章　スターリンのソ連

連なると強力に主張した。これは、メリアムを強く刺激することになった。メリアムは、民主的目的に発する計画化とファシストの、また、ソビエトの計画化とは異なることを明確にするとともに、ハイエクの理解を批判したことは言うまでもない。1945年4月、NBCラジオは白熱の議論を全国に放送している。すでに年老いつつあったメリアムは、ハイエクが「計画」の意味を理解していないし、民主政の有効性を過小評価していると非難した。ハイエクは怒りに満ちて、「君のような人々こそが、実現しそうにはない課題を民主政に求めていることになり、その挙句、民主政を破壊してしまうことになる」と反論している。これにメリアムも激怒している。数カ月後、メリアムはAPSR誌に書評を寄せ、次のように指摘している。「ハイエクの冷笑的で、混乱に満ちたアピールは、基本的には、理性に訴えるものでは全くなく、恐怖と不信感を煽るものに過ぎない。彼の著作は非合理に訴え、自覚的な社会的コントロールの諸形態を批判しているに過ぎない」と、また、『隷従への道』は「陰気」で、「ほとんど何の価値もない買い被りの著作に過ぎない」と位置づけている[147]。

だが、『隷従への道』はベストセラーのひとつに挙げられ、着実に売れ続けたが[148]、メリアムの『民主政とは何か』は、すでに、絶版となっていた。

手続き民主政の勝利

冷戦が開始されるなかで、目的は温和であったとはいえ、社会を民主的にコントロールするという考えは全体主義独裁を呼ぶことになるとする恐怖が高まった。1948年に、メリアムの別の保守派の同僚で、シカゴ大学の著名な経済学者のフランク・ナイト（Frank Knight）はAPSAの年次大会で自らの民主政観の概要を提示している。彼はメリアムの名前を挙げたわけではないが、次のように指摘したときに想定していたのは、メリアムであったと思われる。すなわち、「ロシアは、アメリカを含めて、あらゆる場所に見られる状況の極端な例にあたる。"民主政"とは自由のことではなく、特定の目的

を、抽象的には立派な目的を実現することであって、人々が、今日まで政府に新しい課題を、また、不断に権力を与え続けた結果であると受け止めると、政府は公僕ではなく、万人の支配者に転化することになる」と[149]。

やがて、ニューディール派の強力な支持者たちも、こうした指摘に同意する方向を辿りだしている。法学者のアドルフ・バール（Adolph Berle）は、ローズヴェルト大統領の最も有力な助言者であり、企業権力を政府によってコントロールすべきであると主張していたが、1950年に至って、次のように述べている。「巨大企業の恐怖が存在しているとするなら、リバイアサン型国家の恐れも同様である。この一世代のあいだに、ソビエト・ロシアで起こった警察国家という組織の極端な例を、また、同様に恐るべき、その片割れとして……ドイツとイタリアでナチとファシストの組織を目撃することになったが、この経験に鑑みると、威圧的国家が専政に転化し得る可能性が過小評価されることは起こり得ないわけではない」[150]と。この点では、歴史家のアラン・ブリンクレー（Alan Brinkley）が指摘しているように、バールの変化は「全体主義のインパクトがリベラル派の国家観に深く及んでいたこと」を示すものであって、1930年代のリベラル派は「例えば、経済的公正、平等、効率といった価値を重視し、こうした価値と〔自由〕とのバランスを期していた」と、さらには、アメリカは、まず、ファシストの、次いで、共産主義という全体主義に敵対していることに気付くや、個人の自由という関心が新しい勢いを得て、経済の国家主義的改革を忌避し始め、その結果、「1930年代後期のリベラル派の思想の特徴であった積極的国家観は徐々に弱まり、かつて、〔ニューディーラー〕のサーマン・アーノルドが呼び出した"政府信仰"は衰退することになった」と述べている[151]。

アメリカ政治学も、こうした自由主義思想の方向の再設定から超然としていたわけではない。1950年代に、政治学者たちは、全体主義の理念を「モデル」ないし「シンドローム」に仕立て、その特質のなかに「公的イデオロギー」を含めるとともに、「その特徴は人類の最終的到達局面に焦点を据え、これを目的とするものである」としている[152]。こうした全体主義観は1950

年代の政治学に広く認められることであって、「人類の完成可能性」がアメリカ民主政の「仮説」であるとするメリアムの理解には、ほとんど、そぐわないものとなっていた。

　選挙過程、自由な選択、政治的自由を強く主張するようになったという点で変化を認めることができるが、こうした傾向はロバート・ダールの1930年代から1950年代に至る経歴に要約される。彼の学位論文は、ニューディール後期に執筆され、政治的民主政の諸原理と多様な社会主義のプログラムとの折り合いをつけようとする野心的な理論的試みである。ダールは、当時、(反スターリン派の) アメリカ社会党のメンバーであり、「アメリカは、いわば、第2ニューディールを経て、……民主的社会主義体制の方向に向かうであろう」と述べている。当時のアメリカ左翼の多くと同様に、ダールは第2次大戦に介入することに反対しているが、1940年にフランスが崩壊するや孤立主義を再検討するとともに、この党を離れ、後に、ヨーロッパ戦線に従軍することを志願している。

　戦後、ダールはイエール大学の学部に戻り、チャールズ・リンドブロム (Charles Lindblom) と計画論のゼミナールを共同で担当している[153]。そのなかで生まれた共著において、民主的社会に埋め込まれた混合経済に適合的な漸増型の合理的計画化の概要を明らかにしている。また、シュンペーターやハイエクが社会主義の擁護者に対抗するために取り組んだ「主義」をめぐる戦いは、もはや、時代にそぐわないと位置づけるとともに、「完全な〔社会主義的〕計画化」であれ、完全な自由市場であれ、シュンペーターの「神話的な包括的方向」に見られる硬直的モデルは「消えつつある視点」に過ぎないとしている。この書は功罪両様の評価を受けつつも、学界の言説に重大なインパクトを留めることにはなり得なかった[154]。

　ダールの次の著書にあたる『民主政理論序説』は、民主政と経済とを結びつけようとする試みにはない。シュンペーターの「すぐれた分析」を受け入れ、主として、民主政を手続きの視点から規定している。前者と違って、この書は、たちまち古典と目されることになり、サミュエル・ハンチントン

（Samuel Huntington）は、後に、この書を評価し、「1970年代までに〔民主政の意味をめぐる〕論争は終わり、シュンペーターが勝利した」と述べているが[155]、『序説』は、こうした勝利の一里塚であった。

●注

1) Ira Katznelson, "The Subtle Politics of Developing Emergency: Political Science as Liberal Guardianship," in *The Cold War and the University: Toward an Intellectual History of the Postwar Years*, ed., Noam Chomsky et al. (New York: New Press, 1997), 255.

2)「象牙の塔」から、政府依存型のサービス機関へのアメリカ主要大学の転換については、次が巧みに分析している。Rebecca S. Lowen, *Creating the Cold War University: The Transformation of Stanford* (Berkeley: University of California Press, 1997); R. C. Lewontin, "The Cold War and the Transformation of the Academy," in Chomsky et al., *The Cold War and the University*, 1-34.

3) 次の指摘によれば、「第2次大戦から1960年代まで、アメリカの社会科学における大規模プロジェクトの資金の大部分は、軍部・情報・プロパガンダの機関によって供与された」とされる。Christopher Simpson, ed., *Universities and Empire: Money and Politics in the Social Sciences during the Cold War* (New York: New Press, 1998), xii. 指導的政治学者と国家安全保障機関との結びつきについては、第4章で検討する。

4) Abbott Gleason, *Totalitarianism: The Inner History of the Cold War* (New York: Oxford University Press, 1995), 16.

5) Ibid., chap.2.

6) Carl Friedrich, ed., *Totalitarianism* (Cambridge, Mass.: Harvard University Press, 1954), 2.次に引用。Les Adler and Thomas G. Paterson, "Red Fascism: The Merger of Nazi Germany and Soviet Russia in the American Image of Totalitarianism, 1930s-1950s," *American Historical Review* 75 (1970): 1048.

7) Gleason, *Totalitarianism*, 73-75.

8) Ibid., chaps. 6-7. 次より引用。121. 次も参照のこと。Stephen Cohen, "Scholarly Missions: Sovietology as a Vocation," in his *Rethinking the Soviet Experiment: Politics and History since 1917* (New York: Oxford University Press, 1985), 3-37. 次は、政府とハーバード大学ロシア研究センターとの結びつきを詳細に検討している。Sigmund Diamond, *Compromised Campus: The Collaboration of Universities with the Intelligence Community, 1945-*

1955 (New York: Oxford University Press, 1992).

9) Merle Fainsod, *How Russia Is Ruled* (Cambridge, Mass.: Harvard University Press, 1953); Carl J. Friedrich and Zbigniew Brzezinski, *Totalitarian Dictatorship and Autocracy* (Cambridge, Mass.: Harvard University Press, 1956).

10) Fainsod, *How Russia Is Ruled*, x; Diamond, *Compromised Campus*, chap.4; Gregory Mitrovich, *Undermining the Kremlin: America's Strategy to Subvert the Soviet Bloc, 1947-1956* (Ithaca: Cornell University Press, 2000), 117.

11) Norman Naimark, "On the 50th Anniversary: The Origins of the AAASS," *New Net: The Newsletter of the AAASS* 38 (November 1998): 3.

12) Gleason, *Totalitarianism*, 122.

13) Fainsod, *How Russia Is Ruled*, 59, 102, 354, 482.

14) Ibid., 477.

15) Friedrich and Brzezinski, *Totalitarian Dictatorship and Autocracy*, vii, viii.

16) Gleason, *Totalitarianism.*, 123-25. 次より引用。125.

17) Friedrich and Brzezinski, *Totalitarian Dictatorship and Autocracy*, 10, 3, 13, 63, 68.

18) Ibid., 9-10.

19) Alfred G. Meyer, "Coming to Terms with the Past…and with One's Older Colleagues," *Russian Review* 45 (1986): 401-8; Diamond, *Compromised Campus*, chaps. 3-4; Cohen, "Scholarly Missions," 8-19. コーエンは、例えば、1977年まで、『共産主義の諸問題 (*Problems of Communism*)』誌への寄稿者は論文が公表される前に「身元調査」に付されたとする。フレデリック・シューマンの経歴については、後に、この章で検討する。

20) 例えば、次を参照のこと。H. Cordon Skilling and Franklyn Griffiths, *Interest Groups in Soviet Politics* (Princeton: Princeton University Press, 1973); Jerry F. Hough, *The Soviet Union and Social Science Theory* (Cambridge, Mass.: Harvard University Press, 1977).

21) Meyer, "Coming to Terms with the Past," 401.

22) こうした論争の概観は、次に所収のシェイラ・フィッパトリック (Sheila Fitzpatrick) の著作を引き金とした「討議 (Discussion)」によって明確にされている。*Russian Review* 45 (October 1986). この問題をめぐるその後の論争については次を参照のこと。ibid., 46 (October 1987).次も参照のこと。Cohen, "Scholarly Missions"; Gleason, *Totalitarianism*, 128-42.

23) Katznelson, "The Subtle Politics of Developing Emergency," 236-37.

24) この皮肉については次を参照のこと。Terence Ball, "American Political Science in

Its Postwar Political Context," in *Discipline and History: Political Science in the United States*, ed., James Farr and Raymond Seidelman (Ann Arbor: University of Michigan Press, 1933), 218; Timothy Mitchell, "The Limits of the State: Beyond Statist Approaches and Their Critics," *American Political Science Review* (以下、*APSR*と略記) 85 (1991): 79.

25) 次を参照のこと。John G. Gunnell, "The Declination of the 'State' and the Origins of American Pluralism," in *Political Science in History: Research Programs and Political Traditions*, ed., James Farr, John S. Dryzek, and Stephen T. Leonard (New York: Cambridge University Press, 1995), 19-40.

26) David B. Truman, *The Governmental Process: Political Interests and Public Opinion* (New York: Knopf, 1951); Robert A. Dahl, *A Preface to Democratic Theory* (Chicago: University of Chicago Press, 1956).

27) Truman, *Governmental Process*, 505, 50-51.

28) Hans Morgenthau, *In Defence of the National Interest: A Critical Examination of American Foreign Policy* (New York: Knopf, 1951). この書はトルーマン『統治過程』と同年に、同一出版社から公刊されている。

29) Gunnell, "The Declination of the 'State'," 40.

30) Katznelson, "The Subtle Politics of Developing Emergency," 255.

31) Truman, *Governmental Process*, 516.

32) Robert A. Dahl, "Further Reflections on the 'Elitist Theory of Democracy'," *APSR* 60 (1966): 301n. 次に引用。Terence Ball, "An Ambivalent Alliance: Political Science and American Democracy, in Farr, Dryzek, and Leonard, *Political Science in History*, 58.

33) Truman, *The Governmental Process*, 22-23. 次を参照のこと。Katznelson, "Subtle Politics of Developing Emergency," 252-53.

34) Joseph Schumpeter, *Capitalism, Socialism, and Democracy* (New York: Harper, 1942). ダール『民主理論序説』は、シュンペーターの民主政の分析は「大変、優れている」としつつも、選挙が公共政策の形成においては、それほど重要な位置にはないとするシュンペーターの意見には同意しない、と但し書きを付している。シュンペーターがダールに与えた影響については、次において強調されている。Katznelson, "Subtle Politics of Developing Emergency," 244.

35) Dahl, *Preface to Democratic Theory*, 67-69.

36) Robert D. Putnam, "Striving for Tocqueville's America," *Los Angeles Times*, June 4, 1990.

37) 「他者」の概念は次に負う。Edward Said, *Orientalism* (New York: Vintage, 1978).

38) Dahl, *Preface to Democratic Theory*, 151.

39) Albert Somit and Joseph Tanenhaus, *The Development of Political Science: From Burgess to Behavioralism* (Boston: Allyn and Bacon, 1967), 105-8.
40) 次を参照のこと。Lewis S. Feuer, "American Travelers to the Soviet Union, 1917-1932: The Formation of Component of New Deal Ideology," *American Quarterly* 14 (1962): 119-49; Peter Filene, *Americans and the Soviet Experiment, 1917-1933* (Cambridge, Mass.: Harvard University Press, 1967); Paul Hollander, *Political Pilgrims: Travels of Western Intellectuals to the Soviet Union, China, and Cuba, 1928-1978* (New York: Oxford University Press, 1981); Frank A. Warren, *Liberals and Communism: The "Red Decade" Revisited*, 2d ed. (New York: Columbia University Press, 1993); David Caute, *The Fellow Travelers: Intellectual Friends of Communism*, rev. ed. (New Haven: Yale University Press, 1988); Eduard Mark, "October or Thermidor: Interpretations of Stalinism and the Perception of Soviet Foreign Policy in the United States, 1927-1947," *American Historical Review* 94 (1989): 937-62; Jacob Heilbrunn, "The *New York Times* and the Moscow Show Trials," *World Affairs* 153 (Winter 1991): 87-101.
41) Thomas R. Maddux, *Years of Estrangement: American Relations with the Soviet Union, 1933-1941* (Tallahassee: University Press of Florida, 1980), 70.
42) Paul Harper, ed., *The Russia I Believe In: The Memoirs of Samuel N. Harper, 1902-1941* (Chicago: University of Chicago Press, 1945), 240-41.
43) W. Ladejinsky, "Soviet State Farms, I," *Political Science Quarterly* 53 (March 1938): 60-82. 次より引用。60. idem, "Soviet State Farms, II," ibid. (June 1938): 207-32. ラデジンスキーはアジアの農業開発の指導的専門家となった。
44) William B. Munro, *The Governments of Europe*, 3d.ed. (New York: Macmillan, 1938), 757.
45) Friedrich and Brzezinski, *Totalitarian Dictatorship and Autocracy*, 3.
46) Robert A. Dahl, *Who Governs? Democracy and Power in an American City* (New Haven: Yale University Press, 1961).
47) ホッパーがそれなりの地位にいたことは、1930年代に*APSR*に寄せた書評の数からもうかがい得ることであって、その数はフェインソッドを大きくしのいでいる。
48) "Notes for a Talk to the Legion of Honor Dinner: Privilege of Being a Student during World War I," February 14, 1963. ホッパーのリチャード・ノルト宛ての書簡。November 9, 1967. いずれも次による。Bruce C. Hopper Papers, box 27.6, Harvard University Archives.
49) Hopper to Richard Nolte, November 9, 1967. トーマス・マドックスのリチャード・ノルト宛ての書簡。April 11, 1968; Hopper Papers, box 27.6. 現代世界問題研究所の

公式の歴史については次の資料による。www.icwa.org/history.

50) ホッパーのノルト宛ての書簡。November 9, 1967. A. ローレンス・ローウェルのホッパー宛ての多くの書簡。1934-1940; Hopper Papers, box 27.6.

51) Bruce C. Hopper, *What Russia Intends: The Peoples, Plans and Policy of Soviet Russia* (London: Jonathan Cape, 1931); idem, *Pan Sovietism: The Issue before America and the World* (Boston: Houghton Mifflin, 1931). ロンドン版では省略されている序章を除いて、両者は同一である。

52) Hopper, *What Russia Intends*, 17, 19, 11, 283.

53) Ibid., 12-16, 20, 19, 22, 22-23.

54) Ibid., 35.

55) Ibid., 200-201, 133, 240-41.

56) Ibid., 240, 259.

57) 「経済発展のロマンス」という言葉はジョージ・ケナンの造語であって、多くの外国の研究者たちがスターリンの大規模な産業化の試みに興味を深くしていることを示そうとしたことに発している。次を参照のこと。David C. Engerman, "Modernization from the Other Shore: American Observers and the Costs of Soviet Economic Development," *American Historical Review* 105 (2000): 283-416. このテーマについては次も参照のこと。Heilbrunn, "*New York Times* and the Moscow Show Trials."

58) 次のブルース・ホッパーの記事。"Fiftieth Anniversary Report, Harvard Class of 1918," Hopper Papers, box 27.6.

59) ホッパーのリチャード・ノルト宛ての書簡。September 11, 1967; Hopper Papers, box 27.6.

60) 海軍大学における講演ノート。March 3, 1933. トーマス・マドックスのリチャード・ノルト宛ての書簡。November 4, 1968; Hopper Papers, box 27.6.

61) Maddux, *Year of Estrangement*, 70.

62) 1961年3月28日、ハーバード大学はホッパーの退職を公表している。"Fiftieth Anniversary Report". ホッパーのリチャード・ノルト宛ての書簡。September 11, 1967. ハロルド・クラーク准将のホッパー宛ての書簡。February 24, 1961. ホッパーのスパーツ将軍宛ての「私信的メモ」。May 23, 1947; Hopper Papers, box 27.6.

63) Bruce C. Hopper, "Review of Julian Towster's Political Power in the USSR," *APSR* 43 (1949): 371-72.

64) 講演草稿。"Background on Colonialism, Civilization and Freedom," December 29, 1966, Hopper Papers, box 27.6.

65) Merle Fainsod, *International Socialism and the World War* (Cambridge, Mass.: Harvard University Press, 1935).

66) Arnold J. Zurcher, "Review of Fainsod's 'International Socialism and the World War'," *APSR* 29 (1935): 897–98.

67) 次を参照のこと。Merle Fainsod and Lincoln Gordon, *Government and the American Economy* (New York: Norton, 1941).

68) Arnold Lien and Merle Fainsod, *The American People and Their Government: A Textbook for Students in Introductory College Courses and for the Active Electorate* (New York: Appleton-Century, 1934).

69) Merle Fainsod, "Review of 'Political and Economic Democracy'," *APSR* 31 (1937): 729–31.

70) Lien and Fainsod, *American People and Their Government*, v.

71) William Bennett Munro, *The Government of the United States, National, State, and Local*, 3d ed. (New York: Macmillan, 1931).

72) Lien and Fainsod, *American People and Their Government*, 74, 363.

73) Ibid., 441.

74) Ibid., 492.

75) Ibid., 497, 499–500, 498.

76) Ibid., 501-2. この引用は、ソビエトの理念化と並んで、フランスの植民政策の理念化という点で注目すべきものである。次は、西側帝国主義の無批判的姿勢が20世紀初期の国際関係論に広く認められることを指摘している。Brian Schmidt, *The Political Discourse of Anarchy: A Disciplinary History of International Relations* (Albany: State University of New York Press, 1998), chap.4.

77) Lien and Fainsod, *American People and Their Government*, 357, 358, 507.

78) Friedrich and Brzezinski, *Totalitarian Dictatorship and Autocracy*, 3–5.

79) Carl J. Friedrich, "Some Thoughts on the Politics of Government Control," *Journal of Social Philosophy* 1 (1936): 122–33. 次より引用。122, 124–25.

80) Ibid., 127–28.

81) Ibid., 131–33.

82) Ibid., 132.

83) John B. Poster, "A Warmth of Soul: Samuel Northrup Harper and the Russians, 1904–43," *Journal of Contemporary History* 14 (1979): 235–51; John C. Chalberg, "Samuel Harper and Russia under the Tsars and Soviets, 1905–1943" (Ph.D. diss., University of Minnesota, 1974).

84）Chalberg, "Samuel Harper," chap. 9.
85）Harper, *Russia I Believe In*, 138.
86）Ibid., 61, 157, 197; Chalberg, "Samuel Harper," 382, 420-22.
87）メリアムのホッパー宛ての書簡。November 26, 1926, Charles E. Merriam Papers, Special Collections Research Center, University of Chicago Library（以下、ＭＰと略記）, box 31.
88）Poster, "Warmth of Soul"; Chalberg, "Samuel Harper".
89）Filene, *Americans and the Soviet Experiment*, 46-47.
90）Peter Novick, *That Noble Dream: The "Objectivity Question" and the American Historical Profession*（New York: Cambridge University Press, 1988）, 125; Poster, "Warmth of Soul"; Chalberg, "Samuel Harper".
91）Chalberg, "Samuel Harper," 276-77; Harper, *Russia I Believe In*, 222.
92）Chalberg, "Samuel Harper," 283-85.
93）Samuel N. Harper, *Civic Training in Soviet Russia*（Chicago: University of Chicago Press, 1929）. ビアードと『タイムズ』の書評は次に引用。Chalberg, "Samuel Harper," 451-52.
94）Chalberg, "Samuel Harper," 448-49.
95）Ibid., 451-52; Poster, "Warmth of Soul" 245.
96）メリアムのホッパー宛ての書簡。November 12, 1926, MP, box 31; Chalberg, "Samuel Harper," 285; Filene, *Americans and the Soviet Experiment*, 258.
97）Chalberg, "Samuel Harper," 292-94, 302.
98）Harper, *Russia I Believe In*, 186.
99）Chalberg, "Samuel Harper," 303-5, 329.
100）Ibid., chap.6; Filene, *Americans and the Soviet Experiment*, 207.
101）Chalberg, "Samuel Harper," 359-62.
102）Samuel N. Harper, *The Government of the Soviet Union*（New York: Van Nostrand, 1937）.
103）次に引用。Chalberg, "Samuel Harper," 459.
104）Harper, *The Government of the Soviet Union*, 62, 69.
105）Ibid., 189-91; Chalberg, "Samuel Harper," chap. 8.
106）Harper, *Russia I Believe In*, 259.
107）Chalberg, "Samuel Harper," 392, 492-99; Warren, *Liberals and Communism*, 184.
108）Chalberg, "Samuel Harper," 537-44.
109）Schmidt, *Political Discourse of Anarchy*, 211; Chalberg, "Samuel Harper," 422-23;

Frederick L. Schuman, *American Policy toward Russia since 1917: A Study of Diplomatic History, International Law, and Public Opinion* (New York: International, 1928); James P. Baxter, "Review of Schuman's 'American Policy toward Russia'," *APSR* 23 (1929): 216-17; メリアムのハロルド・ドッド宛ての書簡。July 31, 1941, MP, box 47.

110) Herbert A. Simon, *Charles E. Merriam and the "Chicago School" of Political Science* (Urbana: University of Illinois Department of Political Science, 1987), 4-5.

111) Frederick L. Schuman, *War and Diplomacy in the French Republic: An Inquiry into Political Motivations and the Control of Foreign Policy* (New York: McGraw-Hill, 1931); Graham Stuart, "Review of 'War and Diplomacy in the French Republic'," *APSR* 26 (1932): 569-70.

112) Frederick L. Schuman, *International Politics: An Introduction to the Western State System*, 2d ed. (New York: McGraw-Hill, 1937). 次に引用。Schmidt, *Political Discourse of Anarchy*, 211-14; George Blakeslee, "Review of Schuman's 'International Politics'," *APSR* 27 (1933): 840-41.

113) Frederick L. Schuman, *The Nazi Dictatorship: A Study in Social Pathology and Politics of Fascism* (New York: Knopf, 1935).

114) "Obituary: Frederick L. Schuman," *New York Times*, May 30, 1981.

115) Simon, *Charles E. Merriam*, 7; Barry Karl, *Charles Merriam and the Study of Politics* (Chicago: University of Chicago Press, 1972), 286-87.

116) Karl, *Charles Merriam*, 287-88; Ellen W. Schrecker, *No Ivory Tower: McCarthyism and the Universities* (New York: Oxford University Press, 1986), 70.

117) 「道連れ」という定義、およびシューマンがこの陣営の重要メンバーであったとする位置づけは次の分析に負う。Warren, *Liberals and Communism*.

118) Ibid., 103.

119) Frederick L. Schuman, "Liberalism and Communism Reconsidered," *Southern Review* (Autumn 1936): 326-28; idem, "Give Me Liberty," *New Republic*, June 23, 1937, 201. いずれも次に引用。Warren, *Liberals and Communism*, 109-10.

120) Frederick L. Schuman, "Leon Trotsky: Martyr or Renegade?" *Southern Review* (Summer 1937): 53-74. 次に引用。Warren, *Liberals and Communism*, 164-66.

121) "Letter to the Editor: To All Active Supporters of Democracy and Peace," *Nation*, August 26, 1939, 228.

122) 次を参照のこと。Warren, *Liberals and Communism*, 145-46.

123) Frederick L. Schuman, "Machiavelli in Moscow," *New Republic*, November 29, 1939, 158-60. 次に引用。Warren, *Liberals and Communism*, 200.

124）Frederick L. Schuman, "Machiavelli Gone Mad," *New Republic*, December 27, 1939, 290. 次に引用。William L. O'Neil, *A Better World: The Great Schism: Stalinism and the American Intellectuals* (New York: Simon and Schuster, 1982), 28.

125）Frederick L. Schuman, "Review of Bernard Pares's Russia and the Peace'," *APSR* 38 (1944): 1017-18.

126）Frederick L. Schuman, "Review of Victor Krevchenko's 'I Chose Freedom'," *New Republic*, May 6, 1946, 668. 次に引用。Novick, *That Noble Dream*, 342.

127）Frederick L. Schuman, *Soviet Politics at Home and Abroad* (1946; reprint, New York: Knopf, 1953), 583. 次に引用。O'Neil, *Better World*, 126.

128）Heinz Eulau, "New Beginnings," *New Republic*, February 11, 1946, 191-93. 次で検討されている。O'Neil, *Better World*, 127; Merle Fainsod, "Review of Schuman's 'Soviet Politics at Home and Abroad'," *APSR* 40 (1946): 598-600.

129）O'Neil, *A Better World*, 130-31, 149; Frederick L. Schuman, "The Neuroses of the Nations," in *The Search for World Order: Studies by Students and Colleagues of Quincy Wright*, ed., Albert Lepawsky, Edward H. Buehrig, and Harold D. Lasswell (New York: Appleton-Century, 1971), 312-23.

130）Leland Goodrich, "Review of Schuman's 'International Politics,' Forth Edition," *APSR* 43 (1949): 153-56.

131）Richard M. Fried, *Nightmare in Red: The McCarthy Era in Perspective* (New York: Oxford University Press, 1990), 125.

132）マッカーシズム非難は、例えば、1953年のペンドルトン・ヘリングの学会会長講演に現われている。次を参照のこと。"On the Study of Government," *APSR* 47 (1953): 961-74.

133）Gleason, *Totalitarianism*, 122.

134）ラスウェルのロジャー・W. シューグ宛ての書簡。May 20, 1947, Harold Dwight Lasswell Papers, Manuscripts and Archives, Yale University Library, box 52; Lowen, *Creating the Cold War University*, 218, 286.

135）O'Neil, *Better World*, 164.

136）"Obituary: Frederick L. Schuman".『プラウダ (*Pravda*)』は次に引用。Elliot R. Goodman, *The Soviet Design for a World State* (New York: Columbia University Press, 1960), 411.

137）Charles E. Merriam, *The Making of Citizens: A Comparative Study of Methods of Civic Training* (Chicago: University of Chicago Press, 1931), 222, 216, 221-22.

138) Karl, *Charles Merriam*, 288.
139) Charles E. Merriam, *What is Democracy?* (Chicago: University of Chicago Press, 1941).
140) Charles E. Merriam, *The New Democracy and the New Despotism* (New York: Whittlesey, 1939).
141) Merriam, *What is Democracy?* 6, 92.
142) Ibid., 8; Merriam, *New Democracy and the New Despotism,* 37; Charles E. Merriam, "Planning Agencies in America," *APSR* 29 (1935): 209.
143) Charles E. Merriam, *On the Agenda of Democracy* (Cambridge, Mass.: Harvard University Press, 1941), 98-99.
144) Merriam, "Planning Agencies in America," 209; Karl, *Charles Merriam*; Alan Brinkley, *The End of Reform: New Deal Liberalism in Recession and War* (New York: Vintage, 1995), esp. 246-48.
145) Merriam, *New Democracy and the New Despotism,* 6.
146) Karl, *Charles Merriam*, 278-79, 289.
147) Ibid., 290-92; Charles E. Merriam, "Review of Herman Finer's 'Road to Reaction'," *APSR* 40 (1946): 133-36.
148) Brinkley, *The End of Reform*, 157-61; Theodore Rosenof, "Freedom, Planning and Totalitarianism: The Reception of F. A. Hayek's *Road to Serfdom*," *Canadian Review of American Studies* 5 (1974): 149-65.
149) Frank Knight, "Economic and Social Policy in a Democracy Society," *Journal of Political Economy* 58 (1950): 513.
150) 次に引用。Brinkley, *The End of Reform*, 162-63.
151) Ibid., 162, 164.
152) Friedrich and Brzezinski, *Totalitarian Dictatorship and Autocracy*, 9-10.
153) ロバート・ダールのインタビューの記録。APSA Oral History Project Collection, University of Kentucky Library. 次より引用。97.
154) Robert A. Dahl and Charles Lindblom, *Politics, Economics, and Welfare: Planning and Politico-Economic Systems Resolved into Basic Social Processes* (New York: Harper and Brothers, 1953), 3-4. ダールへのオーラル・ヒストリー・インタビュー。
155) Dahl, *Preface to Democratic Theory*, 131; Samuel P. Huntington, *The Third Wave: Democratization in the Late Twentieth Century* (Norman: University of Oklahoma Press, 1991), 6.

第 4 章　冷戦政治

　1950年代は冷戦の盛期にあたる。この局面において、アメリカ政治学のイデオロギーはナショナリズムの方向を強くしている。ロバート・ダール（Robert Dahl）は、前章で指摘したように、こうしたナショナリズムの例外主義的形態を明らかにし、多元主義的民主政がアメリカに支配的過程であって、恐らく「輸出品とはなるまい」と述べている。だが、この局面で、こうしたナショナリズムが勝利主義的形態を帯びだしていたことは、セイモア・マーティン・リプセット（Seymour Martin Lipset）が、アメリカは「良き社会として作動している」し、「政治と階級の関係の組み合わせが最も高度に展開しているという点で、……ヨーロッパの将来像を提示している」と述べていることにうかがい得ることである。また、「20世紀中期に、西側の民主政がどのように機能しているかを明らかにすることで、アジアとアフリカの政治闘争の行方を示し得る」とも指摘している[1]。

　当時、こうしたナショナリズムの2つの潮流のいずれが政治学において支配的であったかとなると、決めかねるところがあるが、「ヨーロッパの将来」や「アジアとアフリカの政治闘争」の形成という点で、指導的政治学者の多くがその政治に積極的に参加していたことは明らかである。多様な国家安全保障機関の顧問や助言者として、あるいは、その受益者として一部の指導的研究者たちは、科学的で冷めた手法であったにしろ、全体主義の敵から民主政を守ろうとするキャンペーンに意識的に、また、積極的に参加し、「西側民主政の実際を明らかにする」ことに取り組んでいる。例えば、リプセットは、1960年代後期にアメリカ空軍から2つの大規模研究の資金援助を受けている。それは「軍事計画の比較国民的展開の意味」と「途上諸国におけるリーダーたちの台頭」の研究である[2]。すると、客観的政治学を標榜し、

あるいは、冷戦期の政治学に支配的であった行動論革命をアイデンティティとしていたにしろ、こうした冷めた政治学の意識と、政治学者が現実の研究対象とし、現に取り組んでいたこととは、一致していたわけではないことになる。

　この章では、前の３つの章とは違って、政治学者が特定の敵にどのようなイメージを持ったかということではなくて、彼らが冷戦政治にどのように関与したかについて論ずることにする。そのかかわり方は広範に及ぶだけに、これを網羅的に分析しようとすれば、別の著作が求められることになるので、ここでは４つの問題に据えるにとどめざるを得ない。だが、いずれも、この物語の重要な位置にあるだけに、指導的政治学者ないし政治学者集団について論ずるとともに、彼らがどのような機関と結びついていたかを明らかにすることにする。

　この４つの素描から、アメリカの政治学が中立的科学を標榜しつつも、政治的関心と深く結びついていたことを明らかにする。いずれも、主役たちの性格や姿勢を疑問視するわけではないとしても、次の問題を提起することになる。つまり、主体と研究対象とは分離し得るという仮説は政治研究の科学的アプローチの基本的仮説とされているが、主体が対象としている政治と深くかかわっているとすると、この仮説はどの程度に正当と言えるか、という問題である。

　第三世界の人民の精神や心情をめぐる闘争が、以下の４つの素描の脈絡を構成することになる。その３つはベトナムとの対立に関わるものであって、政治学者たちがこの戦争の遂行に、また、ＡＰＳＡの学会内政治におけるベトナム時代の混乱に、あるいは、いずれかに、どのようにかかわったかを明らかにする。この素描のなかで、恒常的ではなかったにせよ、ベトナム戦争が政治学に与えた強い衝撃を辿ることにするが、その過程で、イデオロギー的には調整主義に傾くことになっただけでなく、国家安全保障機関との結びつきが疑問視される方向を強くしたことも明らかにする。

第4章　冷戦政治

公行政と途上諸国の国民

　第2章で、戦後、公行政の分野が衰退したことについて論じた。この点は、1956年に「公行政研究所（ＰＡＣＨ）」が閉じられたことや、公行政部門がＡＰＳＡの中心部門から外されたことに、さらには、「ハーバード行政スクール」の公共政策プログラムの伝統的カリキュラムから公行政が外されたことに表れている。だが、その動きは漸次的なものであった。これは戦間期の全盛期に公行政の訓練を積んだ研究者たちの多くが、退職期まで自らの学問領域を守り続けることができたからである。また、彼らの研究者としての道はスムーズであったし、「新しい諸国民」の形成について専門的助言も求められただけに、この分野の衰退過程もゆっくりとしたものとなった。

　1955年にアイゼンハワー政権は、マルクス主義が第三世界にはびこることに関心を深くし、「国際協力局（ＩＣＡ）」を設置することで、アメリカの対外援助プログラムの調整を期している[3]。ＩＣＡなどのアメリカの諸機関の援助を得て（時には国際機関の助力も受けて）、アメリカの公行政専門家たちは、アジアやラテンアメリカ諸国におけるアメリカの外交使節の役割を務めることになり、受け入れ政府を助けて行政機構の改革に関与している。彼らが第三世界の諸国と触れ合うなかでどのような足跡をとどめることになったかは明らかではないにしろ、その経験が彼らの印象を深くしたことは確かである。第三世界の諸国に滞在することで、公行政の専門家たちは、本国では味わえない生活スタイルになじむことになったし、「比較行政」研究の関心を深くするとともに、訪問諸国の研究を公表することにもなった。

　冷戦期の公行政の（また、偶然のことながら、イエール大学政治学部の）動向は、公行政学の衰退期において、その中心的位置にいたジェームズ・W.フェスラー（James W. Fesler）の言辞にうかがい得る。フェスラー（1911年生れ）は、1935年にハーバード大学で学位を取得している。1935－51年にノースカロライナ大学に在職しつつ、公務にも大きくかかわっている。1936年に最初の主論文を公刊し、ルイ・ブラウンロー（Louis Brownlow）の招きを受け

215

て、大統領行政管理委員会に参加している。第2次大戦中は、政策分析と記録部門の主任の時期（1943-45年）を含めて戦時生産局で働いている。1951年にイエール大学の政治学部の一員となり、1979年に退職するまで、コールズ政治学教授として同大学に籍を置いている。その間に、2度、学部長を務めるなかで研究教育のプログラムの作成にあたり、一部の国際関係研究者に負うに過ぎなかった学部の評価をトップランクの位置に引き上げている。また、「北東政治学会（Northeastern Political Science Association）」の会長（1958-59年）とＡＰＳＡの副会長（1968-69年）を務め、胆力と廉直を発揮することで、混乱した1969年のＡＰＳＡ大会を乗り切っている。彼の学生のなかには名声を残した研究者も含まれていて、代表的には、アーロン・ウィルダウスキー（Aaron Wildavsky、1985-86年のＡＰＳＡ会長）、セオドア・ロウィ（Theodore Lowi、1990-91年のＡＰＳＡ会長）を挙げることができる[4]。

1958年に、フェスラーはイエール大学で、また、ワシントンのイエール・クラブの政治研究会で講演している。イエールの政治学者の研究業績を高く評価したうえで、政治学と公務にどのような役割を果たしたかについて語っている。まず、ダールとともにハムデンとノースヘヴン（ニューヘヴンの近郊）で公務の運営にあたろうとしたが成功しなかったことから始めて、ソ連研究者のフレデリック・バーグホーンが国務省を経て、5年間モスクワのアメリカ大使館で公務についていることに触れたうえで、次のように続けている。

> 〔ウォルター〕シャープ（Sharp）教授は、国務省、国連食料・農業機関、世界保健機構、ユネスコに勤めていた。1952年夏に仏領インドシナで相互安全保障行政の公行政顧問を務め、1954-55年にエジプト公行政研究所の国連調停員としてカイロで研究生活を過ごし、現在も国務省の顧問である。

フェスラーは、「ベトナム政府の顧問」として「折に触れ、多くの連邦機関の顧問を務めた」と述べるとともに、次のように続けている。「昨年、〔ハロルド〕ラスウェル教授は海軍大学、空軍大学、陸軍大学、海兵隊教育セ

第4章　冷戦政治

ンターで講義している。〔中国専門家〕の〔デヴィッド・N.〕ロー（Rowe）教授は国防大学（ナショナル・ウォー）で、私は軍部産業大学で講義している」と、さらには、「要するに」、「イエールの政治学者が現実世界との結びつきを断つことは困難であろう」とワシントンでイエールの卒業生に語っている[5]。

　フェスラーの話しはこれが全てであったわけではない。ラスウェルがランド（RAND）コーポレーションと強く結びついていたことについて、また、ローが（CIAの前身である）戦時戦略局（OSS）で働いていたことについても語ったと思われる。というのも、ローは1954-56年にCIA基金アジア財団の台北支局長を務め、1953年にはリース委員会の証言に立ち、高い評価を受けているからである[6]。この委員会は、アメリカの諸財団の共産主義支持派の傾向を調査するための議会内委員会であった。フェスラーが、20年後に同様の話しをしたとすると、多くの実践的諸活動にも、とりわけ、イエールで学位を取得し、同大学にとどまったブルース・ラセット（Bruce Russett）の活動にも及んだであろう。彼は国際関係の量的研究の指導者であり、長いあいだ「平和学会（Peace Science Society）」の『紛争解決ジャーナル（*Journal of Conflict Resolution*）』の編集者を務めている。また、1960年代と1970年代前半に、国防分析研究所の研究顧問や研究員を務めたのをはじめ（1962年、調査員）、アメリカ武器管理と軍縮局（1963-66年、調査員）、ベンディックス航空宇宙局（1964-72年、顧問）、国防省高等研究プロジェクト局（ARPA、1967年、契約研究員）、システム開発公団（1965-66年、顧問）、RANDコーポレーション（1966-70年、顧問）、ジェネラル・エレクトリック軍事技術計画部（1966-1970年、顧問）、海軍大学高等研究局（1973-74年、契約研究員）で働いている[7]。ラセットは、ARPAのために「公的に耐え得るデータ利用の量的方法と理論の開発に、……また、外国民の行動の予測と理解の向上に努めている」[8]。

　イエールの政治学者たちが「現実世界との結びつき」を深くしていたように、その学部も、政治学の大学院教学のプログラムという点で、1970年代に指導的位置を占めることになった。そのことで、行動論革命の波に乗り、政

217

治学を経験的政治学に変えようとした。ロバート・ダール、ハロルド・ラスウェル、ガブリエル・アーモンド（イエールで1947-51年と1959-63年に教えている）、カール・ドイチュ（Karl Deutsch、イエールで1958-67年に教えている）は行動論運動の旗手となった。ダールはこの運動の宣言文のひとつを残しているが[9]、科学としての政治学のヴィジョンとイエールの政治学者たちの現実政治とのかかわりは、どの程度に両立し得るものであったのであろうか。医師が患者と仲良くなったから彼の知識が十分である、とみるわけにはいくまい。同様に、周辺であったにせよ、コネティカットの政治に深く関与したからといって、都市政治の理解が深いとするわけにはいくまい[10]。さらには、モスクワのアメリカ大使館で5年間を過ごしたからといって、ソ連について熟知しているというわけでもなかろう。

　先の引用にも認められるように、フェスラーの言からすると、イエールの同僚のウォルター・シャープは世界中で講演旅行を続けていたことになる。これは、冷戦初期に公行政学の「国際化」が起こっていたことを示すものである。公行政分野と第三世界との関連という点では、フェスラーがイエール大学以外の公行政学者と交わした書簡に、より明示的なものがある。アラン・リチャーズ（Allan Richards）はフェスラーの古い教え子にあたるが、フェスラー宛の書簡に使ったレターヘッドには、「公行政学院、聖アンドレス・マヨ大学、テネシー大学と提携、ラーパス、ボリビア」とある。テネシー大学のボリビア分校はＩＣＡの資金によって創設され、その住所は「アメリカのボリビア特務機関、国務省郵便室、ワシントン」となっている。フェスラーはリチャーズに宛てて次のように書き送っている。「専門助手という点で不満もあろうが、途上諸国の人々を助けるという点では満足してしかるべきものと判断する。……〔妻〕と私はベトナムの人々のことで忙殺されていて、かなり難渋もしている」と[11]。

　調整主義者によるアメリカ政府の改革要求に替わって、外国政府の改善を期すべきであるとするナショナリストの要求が強まるなかで、これがどのよ

うな衝撃を与えたかという点はフェスラーの別の文通者であるフレッド・W．リグズ（Fred W. Riggs）の経歴が、この事情をよく伝えている。リグズ（1917年生まれ）は1951-55年にＰＡＣＨの副主任を務めている。この機関は公行政分野の古い革新主義期の伝統を受け継いでいる。ＰＡＣＨが財源不足から幕を閉じた後、リグズはインディアナ大学のベントレー政治学教授に就くが、1967年にハワイ大学に移っている[12]。フェスラー宛の彼の書簡からすると、1950年代後期にインディアナ大学は公行政部門を置き、アメリカ政府と連携してタイとインドネシアの「諸グループ」の相談に応ずることになる。この諸グループの経歴に即してみると、実務と研究の区別には判然としないものがある。例えば、リグズは1958年にフェスラーに宛て「〔バンコクの〕インディアナ大学グループのフレッド・ハリガンは、地方政府と行政分野に積極的にかかわり、興味深い業績を残すとともに、目下、インディアナ大学で学位を取得すべく、その論文を作成している」と伝えている[13]。

インディアナでリグズは開発と比較公行政にかかわる諸問題のコースを担当し始めている。また、その研究の焦点は途上世界に移っている。1957-58年に、社会科学研究評議会の基金を得てタイに出向し、米の生産・輸送・流通に関する政府プログラムについて研究している。翌年、ロックフェラー財団の援助を受けて、マニラの公行政研究所で教えることになり、マニラからフェスラーに宛て「多くの研究と実態調査が……多くの人々の協同とミシガン大学の契約の下で行われている」と知らせている[14]。また、1963-64年にはハワイの東西センターの「上級専門員」を務め、タイの官僚制構造の近代化に関する著書を残している[15]。東西センターはアメリカ情報局（ＵＳＩＡ）の分局であり、アメリカ政府の公然たる情宣機関にあたり、当時のレターヘッドは「東西間の文化と技術の交換センター、ハワイ大学と協同のアメリカ政府プロジェクト」となっている[16]。任命されるや、リグズは自由に執筆活動を続けていたと思われる。だが、「近代化」という隠語よりも批判的言葉で、例えば、アメリカを「帝国」型強国という言葉で自らの研究課題を設定した研究者たちは、東西センターに採用されたり、主要財団の基金に

恵まれることは少なかったと言えよう。

フェスラーが途上世界に出合うことになったのは1952年のことである。というのも、この年にカーネギー財団が、他のイエールの3名の社会科学者たちとともに、彼を東アフリカに派遣しているからである。カーネギーの指導者たちはアメリカ政府と深く結びついていて、アメリカの研究者たちが、近い将来、脱植民地化されると予測される地域の研究を深めることを求めていた。フェスラーの指摘に従えば、アフリカ「旅行」の参加者たちは研究成果の公表を求められたわけではなく、いわば研究ツアーに過ぎなかった[17]。フェスラーの研究歴において、より重要な第2の機会が1956年に訪れている。というのも、この年にＩＣＡの寄金を受けて、ミシガン州立大学（ＭＳＵ）派遣団のコンサルタントとして南ベトナムに滞在しているからである。

ＭＳＵのベトナム派遣団の中心人物が政治学者のウェズレー・フィシェル（Wesley Fishel, 1919-1977）である。彼は1948年にシカゴ大学で学位を取得後、在日米軍の教鞭をとっているが、この頃に、ベトナム亡命者のゴ・デイン・デムと知り合っている。フィシェルが1951年に准教授としてＭＳＵの一員に加わったとき、デムは彼に従ってミシガン州のイースト・ランシングに来ている。フィシェルの援助を受けて、デムは自らを親アメリカ派の反共主義者としてアメリカの政策立案者に売り込み、アメリカの支援を厚くすることで、1954年に南ベトナムで政権に就くことになる。ＭＳＵは、国務省の要請を受け入れて、フィシェルがデムと共にサイゴンに戻ることを認めている。こうして彼は、大統領府を居として、デムの最も信頼の厚いアメリカの顧問となっている[18]。

デムがＭＳＵにベトナムの専門的援助計画の立案を求めたことに応えて、学長のジョン・ハナ（John Hannah）はその援助に躍起になっている。ハナは、アイゼンハワー派の共和党員としてＣＩＡの指導者たちと協力しつつ、アメリカの諸大学が海外権益を高め得る「人材育成地」となり得るためのヴィジョンを立案している。ハナの指導下で、ＭＳＵは13の途上国に拠点を据えることになったが、その多くは非民主政国家であった。ＭＳＵのベトナム・

プログラムは、ＣＩＡの援助を受けて1955年に発足している。このプログラムは13の拠点のなかでも７年間に及ぶ最大級のもので、南ベトナムの「技術顧問」に2,500万ドルものアメリカ人の税金が注ぎ込まれている。フィシェルは、このプログラムの「派遣団主任」に任ぜられ、サイゴンにおいて、他のアメリカ人の誰よりも強くベトナム大統領との親交を深くしている。1959年に『ニュー・リーダー』に論文を寄せ、デム政権を「民主的独裁体制」であると評し、２年後には、デムをジョージ・ワシントンやエイブラハム・リンカーンに譬えている[19]。

デムが宮殿を去った後も、フィシェルはサイゴンの豪奢な別荘で優雅な生活を送っている。ＭＳＵの同僚たちも同様で、通常の２倍に近い俸給を受け取っているし、研究者としての経歴も華やかなものであった。派遣の現実的性格がどのようなものであったにせよ、サイゴンに派遣されたＭＳＵの教員の多くは、赴任中ないし帰国後に、直ちに昇進しているし、フィシェルも、それほどの業績を残さなかったにもかかわらず、1957年に教授に昇任している[20]。

ＭＳＵチームは治安と公行政の訓練と助言にあたっている。治安行政のスタッフは、秘密警察を含めて、ベトナムの治安部隊の訓練にあたるとともに、武器弾薬を供与している。また、ベトナム政府と共に国籍確認カード・プログラムを編み出し、共産主義者の掃討に乗り出している。また、ＭＳＵのサイゴン治安行政部は、1955-59年にＣＩＡの特務員を保護しているが、彼らの本当の身分は、このプログラムの「正当な」研究者のあいだでは周知のことであった。例えば、フェスラーはＣＩＡの駐在を十分に承知していたし、当時は問題にすらならなかったと回顧している[21]。

ＭＳＵの公行政部は、いくつかのプロジェクトにかかわっている。これには文官教育校、国立公行政研究所、亡命者の再居住も含まれ、ＭＳＵの政治学者の多くはこのプロジェクトに参加している。フィシェルのほかに、ガイ・フォックス、ウォルター・モード、ロバート・シリアーノ、ラルフ・スマックラー、エドワード・ワイドナーも含まれているし、他大学の政治学者

やコンサルタントも招聘されている。フェスラーは1956年の夏をサイゴンで過ごしているが、ミネソタ大学のアーサー・ナフタリンやハーバード大学のジョン・D. モントゴメリーといった公行政の専門家たちもこのプロジェクトに加わっている。そして、別の政治学者たちも参加して（その名前をフェスラーは失念したとしている）、南ベトナム憲法が起草されている[22]。

　フェスラーがベトナムへ旅立つにあたって明らかにしているように、「全般的コンサルタントとして、また、現地行政と政府間関係にかかわる諸問題の特別顧問として」ベトナムに招かれたと語っている[23]。彼は、サイゴンでベトナムの行政パターンが「フランスの総督案を踏襲したものであって、統治のすべての活動分野に責任を負った地域指揮者を、つまり、"行政権"の体現者をおかないシステムなど、想定し得ないでいる」ことに気づいている[24]。フェスラーは、「行政組織についての考え」をベトナムのジャーナルに寄稿するとともに、デム大統領にメモを送り、デムとともに企図委員会に幾度となく出席している。メモのなかで、政府の役目が「人々に届かないものとなっている」のは、主として、地方長官が自由な「王様」のように振舞っているからであると記している。そして、諸州をコントロールするとともに、サービスをどのように供与することでサイゴン政府を強化すべきかについても勧告している。そのなかには、フランスの政府機関が置いた行政区の数の大幅な削減案も含まれている[25]。皮肉なことに、ウッドロー・ウィルソンや公行政の創始者たちが（プロシアほどの良いモデルではないにしろ）、フランスの官僚システムを行政改革のモデルであると見なしていたのにたいし、今や、アメリカの行政専門家たちは、フランスが植民地時代に設置していた官僚構造の改革に乗り出したのである。

　フェスラーがベトナムと出合うことで、訪問国の行政が左右されることにはならなかったにせよ、彼の研究生活に大きな影響を残すことになった。彼は1957年にカーネギー財団から資金を得て、行政実態の比較研究に乗り出している。1961年に知人に宛て「私の最近の主要研究は行政実態の比較にあるが、これは、ベトナムの現地行政に有効な助言を与え得るだけの準備を欠い

ていると自覚したからであり、当時、フランスの知事型システムがどのように機能しているかについて十分な知識を持ち合わせてはいなかった」と書き送っている[26]。フェスラーが指摘しているように、1950年代後半から1960年代前半に比較行政研究の「大ブーム」が起こっているが[27]、フェスラー自身の経験に鑑みると、このブームは行政学内の理論的力学によるというより、アメリカ政府が第三世界における共産主義を阻止するための知識を必要とするようになっていたことによる。

　フェスラーはベトナム訪問を機に、南ベトナムの主張の支持者に変わっている。ニューヘヴンに戻るや、「イエール・リポート」のラジオ番組で、「ベトナムが安定した政府となり得るかどうか、これは極めて重要なことである。ベトナムは南アジアの自由世界の拠点であり、多くの国民が共産主義者であるか、あるいは、あっさりと共産主義の犠牲者となり得る地域である」と語っている。また、デム大統領を積極的に評価し、「共産主義が国内治安の脅威となり続ける限り、地方自治を再確立し、西側のように自由な選挙制度を導入することは困難である」と指摘している[28]。さらには、「アメリカ・ベトナム友好協会（ＡＦＶＮ）」に参加し、ベトナムの図書館にアメリカの書籍を送っている。だが、彼とベトナムとの関係は1961年までには「弱く」なっている[29]。また、当時、ＭＳＵのベトナム・チームのなかで幻想から覚めた２人の研究者が、『ニュー・リパブリック』誌にデム政権を批判する論文を発表している。そのことで、デムはＭＳＵプログラムから手を引き始めている[30]。

　だが、ウェズレー・フィシェルは、友人のデムが1963年に暗殺されてからも、アメリカのベトナム干渉を強く支持し、1965年には、ホワイトハウスから２万５千ドルの助成金を受けて、戦争支援者のビューローと情報センターを設置している。また、国家安全保障会議と協力して、アメリカの自発的学生を南ベトナムの農村へ送り込むプロジェクトを実施している。このプロジェクトの集会は1965年にＭＳＵで開かれている。この席にはヒューバート・ハンフリー副大統領やＵＳＩＡのカール・ロワン長官も招待されている。

223

フィシェルはＡＦＶＮのＭＳＵ支部長に就き、大学の公開討論会の場で、戦争反対者を「狂人」や「裏切り」に過ぎないと罵っている。1966年に、『ランパーツ（*Ramparts*）』誌がＭＳＵのベトナムの賭けを暴露するや、フィシェルの旧友で、サイゴンで助手を務めていた政治学者のロバート・シリアーノは辞任し、ニューヨーク州立大学バッファロー校に逃げ込んでいる。フィシェルはイースト・ランシングに留まり、自説を固守し続けるが、孤立しだし、1960年代後期に大学を席巻した反戦抗議の主要な批判の対象とされることになった[31]。

ガブリエル・アーモンドの二重の経歴

　ガブリエル・アーモンド（Gabriel Almond, 1911年生まれ）は「政治文化」論の指導的研究者であるとされる。彼は、戦後の最も重要な政治学者のひとりであり、イエール、プリンストン、スタンフォードの各大学で教職に就いている。1954年から「社会科学研究評議会」の比較政治部門を主宰しているだけでなく、ＡＰＳＡの会長（1965‒66年）を含めて、多くの学術部門の名誉ある地位に就いている[32]。文化操作やプロパガンダの方法は、戦間期に社会科学者たちが政府とのかかわりを深くするなかで生成しているが、ここでは、この分野とアーモンドの研究歴とを重ねてみることにする。彼の研究はアメリカの安全保障や当時の政策を対象とするものであって、その成果もアメリカ政府と結びついて、情報戦や心理戦の分野に傾いている。また、冷戦期のアメリカの政治文化の研究において、政治文化の研究とアメリカの対外政策とは、それほど明確に区分されていたわけではない。

　市民教育から市民文化へ　『市民文化（*The Civic Culture*）』（1963年）は、アーモンドと彼の自慢の教え子であるシドニー・ヴァーバ（Sidney Verba）によって書かれ、政治学における「政治文化」研究プログラムの「パラダイム的位置」にあるとされる[33]。この書はたちまち古典の位置を占め、論争の、また、繰り返しシンポジュームの対象とされている[34]。この書は国境交差型の膨大

な調査という新しい手法に訴えているだけでなく、民衆の高い政治参加が民主政にマイナスに作用することを理論化したという点で、記憶に残るものとなった（アーモンドとヴァーバは、「政治目的に対する心理学的志向」から政治文化を定義したうえで、専門的調査員による多数の市民へのインタビューを基礎に、市民の態度と5カ国民の政治文化を分析している）[35]。この書は、一般に、客観的で非政治的な比較政治の研究であると見なされ、国家安全保障の研究という視点から検討されることは少なかった[36]。だが、よく注意してみると、この書の構成にかかわる諸事実やアーモンドの知的背景と経歴に鑑みると、政治文化の中立的研究というより、アメリカの国家安全保障に関する、また、そのための知的研究の書であることがわかる。

『市民文化』は、世界の「新興諸国民」の精神と気風をつかむべきであるという考えに発していることは明らかである。冒頭で、将来の政治文化は「参加の政治文化となるであろう」とし、次のように述べている。だが、「どのような参加様式かとなると、これは不確かである。新興諸国民には近代の参加型国家の2つの個別様式が、つまり、民主的様式と全体主義的様式を認めることができる。……両様式は、いずれも新興国の国民に訴えるものがあり、いずれが支配的となるかは、両様式の混合形態が現に浮上していないとすると、予見し得ない状況にある」と[37]。

「いずれの様式が支配的なものとなるか」という点について、アーモンドとヴァーバは中立的であったわけではない。というのも、第三世界の指導者たちが民主的国民を育て得るには教育と並んでシンボルが求められると判断していたからである。この点で、「新しい国民が市民文化を育てるとすると、……シンボル的事象が、つまり、シンボル的なカリスマ的指導者が、あるいは、シンボルのレベルで人々の献身と統一を期し得る別の手段が存在しなければならない」と指摘している。著者たちは具体的な政策を提示することを控えつつも、総じて、第三世界の闘争においては、ソ連の全体主義ではなくて西側民主政の勝利を呼び得る方向が求められるとしている。彼らの課題は当時のアメリカの国家安全保障政策に沿うものであって、この政策は、ヨー

ロッパにおける列強間の戦略的競争が実質的に膠着状態にあるとするとともに、アジアとラテンアメリカに共産主義革命が広がることで「非戦略的」脅威が浮上することを重視している[38]。

アーモンドの政治文化の研究が国家安全保障の研究であると見なし得るのは、明らかに、当時の外交政策機関の見解や目標を共有しているだけでなく、重要なことに、安全保障国家にとって自らが有益な役割を果たすべきであると考えているからである。この点は、それまでの文化研究がアメリカの国際対立を知的基盤としていたという脈絡に据えてみると、より確かなものとなる。

『市民文化』の序文で、アーモンドは次のように述べている。「民主政の政治文化を研究しようと思ったのは、シカゴ大学の社会科学部にいた頃のことで、約30年前に遡る。……この研究のインスピレーションは、とりわけ、チャールズ・E. メリアムの著作に負うものである。彼の『市民訓練（*Civic Training*）』シリーズは、私たちの研究が対象としている多くの諸問題の基礎となった」[39]と。第2章で説明したように、メリアムは第1次世界大戦期にイタリアでアメリカの情宣主任として従軍し、「公報」技術が国民形成にとって、彼の呼称に従えば「市民訓練」にとって有効であると信じて帰国している。「比較市民教育」プロジェクトは1920年代後期のメリアムの主要な課題となっていて、一連の地域別研究に連なるとともに、彼の著書である『市民の形成（*The Making of Citizens*）』（1931年）に結実している。

ガブリエル・アーモンドは、1928年にシカゴ大学に入学している。当時、メリアムはこのプロジェクトに取り組んでいた。10年後に、アーモンドが学位論文をメリアムに提出した頃には、市民教育の論文は絶版となっていたし、このシリーズも専門家の記憶から消えていた。このシリーズの命運にふれて、アーモンドは後に、「シカゴの院生当時から不満を覚えていたし、未完の課題でもあると思いつつ過ごした」と回顧している。アーモンドにとって『市民文化』は、メリアムが設定した課題をより周到な科学的方法に訴えることで再生し、敷衍しようとする試みにほかならなかった[40]。

第4章　冷戦政治

　アーモンドは、今からみると、メリアムの研究は比較政治文化や社会化と呼び得る領域であったと述べている。メリアムはこの分野を「市民訓練」や「市民教育」と呼んでいるが、当時の社会諸科学に即してみると、より合理主義的－主意主義的な概念に発する言葉であったとする[41]。また、今日からすると、メリアムのプロジェクトは文化や社会化を対象とするものであったと指摘しているが、これは至当な指摘であると言えるし、アーモンドのプロジェクトは、実際、メリアムの課題を引き継ぐものであったと言える。だが、彼の指摘には両プロジェクトの重大な違いが暗示されているだけでなく、これを隠しかねないものも含まれている。というのも、メリアムは調整主義に鼓舞された改革派であり、その目的はアメリカの社会と政治生活の諸側面を改革することにあったからである。また、海外の「政治文化」の研究に乗り出したのは、どうすれば問題をはらんだアメリカ的生活の諸側面を革新的な社会コントロールのもとに置くことができるかを知るためであった。他方、アーモンドは1950年代にナショナリスト型リベラル派に転じているが、これは（当時のアメリカ知識人に極めて一般的なことであって）アメリカ的生活に十分に満足していたからである。また、メリアムが海外の市民モデルを取り入れようとしたのにたいし、アーモンドは英米の市民文化が世界のモデルとなり得ると判断している。さらには、メリアムが国内問題のコントロールを模索したのにたいし、アーモンドの研究姿勢は海外の諸問題や外国の人々をアメリカのコントロールのもとに置こうとするものであった[42]。しかも、皮肉なことに、アーモンドはメリアムが迫力を覚えた"赤の"プロパガンダの方法と戦っている。だが、どのような断絶が起こっていたにしろ、アーモンドは、『市民文化』はメリアムの市民訓練のプロジェクトを継承するものであるし、両プロジェクトは、国民の形成には文化的シンボルが求められるという点では、また、国家安全保障には市民の士気やイデオロギーと心理戦が重要であるとする点では、関心を共有していると判断していた。

　ガブリエル・アーモンドの知的・社会学的背景を辿ろうとすると、シカゴ大学の別の師であるハロルド・ラスウェル（1902-80年）の検討が求められ

ることになる。ラスウェルは20世紀の社会科学者のなかで最も多くの著作を残し、秀でた研究者のひとりでもある。1920年代から1970年代に及ぶ長い研究生活にあって、何が彼の中心テーマであったかとなると、プロパガンダを挙げないわけにはいくまい。彼はプロパガンダを定義して、「有意味なシンボルを操作することで集団の態度を管理することである」としている[43]。

若い教授として、ラスウェルは年長の（また、師にあたる）チャールズ・メリアムを助けて市民教育のプロジェクトに参加するとともに、メリアムのプロパガンダという、また、専門家による社会コントロールという関心を吸収している。ラスウェルの学位論文は『戦時期のプロパガンダ技術 (Propaganda Technique in the World War)』と題して公刊されている。その後の分析においても、戦時の政府は敵の意見や士気に影響を与えなければならないように、平時の政府も公衆の意見を管理すべきであると考えていた。近代の産業社会に至って、プロパガンダは意見をコントロールするための不可避の手段となっていて、「ポンプのハンドルの道徳性が問われないように、道具に過ぎないものである」と述べている[44]。また、このプロパガンディストは、社会とは「意味を規定し、断言する過程のことである」と、さらには、文化的シンボルに訴えることで政治的対立状況を再規定し、勝利や敗北ではなく、新しい「統合」を呼びだす方法であると判断している。だから、プロパガンダは、紛争・強力・強制といった旧式の政治よりも有効で（「幻想には強制にまさるものがある」）、ヒューマンなコントロールの方法となり得るとする。だからといって、ラスウェルが物理的強力の使用を否認していたと言っているわけではない。というのも、「行為のプロパガンダ」は恐怖を喚起し、敗北感を煽るための特殊な暴力行為であって、言葉によるプロパガンダと美的シンボルを補うための重要な要素である、と主張しているからである[45]。

1920年代後期にラスウェルが精神分析論に関心を深くしたのも、部分的ではあれ、シンボルが人々のパーソナリティにどのように作用するかを理解し、その操作の方法を試みるためである。『精神病理学と政治学 (Psychopathology and Politics)』（1930年）は、精神病理学的インタビューから得られた「生活

史」を政治研究の素材としている。また、精神病院の記録から引き出した病歴も含めて、政治家の生活史を基礎に「政治運動の活力は私的衝動を公的対象に転移することに発する」と、そして、「政治生活とは多くの同性愛的資質を昇華することであると思われる」と、さらには、「政治危機は個別の始原的衝動を不断に再起動することによって複雑化する」と指摘している。こうした病理現象を克服するためには、伝統的政治を「予防の政治」に変えるべきであるとするが、この考えは、「社会レベルの緊張を明確に軽減することで対立を除去しようとする」発想に立っている。こうした考えを実現する担い手が「社会管理者や社会科学者」であり、彼らは、シンボルを巧みに操作することで、人々のパーソナリティ意識に潜んでいる暴力の契機を社会目的の方向に巧みに誘導し得ると述べている[46]。

　ラスウェルは、『世界政治と人々の不安（*World Politics and Personal Insecurity*）』（1935年）において、この分析方向を国際次元に敷衍している。彼は、「戦争と革命は、集団の不安を解消するためのはけ口」であり、「有効なシンボルを広めることで大衆の不安を転化し、発散させ、あるいは、紛らわせ、払拭することに長けた支配者たち」によって起こるものであるとする。この点で「予防の政治」とは世界のための方策であって、敵対的で狭いシンボルを「世界統一という神話」に置換するものであるとしている。また、「安定した世界秩序を生み出すためには、エリートを支え得るだけの一連の一般的なシンボルと実践が求められるのであって、彼らが平和的方法を広げ得るなら、強制力を独占することになるとしても、最大限に行使する必要は、まず起こらない」と説明している[47]。

　だが、ラスウェルは「世界の統一は先のことであるし、不確かなことでもある」と述べている[48]。現実の世界は主権型の政治単位に分裂していて、ラスウェルが指摘しているような技術に訴えることで不安をコントロールし得るだけの、真に世界的なエリートが存在しているわけではなかった。それだけに、ラスウェルからすると、自らの考えをエリートに役立つものにしようとすると、主権国家の支配エリートに依拠せざるを得ないことになる。実際、

アメリカの不安感を解消し、自らが求めるようなプロパガンディスト型セラピストが登場するとすれば、それはアメリカの外交政策エリートにほかならなかった。

　1930年代の後期にロックフェラー財団の首脳部は、アメリカの移民集団の多くがソ連と枢軸国のプロパガンダの影響下にあることを憂慮し、ドイツに対する反戦の方向にアメリカ世論を固める必要があると判断し、プロパガンダの指導的研究者のリストを作成している。アメリカ社会のエリートが大衆の感情を組織的に操作することで、民主政を権威主義的勢力から守るべきであるとする理論をもって、ラスウェルはロックフェラー財団から多額の助成金を引き出し、「戦時コミュニケーション研究の実験部」を設置している。このプロジェクトはラスウェルを主宰者として議会図書館に置かれ、そこで、ラスウェルとスタッフたちは定量的内容分析に取り組み、この新しい方法を使って、敵のプロパガンダに発する言語シンボルのフローを分析している[49]。やがて、ラスウェルは名声を高くし、1941年の初めに、中佐として「国　防　省(ウォー・デパートメント)の戦時計画局の主任心理分析者」のポストを提供されている（彼はこれを辞退している）[50]。

　「実験部」は、アメリカの参戦後に設置された情報と心理戦の重要な機関となった。戦時中にラスウェルは安全保障機関の諮問を広く受けているが、これには戦略サービス局、戦時情報局、陸軍心理作戦部が含まれている。また、「外国との結びつきの恐れのあるすべての組織〔のコミュニケーション〕分析のために」司法省にスタッフを送り込んでいるが、彼の指摘に従えば、このスタッフは「ダイス委員会の執行部」を構成し、下院非米活動委員会の前身となったとされる[51]。

　ラスウェルの部局は研究者の訓練センターを担当している。そこで若い社会科学者たちは愛国的義務を果たしつつ、先端的な分析と方法の研究技術を習得している。こうした訓練を経た研究者の多くが戦後の社会科学界のスターとなっているが、そのなかには、社会学者のエドワード・シルズとモリス・ジャノヴィッツ、哲学者のエイブラハム・ケープラン、心理学者のアー

第4章　冷戦政治

ヴィング・ジャニス、政治学者のイシエル・ドゥ・ソラ・プール、ネーザン・ライテス、ハインツ・ユーロー、カール・ドイチュ、アレクサンダー・ジョージがいる[52]。こうした研究者たちは、その後も、研究と国防とを一体化するという課題に取り組み、そのほとんどは、程度の差はあれ、1950年代にアメリカ政府の心理戦とイデオロギー戦に関与している[53]。例えば、シルズはＣＩＡ後援文化自由会議の中心的メンバーであったが、この組織の目的はマルクス主義の知的左翼に対して国際的文化戦争を仕掛けることにあった（ラスウェル、リプセット、カール・フリードリッヒ、マール・フェインソッドも、この会議に加わっている）[54]。ラスウェル自身も政府後援の心理戦に深くかかわっている[55]。彼は、戦後、イエール・ロー・スクールで研究職に就いているが、ワシントンやカリフォルニア州のサンタモニカ（ランド・コーポレーションの本拠地）で多くの時間を過ごしている。ランドは半政府型の国家安全保障の研究所であり、ラスウェルは25年間もその「常勤コンサルタント」を務めている[56]。

　1967年に、ラスウェルはガブリエル・アーモンドに「世界史におけるプロパガンダ」と題する編書への寄稿を求め、次のような書簡を送っている。「この種の企図から貴方を外すなどということは考えられないことです。……貴方を〔寄稿者と〕考えたのは、現代世界における専門的作戦行動全般について豊かな経験を積んでいらっしゃるだけでなく、それが不十分であるとの考えをお持ちのことを承知しているからです」と[57]。だが、「専門的作戦行動」とは何を指しているのであろうか。また、どうしてアーモンドがこの分野に「豊かな経験」の持主であることを知っていたのであろうか。

　アーモンドは学生時代にラスウェルの指導を受け、ラスウェルとの共著で最初の著作を公刊しているし[58]、1938年にシカゴ大学を去るまで、ラスウェルから学位論文の指導を受けている。彼の学位論文はニューヨーク市の金権的エリートの社会学的研究であり、その後、ジョン・D.ロックフェラー、アンドルー・カーネギーなどのニューヨークの富裕な人々の人生の心理学的分析を加筆している[59]。

231

大戦が始まるや、アーモンドは統計局（OFF）の情報部に入っている。OFFは1941年秋に設置された機関で、外国のプロパガンダと戦い、アメリカ市民の士気を高めることを目的としていたが、1942年の中頃に戦時情報局（OWI）に吸収されている。ラスウェルは両機関の有力なコンサルタントであっただけに、アーモンドが心理戦の「豊かな経験」を積みつつあることを知っていた[60]。1945年に、アーモンドはアメリカ戦略爆撃調査局に移り、その関心も国内問題から敵の士気分析に変わっている。この調査局はドイツに与えた爆撃の効果を分析し、その教訓を日本に対する目下の爆撃に応用することを目的としていた。また、アーモンドの士気部は、ナチの降伏後、直ちにサンプル調査を開始している。こうした役割のなかで、アーモンドは調査研究の技術を身につけているが、これは、メリアムの市民文化研究プログラムを、より科学的基盤に据えたいという彼の夢にそうものでもあったと言えよう[61]。

1947年に、アーモンドはイエール大学の特別国際研究所の一員となっている。この研究所はアメリカの外交政策立案機構の知的支援機関であり、そのメンバーたちは政府機関と強く結びついていた。アーノルド・ウォルファーズがこの機関の中心人物のひとりであり、ディーン・アチソンは友人でもあった。また、アメリカ情報機関とイエール大学を仲介する最も重要な位置にいた。所長のフレデリック・ダンは国務省の指示を受け、しげく海外に出かけている。歴史家のロビン・ウィンクスは、「あえて語ろうとはしなかったにせよ、〔この機関の〕研究者たちは帝国アメリカ史を飾る位置にあり、その成果は国務省にとって重要であったし、その多くは国務省の援助も受けていた」と指摘している[62]。

研究所におけるアーモンドの作業は一貫していて、トルーマン政権が導入した強力な反共主義の路線に沿うものであった。彼は、当初、極右の、わけても西欧のマルクス主義左翼の危険に取り組み、イタリアとフランスで左翼政党の勢力が台頭するなかで、当時、アメリカが隠然と、あるいは公然と進めていた「第３勢力（サード・フォース）」政治連合の実効性が機能不全化するのではないかと警

告している[63]。アメリカの公式政策の枠内で作業を進めていたことは後の編書に明らかで、ドイツで脱ナチ化策を強化すべきであるとするとともに、反ナチのレジスタンス集団の活動を公表すべきであるとしている[64]。こうした勧告は、西ドイツを西側の反共ブロックに再統合すべきであるとする考えに発していた。

『アメリカ人民と外交政策（*The American People and Foreign Policy*）』（1950年）は、イエール大学時代のアーモンドの最も重要な著作である。この著作は、当然のことながら、かつてアメリカ国民が「発揮」せざるを得なかった世界の指導者の役割を再び果たすべきであると、また、「すべての価値を力の下位に置き、膨張に限界を認めず、有効であれば方法は問わないとする敵」と対抗すべきであるとしている。この書の目的は、この闘いに占めるアメリカ国民の「心理学的潜在力」を評価することにあった[65]。また、アーモンドはラスウェルに典型的な方法でアメリカ国民を大衆とエリートに分けている。

アーモンドは、大衆とエリートのいずれにも「広くイデオロギー的コンセンサス」が認められるとし、満足の意を表している。アメリカ国民には、総じて、外交政策の基本的方向についての合意が見られるとして、次のように述べている。「共産主義の膨張には経済と外交のプロパガンダによって、さらには、必要とあらば、軍事の手段をもって対抗すべきであると、また、平和的で法による国際秩序を確立することで、アメリカの物質的利益と安全保障を期すべきである」と判断している、と。こうした対外政策のコンセンサスは、自由の諸価値や大衆の福祉に関する国内の自由主義的（リベラル）コンセンサスに支えられていた。そして、この対外政策のコンセンサスを共有し得ない集団は「異端者」とされ、このリストには共産党のみならず、「ウォレスを大統領にする委員会」のような「ラディカルな融和派」や、「直ちに世界政府を求める団体」のような「極端な国際主義派」の組織も含まれていた。アーモンドの言によれば、「産別会議（ＣＩＯ）」ですら、1947年にトルーマン・ドクトリンの支持を撤回し徴兵制に反対したとき、逸脱集団の扱いを受けかけていたとされる。だが、1948年に共産主義者がＣＩＯから追放され、ヘン

リー・ウォレスの大統領キャンペーンが挫折した局面で、偏向のキャンペーンの波は止まり、コンセンサスは守られたとする[66]。

だが、アーモンドは、アメリカ国民は実効的な外交政策を公式化し、これを実施し得ないのではないかとの懸念を表明している。こうした悲観論はアメリカ文化に根ざしている。マーガレット・ミード、ゲオフレイ・ゴアラー、クライド・クルックホーン（彼らはすべて、日本に対する心理戦に関与している）等の人類学者の「国民性」の研究に依拠して[67]、アーモンドは、アメリカの大衆文化が反知性的で、物質主義一辺倒であるとしている。つまり、「アメリカ国民は目的を変えつつ、果てしないレースを続けがちである。"最新の"住所に住み、"新型の"乗り物を追いかけ、"はやりの"ドレスで装いたがる」と。また、アメリカの大衆は「情感と知的エネルギーを私的関心の追求に費やしている」ので、外交政策に反応するとしても「定形を欠き、移り気で、態度を変えることが多い」と、その心理を分析している。さらには、人類学者の研究は印象に過ぎないとしつつも、より精確にデータを分析するために彼らと協力すべきであると述べている。また、世論を分析することで「多くのアメリカ国民の外交政策の姿勢は知的構造や具体的内実を欠いている」との判断を強くしている。要するに、アメリカの大衆はムード的で、浅薄であって、共産主義と闘い得るだけの文化的資質や「心理的潜在力」を欠いているとしたのである[68]。

アーモンドは、外交政策を実効的に進め得るという点では、少なくとも、エリートには大衆よりも長けたものがあると判断している。だが、彼らは合理的で長期の政策立案よりも、組織や技術を強調しがちであると、また、大衆と同様に反知性主義のバイアスを持っていると、さらには、「エリートの政策思考には、より知的な構造と事実に依拠した内容が含まれているにしろ、大衆と同様に不安定な気分や政治的現実の単純化に傾きがちである」し、専門的外交政策の官僚機構は「狭小な……心性」を宿し、プロパガンダと外交政策との関係の「十分な理解を欠いている」と批判している[69]。

アーモンドは、「外交政策分野で公的情報プログラムの立案と執行にあ

たっている人々」に助言することで、この書を結んでいる。また、外交問題に関する細かい情報を公衆に知らせることは控えるべきであるとし、その理由として、彼らが求めていることと言えば「"場当たり的反応のきっかけ"を得ることぐらいのものであるし、討議の中身ではなくて、その論調に過ぎない」ことを挙げている。したがって、政策をより効果的なものとし得る鍵は、「注意深い公衆〔大衆に比べると、はるかに少数〕を広げるとともに、エリート層を訓練」することでコンセンサスを維持し、誤りがちな公衆のムードの揺れを静めつつ、エリート層が大衆との結びつきを強くし得ることに求められている。そして、反共主義の方向に大衆の世論を誘導するエリートを誰が訓練すべきかについては、次のように述べている。

　　　高等教育機関には、とりわけ、社会諸科学には、強調されて余りある機能的可能性が含まれている。注意深い公衆とは……主として、大学教育を受けた人々のことであるし、政治と利益やコミュニケーションのエリートも、主として大学教育を受けている。大学の社会諸科学においてこそ、民主的イデオロギーのコンセンサスを育成し得るし、民主的エリートの訓練も高い水準を期し得る。

　アーモンドはさらに、社会科学の理論が「多様なエリート集団に共通の言葉」を生み出すことで、政策形成過程をより合理的なものにすることができると述べている[70]。要するに、社会科学は、アメリカの外交政策の方向を精神文化的に規制することで、最も有望な予防策となり得るとしているのである。

　『アメリカ人民と外交政策』の序文でアーモンドは、「長いあいだ、ハロルド・ラスウェルの知的恩恵に浴することになったのは、彼によって政治行動の問題が社会心理学の脈絡に措定されることになり、アメリカ政治学者にとって、ひとつの道が拓かれたからである」と評している。この謝辞は、外交辞令的とはいえ、やや控えめな表現でもある。というのも、この書には、ラスウェルの手法で「問題を設定する」にとどまらないものが含まれている

からである。また、アーモンドが提示しているヴィジョンと彼の師の社会観とには、かなりの類似性を認めることができる。両者が描いた理想的社会とは、社会が移り気な大衆から構成されているだけに、社会科学者とプロパガンダの専門家の「暗示」と「シンボル」について教育を受けたエリートのコントロール下に置くべきであるとするものである。『アメリカ人民と外交政策』は、10年前にロックフェラー財団出身でラスウェルを後援した人々の耳目をとらえた理論を、つまり、アメリカ社会のエリートたちは大衆の感情を体系的に操作し、権威主義の敵対勢力から民主政を守るべきであるとする理論を肉付けしたものである。

　1951年に、アーモンドを含めて国際研究所の指導的スタッフたちはニューヘヴンからプリンストンに移り、国際研究センターを設立している。国務省の巡回コンサルタントのフレデリック・ダンが、当初の数年間、このセンターを主宰している。彼の後任が政治経済学を専門とするクラウス・クノールであり、CIAや国務省に、また、国防省に長く務めた功績をもって政府から「国民情報特別賞」を受けている[71]。

　このセンターが当時の重要な外交政策の基本路線を敷いている。アーモンドは、プリンストン時代の最初の主著として『共産主義のアピール（*The Appeals of Communism*）』（1954年）を残している。その論調と内実は、アメリカの外交政策立案者たちはフランスとイタリアの共産党の動向を注視すべきであると、また、（衰えつつあるとはいえ）なお勢力を留めている「アメリカとイギリスの小さな反体制運動」の影響力についても注意すべきであるとするものである。そして、「共産主義の運動に加わったり、それから離れる理由」を検討することで、「自由世界が共産主義の浸透に弱いことについての理解を深くする」とともに、共産主義の活動家の離反を進める方途を模索している。アーモンドの研究方法はラスウェル的であった。つまり、共産主義の刊行物の内容分析、共産主義からの離反者へのインタビュー、「共産主義者を患者としたことのあるアメリカの一群の精神分析者」のインタビューに依拠するものであって、「こうした分析から、35件の共産主義者の病歴がわ

かった」としている。とりわけ、アメリカとイギリスの共産党員で、中産階級のメンバーには「精神的問題や諸困難を抱えている人がかなりいて、この党に参加することでこれを解決しようとしている」と述べ、さらには、次のように指摘している。だが、

> かつてアメリカやイギリスの共産党に属していた人々に高い精神性疾患が認められるからといって、中産階級の神経症患者がすべて共産主義者になりやすいということではない。中産階級の人々のなかには、情緒的問題を抱えていて、程度の差はあれ、複雑な知的合理化のパターンによって諸問題や葛藤に、また、情緒的困難に対処しながらも、道徳的観点から憤慨を表現してしかるべきであるという圧力に耐えている人々がいる。他方で、憤慨を直接的に表現するという単純な行動形態によって、あるいは、アルコール漬けや乱交のような生理学的麻痺状況によって、こうした諸問題に対処している人々もいる。両者を比べると、前者のほうが共産主義に弱い立場にいるように思われる。アメリカとイギリスの中産階級の資料から繰り返し明らかになったことは、こうした知的正当化のパターンが疎外感や不適応感と衝動に対処する手段と化していることである[72]。

　アーモンドは病歴の精神分析的手法に訴えている。これは、ラスウェルが『精神病理学と政治学』で使った精神病院の記録分析の手法に類していることは明らかである。だが、ラスウェルの論述は冷戦のはるか以前のものであり、神経症や不適応症をあらゆる立場の政治家に当てはめているのにたいし、アーモンドは、この種の診断を共産主義の活動家にのみ適用していることになる。

　アーモンドは、また、フランスとイタリアの労働者と農民に共産主義が説得力を持ち得るのは、神経症というより、貧困や失業といった客観的な社会経済状況によるとしている。したがって、彼の政策的提言は個別に対応すべきものとなっている。つまり、アメリカにおける共産主義の影響は周辺的なものに過ぎないから、ブラックリストの作成や反復攻撃は、あるいは、旧共産主義者を非難することは逆効果を呼ぶことになる。だから、共産党の離反

者やその前衛組織については、過去の間違いを許し、アメリカ社会に再び戻ることを促すべきであるとしている。これにたいし、フランスとイタリアについてみると、アメリカは共産党を決定的に弱くするという政策に失敗し、両国の共産党は経済と政治の安定化に背を向け、ソビエトの政策目標に追随していると位置づけている。かくして、アーモンドは、アメリカ政府が直接的に介入するよりも、アメリカの労働組合を使って、非共産主義の左翼運動を支援する大胆なキャンペーンを展開することで民衆の共産党に対する支持を吸収すべきであると提言している。このキャンペーンは「コミュニケーション〔つまり、プロパガンダ〕と組織的ネットワークを……反共ではあるが、労働者階級の利益を目指している戦闘的な労働者階級のエリートによって」構築しようとするものであり、「こうしたエリートであれば、賢くて頑強な敵と随所で戦うことになろうし、不屈の忍耐と努力をもって共産主義の支配を徐々に切り崩し、フランスとイタリアの労働者階級を西側の陣営に取り戻すことができるはずである」と述べている[73]。

　アーモンドは、自らの著書の公刊を待たずに政策の勧告に乗り出している。心理戦略局の記録には、1952年4月16日付のアーモンドのメモが残されている。アーモンドは、このメモにおいて心理戦略局が「この研究を踏まえるとともに、……心理戦略局の視点から、プリンストンで続けている研究の有効性を評価する」ことを求めている。この戦略局はトルーマン大統領によって設置され、アメリカが世界中で展開している心理戦やイデオロギー戦を調整することを任務としていたが、その実態は多くのアメリカ人には知らされていなかった。アーモンドは客員コンサルタントに任命され、社会科学者の専門グループに加わっている。このグループには、ハドレイ・カントリル、クライデ・クルックホーン、フィリップ・セルズニック、ハロルド・ラスウェルのみならず、ラスウェルの助手のダニエル・ラーナーやモリス・ジャノヴィッツも含まれていた[74]。

　公表されている素描的伝記によれば、1950年代と1960年代早期に、アーモンドはしげく政府（ないし準政府）機関のコンサルタントを務めている。こ

れには空軍大学（1948年）、国務省（1950年）、海軍調査局（1951年）、ランド（ＲＡＮＤ）コーポレーション（1954-55年）が含まれている。また、1960-61年には、アメリカ空軍科学諮問局の委員ともなっている[75]。だが、このリストは完全とは言えない。というのも、この伝記は、心理戦略局における活動が、とりわけ、トマス・シェリングやイシエル・ドゥ・ソラ・プールのみならず、アメリカ空軍戦略本部の名高い司令官であるカーティス・ルメイとともに極秘の「非通常兵器に対する態度に関する作業委員会」の委員であったことが洩れているからである。この秘密委員会における社会科学者の中心課題は、（アーモンドの班が戦時期に戦略爆撃研究を中心としていたように）市民の士気を分析することにあった。つまり、第三世界で化学・生物兵器や核兵器を使ったとすると、対象国の人々が予期せざる反応を示すことになるだけに、これを最小に押さえ込む方法を発見することが求められていたのである。また、穀物破壊手段は飢饉を広く呼ぶことになるだけに、予測される事態の分析も委員会の課題とされていた[76]。こうみると、比較政治の分野で指導力を高めていた頃に、アーモンドは国家安全保障の分野でも多忙であったことになる。

　アーモンドは政治文化と政治心理学の研究を深めるとともに、国家安全保障との結びつきも深くしていたことになるが、両者の連関は、彼の研究を支えた人々や機関にも明らかである。これは、『共産主義のアピール』と『市民文化』の研究資金がカーネギー財団に負っていることにもうかがい得ることである（彼は、序文で資金援助について感謝の意を表している）。また、この財団の指導者たちは、1940年代と1950年代に国家安全保障機関との関係を深くしている。アーモンドを支えたのがカーネギー財団の上級理事のジョン・ガードナーである。彼は第二次世界大戦期に心理戦にかかわったことで有名であり、後に、カーネギーの職務を果たすなかで、国防省の基幹委員会は心理戦の科学分析に当たるべきであると進言している[77]。アーモンドは『共産主義のアピール』の執筆のために国外の共産主義者へのインタビューを繰り返している。また、『市民文化』の研究は多くの海外調査に依拠している

が、その役割はアーモンドの友人であるエルモ・ウィルソンがあたっている。ウィルソンはアーモンドの戦時期の勤務先であったＯＷＩの調査部を指導し、その後、主として、アメリカ政府との契約を得て国際世論研究機関を組織している。また、彼自身も心理戦略局のコンサルタントを務めるとともに、政府基金の秘密プロジェクトの主な参加者でもあった[78]。そして、（アーモンド自身も認めているように）彼の研究と論文の、あるいは、いずれかの助言者となった同僚の多くは、心理戦と情報分析にかかわっているし、なかには、その重責を担った研究者もいる[79]。要するに、アーモンドは第二次大戦中に編成された社会科学者・世論調査員・財団理事のネットワークの一角を構成し、そのメンバーたちの支援を得て冷戦期においてもイデオロギー戦と心理戦の遂行にあたっていたことになる。

　以上の脈絡からすると、『市民文化』は、より一般的には、この書を古典とする「政治文化」論は、どのように人心をつかみ、コントロールするかという課題のなかで生まれた代表的著作であったことになる。それは、政治学の研究と国家安全保障の政治とが補完しあいながら辿った軌跡であり、第一次大戦期の市民の士気という問題を端緒とし、1920年代と1930年代の「市民訓練」と「プロパガンダ」の研究を経て、第２次大戦と冷戦初期に士気とプロパガンダの関心と結びつき、さらには、生成期の諸国民の人心をどのように把握するかという問題に連なってくるのである。政治理論の内発的モメントという点では、やや古い一里塚の位置にあるとしても、政治文化論的アプローチが、なお、重要であると判断されていると言えよう。その提唱者たちが現に求めたことは、部分的であるにせよ、この概念によって「政治文化を意識的に変えるための可能性と限界をより深く理解することで、国民の発展を期す」ことであった。この点で、エレン・ハーマンは、「部分的にしろ、政治文化論が第三世界の政治変化を案出するために提示した青写真であったから、つまり、アメリカの外交・軍事政策を基本的対象としたからこそ、政治文化のパースペクティブは1960年代中期までに支配的なものとなり得たのである」と指摘している[80]。

ルシアン・パイとMITの国際研究センター

　ハロルド・ラスウェルは国家安全保障の幹部集団を、つまり、政治心理学の専門家の育成を展望したが、この点では、彼の学生であるガブリエル・アーモンドも同様であった。1950年代初期までに、アーモンドは、既に、重要な政治学者としての地位を確立していて、有能な学生の注目を集め始めていた。そのなかにはシドニー・ヴァーバ、マイロン・ワイナー、ルシアン・パイのように、その才能をもって政治文化と政治発展の指導的な研究者となったものもいる。パイ（Lucian Pye）は1951年にイエール大学で学位論文を完成し、プリンストンの研究所で亡命研究者たちに合流している。彼は「中国喪失」の魔女狩りを逃れた数少ない中国研究者のひとりであった。フォード財団の記録によると、1953年にマラヤのゲリラ研究の有力な候補者に指名されているが、この研究は、フォード財団がCIA長官のアレン・ダレスとの緊密な協力の下で進めた一連の諸国研究の一環であった[81]。

　パイは、プリンストン国際研究センターで、アーモンドの厳しい指導を受けて『マラヤのゲリラ共産主義（*Guerrilla Communism in Malaya*）』（1956年）を残している。彼は、マラヤで6ヶ月を過ごすなかで、イギリスの植民地行政官と親密な協力関係を結んでいる[82]。この書は植民地機関を好意的に位置づけるとともに、イギリスの反乱対策が、基本的には、マラヤにおける資源を継続的に確保するためには必要なことであったと評価している[83]。

　パイの書は、内容と方法の点でアーモンドの著作と「強い関係」にあり、共産主義のアピールの検討をアジアに広げるものであって、ラスウェルとアーモンドの手法である共産主義者の「人生史」の分析に依拠しつつ、イギリス警察に投降した人々を対象としている。また、アーモンドが共産主義者たちは目的のためには暴力もいとわないし、徳性や品性を顧みない人々であるとしているが、この点では、パイも同様の認識を示している[84]。

　アーモンドは、アメリカでは神経症の知識人が共産主義の標的とされるのにたいし、イタリアとフランスでは貧民と失業者が対象とされていると述べ

ている。また、アジアで共産主義が跋扈しているのは、「近代世界の仲間入りをするために多忙な活動を過ごさざるを得ない人々」の不安と混乱に負うものであると指摘している。そして、インタビューした共産主義の離反者たちの特徴を挙げ、彼らは分析的というより直感的に思考する人々であって、「因果性について統一的ないし明確な理解を欠いている」とし、伝統的社会の規範を脱しつつも、「予見し得ない世界のなかで、自らを導き得るだけの行動基準を欠き……文化変容に出会った人々に広く見られるように、活動の形態ないしスタイルを、目的よりも手段を重視せざるを得ない」状況にあるとする。さらには、「この種の人間類型こそ共産主義が求めている」と言えるのは、共産主義とは「手段を重んじるあまり、その目的を評価し得るだけの基準に欠けた人々を基盤としてのみ跋扈し得る」に過ぎないからであると述べている。パイは、アジアで共産主義を取り除くには経済発展だけでは不十分で、「政治発展」と一体化しないかぎり困難であるとし、結論的には、近代化の過程にあるアジアの大衆の不安感に対処するには、非共産主義的な別の組織的な捌け口を創り出すことで、「〔経済的〕援助を受けている人々のあいだに強い共同体感」を育てる必要があると指摘している[85]。

　パイのマラヤの共産主義の分析に緒を得て、対共産主義戦の心理学的分析は説得や「プロパガンダ」から「開発」へと広がることになった。こうした趨勢の先頭に立ったのがマサチューセッツ工科大学（MIT）の国際研究センター（CENIS）の研究者戦士たちであり、パイも1956年に、これに加わっている。CENISはTROYプロジェクトに発している。これはMITの極秘研究グループであり、その課題は鉄のカーテンの彼方にプロパガンダを展開し得る方法を開発することで国務省を助けることにあった。このプロジェクトの最終レポートが、1951年2月に国務長官に渡され、アメリカの大学はアメリカの外交関係と情報の機関との関係を強化すべきであるとしている。また、このレポートの付録では、大学のキャンパスに助成型研究センターを設置し、政府を助けて政治戦を行なうべきであるとしている。CENISはこの種の最初のセンターにあたり、CIAとフォード財団の資金協力

を得て設置され、ＣＩＡの副長官で経済学者のマックス・ミリカンが最初のセンター長に就いている。その研究の秘密を守る必要から、ＣＥＮＩＳは武装の守衛でかためられていて、その敷地に立ち入るには許可証が求められた[86]。

ＭＩＴは1965年に政治学部を置いているが、その要員は、主としてＣＥＮＩＳの出身者たちであった。実際、この政治学者集団は高い業績を残していて、国家安全保障機関の支援を受けて集められただけに、この学部は、まもなく、教授構成の点で上位10位のなかにランクされることになった[87]。その評価を急速に高くしたのは、量化とコンピューター・シミュレーションの方法の開発に先駆的役割を果たすとともに、政治学の科学的アプローチの陣容を強化し得たことによる。

パイはＭＩＴに加わった後も国家安全保障の政治にかかわるとともに、比較政治と政治文化の分野で指導的研究者として、その名声を高くしている（1988－89年にＡＰＳＡの会長に就いている）。また、1961年にプリンストン大学で開かれた「内戦」に関するシンポジュームに、「暴動の根源と反乱の原因」と題するペーパーを寄せている。このシンポジュームには、政治学者のハリー・エックシュタイン、カール・ドイチュ、ラスウェル、アーモンド、ヴァーバ、リプセットも参加している。エレン・ハーマンは、「理論的研究会のように見えても、このシンポジュームは軍事実践の世界とは無縁とは言えないものであったし、ハリー・エックシュタインは、このシンポジュームの企画者として、……スミソニアン研究所の心理学と社会科学研究グループにペーパーを提出するとともに、数ヵ月後に軍事行動研究の方向について国務省に助言している」と述べている[88]。

ほぼ同じ頃、エックシュタインとパイは海軍調査局（ＯＮＲ）のためにレポートを準備している。これはイシエル・ドゥ・ソラ・プールの編書に収められていて、政府は政治学者との関係を密にし、反乱鎮圧の研究を深めるべきであると述べている。また、このレポートで、パイは、反乱鎮圧の研究は「社会科学者にとって、〔研究領域の点で〕軍事戦略の他の多くの側面よりも

生産的なものであるし、……国内治安部隊をどのように編成し、展開すべきかという点で、社会科学は有効な知識を提示し得る確かな位置にある」と指摘している[89]。このように、社会科学が戦争研究に有力であるとするおごりは、1960年代に広く見られたことであって、とりわけ、マサチューセッツ州のケンブリッジには著しいものがあった。プールは、MIT政治学部の初代学部長として、「アメリカ政府がベトナムの村落民を、あるいは、ドミニカの学生やソ連の著述家を理解してはいないと思う」のであれば、「CIAは最善の社会科学者を雇い、彼らとの接触を深くするように求め続けるべきである」と述べている[90]。ケネス・ウォルツ（Kenneth Walz）は指導的な国際関係の研究者である。1964年の有名なハーバード・MIT軍縮セミナーを回顧して、このセッション中に、発表者が、合衆国はベトナムで勝利すると思われるのは、「他国はいざ知らず、この国には社会科学があるからにほかならない」と報告したと述べている[91]。

　ONRレポートの勧告は、ケネディ政権によって実施されている。また、反乱鎮圧の研究資金の多くは社会科学研究プロジェクトとその関係機関に配分され、パイとCENISの同僚たちがその恩恵に浴している。パイは国務省の反乱鎮圧理論のコースを担当するとともに、国際開発局に助言を与えている。そして、クリストファー・シンプソンが指摘しているように、「アジア人を対象とした心理戦について、しげく政府に助言している」[92]。こうした役割を果たすなかで、パイはベトナムを訪問し、マラヤにおける共産主義の離反者との経験を「チェウ・ホイ」計画に援用しているが、この計画はベトコン要員の離反を目的とした心理戦キャンペーンであった[93]。パイとプールが、また、MITのダニエル・ラーナーが開発した理論的考察は、CIAが考案したフェニックス計画にも使われている。この計画は説得によって、あるいは、多くの事例に見られるように手っ取り早く抹殺することで、ベトコン要員の無力化を期すものであった[94]。

　イシエル・プールは、1930年代後期にはシカゴ大学の「キャンパス・リーダーで、熱心なトロッキー主義者」であった。彼はラスウェルとともに学び、

第4章　冷戦政治

戦時中はラスウェルの議会図書館部で働いている。この戦時期の仕事を介して、国家安全保障機関と深い、また長い関係をもち始めることになる。冷戦期にはＲＡＮＤコーポレーション、統合参謀本部兵器開発グループ、アメリカ空軍作戦立案局、国務省の研究と技術開発理事会、ラジオ・フリー・ヨーロッパのコンサルタントを務めている。とりわけ、ラジオ・フリー・ヨーロッパのために、全体主義社会におけるコミュニケーションのコンピューター・シミュレーション・モデルを開発し、ソ連の聴衆の規模を判定しようとしている（この営為はプロジェクトＣＯＭＣＯＭと称されることになる）[95]。

　ほぼ1966年から68年に、プールはＡＲＰＡの主要な契約者として、ベトナムにおける反乱鎮圧の研究にあたっている。また、サイマルマティックス・コーポレーションを運営しているが、この機関は1959年にプールを共同設立者として発足し、ケネディの大統領キャンペーンのために投票者のコンピューター・シミュレーションを行なうことを目的としていた。ＡＲＰＡはサイマルマティックスと数種の研究契約を交わしているが、そのなかにはチェウ・ホイ計画、農村の宣撫、都市の撹乱も含まれている。この課題を遂行するために、サイマルマティックスはジュニア研究員を雇い、フルタイムのフィールド・ワークの課題にあたらせるとともに、ジュニア研究者集団をリクルートし、短期のベトナム調査にも派遣している[96]。こうした研究者のひとりに、社会心理学者のジェームズ・ウィティカーがいる。彼は1966年の夏にプールをはじめとする社会科学者たちとベトナムを訪問し、軍人の扱いを受けてエア・アメリカの飛行機でベトナムのチェウ・ホイ・センターに案内されている。彼は、チェウ・ホイの有効性を査定するとともに、ベトナムにおける戦略心理戦の成果を検討することを求められている。彼の記憶によれば、このグループが帰国した後も、５名の院生がベトコンの離反者の「深層面接」を行なうために、ベトナムで６ヶ月を過ごしたとされる[97]。

　ウィティカーの記録からすると、サイマルマティックスとの契約は研究費と院生の雇用の、あるいは、いずれかの資金源とされたことになる。例えば、ポール・バーマンの学位論文は、部分的にしろ、プールの指導を受け、サイ

マルマティックスが実施した共産主義の離反者とのインタビューのメモに依拠してもいる[98]。もっと入り組んだ例は、別のプールの学生であるサミュエル・ポプキンの場合である。彼はウィスコンシン北部の出身で、1950年代後期にMITに入学している。彼の言によると、"スプートニク"のお蔭で、この大学を選ぶことになったが、自らの背景からすると型破りの青年のすることであったし、入学当時のキャンパスは冷戦強硬論にあふれていたという。また、当時、CENISの著名な准教授のウォルト・W．ロストー（Walt W. Rostow）の『経済成長の諸段階：非共産主義宣言（*Stages of Economic Growth: A Non-Communist Manifesto*）』が大人気を博していたが、彼はケネディ政権に参画する局面にあり、ソ連の研究者たちが図書館で生成期の国民に革命熱をどのように吹聴するかを考えているように、我々も図書館をいっぱいにし、自由の大義のために第三世界の人心を捉え得る方法を学ばねばならない、と教養クラスで語ったという。

ポプキンは1965年に大学院生であった。彼はサイマルマティックスに出向き、ニューヨーク市の貧困対策プロジェクトに参加している。世論分析を専門としていただけに、ベトナムについては無知であったが、サイマルマティックスがARPAとの契約を受注したとき、ベトナムに行くことを選んでいる。これは徴兵逃れによるところもあった。彼はベトナムの農村で1ヶ年間、村落宣撫の作業にあたるとともに、ベトナム学生のチームを指導し、南ベトナムの村民や村落民兵にインタビューさせ、民兵の有効性の評価を試みている[99]。

ベトナムで、ポプキンはアメリカ軍の規模の大きさに衝撃を受けるとともに、アメリカ軍が個人の敵対行為の仕返しに全村を焼き払うことも多いことに愕然としている。また、ベトコンがスターリンの方法に訴えていることにも驚いている。ラディカル派になったわけではないし、多くのラディカルな反戦主義派とは違ってホー・チミン政権の支持に回ったわけではないとしても、アメリカのベトナム政策に批判的となった。1969年の学位論文ではベトナムの村落政治を支持している。そして、1971年にハーバード大学で教えつ

第 4 章　冷戦政治

つ、学位論文を公刊している。だが、ペンタゴン・ペーパーズを無断で流布したとの理由で喚問され、連邦大陪審で証言を求められている。彼はダニエル・エルズバークの友人ではあったが、ペンタゴン研究が流布されたことには関知していないとし、また、研究中にインタビューしたアメリカの公務員の名前も明らかにしなかった。1972年11月、法廷侮辱罪に問われ収監されるとともに、彼の写真が『ニューヨーク・タイムズ』紙の第1面に載った。ハーバード・ロー・スクールが法務省に強い「圧力をかけた」ことで、14日間の拘留後に釈放されている。その後、人生を立て直すために西部に移り、カリフォルニア大学サンディエゴ校の政治学プログラムの設立に参加し、上級の教授職に就いている[100]。

　ポプキンの『合理的農民（*The Rational Peasant*）』（1979年）は重要な著作ではあるが、図書館の資料に依拠せざるを得なかったのは、司法省との対決のなかで、自らのフィールド・ワークのノートを利用することができなかったからである[101]。この書の重要性は、部分的ではあるにせよ、比較政治に合理的選択アプローチを実質的に初めて導入したことに求めることができる。彼は、アジアの農民が西側の農民と同様に、計算高い個人であり、政治的にも洗練されたものがあると位置づけている。この枠組みを導入するにあたって、既述のように、パイがマレーシアのゲリラの発想は分析的ではないと主張していることに見られるように、当時、支配的であった比較政治の精神文化的アプローチの民族中心主義に対して、意識的に対抗しようとしている。この書が公刊されて以降、合理的選択アプローチは、比較政治と政治学一般において支配的なものとなったが、すべての正統派が辿らざるを得ないように、今や、その批判者たちは政治学にマイナスに作用していると位置づけている[102]。

　ＭＩＴの政治学者たちは、政府の奉仕者として、またベトナム戦争の公的支持者として、この戦争に深くかかわっていた。1965年7月、プール、パイ、ロバート・ウッド、ウィリアム・グリフィス（William Griffith、ＣＩＡ支援のラジオ・フリー・ヨーロッパの主任政治アドバイザーを務めたのち、1959

年、CIA支援のCENISに移っている)は、『ニューヨーク・タイムズ』紙の編集者に書簡を送り、ジョンソン大統領の戦争拡大方針を支持する旨を伝え、次のように述べている。「アメリカ外交政策の創造的局面として、歴史家は1965年を回顧することになろう」し、「アメリカの行動主旨は明快である。つまり、我々は、隠然と公然のいずれを問わず、共産主義者の侵略に抵抗する用意にあるということである」と。ある大統領補佐官は、この書簡が「有名な研究者」のサイン入りであり、「あなたの決定を支持するという明確な主張が含まれている」とジョンソン大統領に伝えている。また、数日後、リンカーン・ブルムフィールドは、ロンドンから『ニューヨーク・タイムズ』紙に宛てて、同僚の主張を支持する旨を伝えている。彼は、国務省からMITに赴任していて、「学界からアメリカの対抗策を非難する声が発せられているが、南ベトナムに対する野蛮で容赦のない、しかも、文字通り残忍な陰謀を懸念するものであったり、撤回を求めるものではない」と指摘している[103]。

MITの政治学者の公然たるタカ派的性格がキャンパスにおける反戦運動の格好の標的となった。1969年10月、150名の学生達がCENISビルに向けて平和裡に行進し、プールのCOMCOMプロジェクトと他の2つの心理戦プロジェクトの、つまり、グリフィスを中心とする「国際共産主義」および「ケンブリッジ・プロジェクト」の停止を求めた。後者は外国の科学的研究のためにコンピューター技術を開発することを目的としていた。数週間後に、プール、パイ、グリフィス、マックス・ミリカンは革命的模擬裁判にかけられ、「人道に対する罪」をもって有罪とされた。恐らく、こうした事件があったからであろうが、プールは、1971年にラスウェルに宛て「CENISで血も乾くような1年を過ごしている。ケンブリッジに来て、その悲惨な現実を知っていただきたい」と伝えている[104]。

MITの政治学者たちのタカ派的姿勢は、ベトナム戦争に対するアメリカ政治学者の姿勢をどの程度に代表するものであったのだろうか。確かに、1965年以降、多くの政治学者たちは多様な局面で、この戦争に反対するよう

第4章　冷戦政治

になっている。また、ベトナムが多くのアメリカ人の意識に上る以前に、この戦争に反対する論者もいなかったわけではない。この点では、シカゴ大学のハンス・モーゲンソー（Hans Morgenthau）は反戦の主張を掲げたという点で、最も早くからの、鋭い一貫した代弁者であった（彼は、最も傑出した公的知識人であり、同世代の最も重要な国際関係の研究者でありながら、ＡＰＳＡの会長に選ばれたことがない。これは、この学会の記録に残る汚点である）。ハーバード大学のスタンレー・ホフマンは、彼の言に従えば、1963年に「尚早の反戦主義者」となったとされる。また、コーネル大学のアジア専門家のジョージ・ケイン（George Kahin）とジョン・ルイス（John Lewis）は『ベトナムのアメリカ（The United States in Vietnam）』（1967年）を残している。この書は、アメリカの学界の反戦への転換という点で、最も影響力を与えた著作のひとつである[105]。1968年に、モーゲンソー、ホフマン、アーモンド（この頃には外交政策官僚との結びつきを断っている）は、民主党の大統領候補で反戦派のユージン・マッカーシーの外交顧問チームに参加するが、ヒューバード・ハンフリーを支持したズビグニュー・ブレジンスキーとサミュエル・ハンチントンに敗れている[106]。

　反戦派の声の高まりの例は多いとしても、ＭＩＴのタカ派の意見が周辺化したわけではなく、とりわけ長老に顕著であったし、政治学者は、総じて、他のアメリカの知識人よりも強く政府の政策の支持に回った。決定的とは言えないまでも、これを証明する３つの資料を挙げることができる。第１は、1965年７月付の大統領宛てのホワイトハウスのメモである。これには「政府の政策を支持するアメリカの指導的な多数の教授」によるとのサインがあり、「この声明を新聞広告に載せる基金を募る用意にあるし、……学界は、ハンス・モーゲンソーを支持していないことは確かである」と述べている。この声明はドナルド・ハーツバーグを発起人としている。彼は、ラトガーズ大学のイーグルトン政治研究所の所長で、ＡＰＳＡの主要メンバーであった（以下で検討する）。また、67名の署名者の多くは政治学者で、パイ、リプセット、ハンチントン、モートン・ハルペリン、ジェーン・カークパトリック、ロ

バート・オスグッド、マーティン・ダイアモンド、カール・サーニーも含まれている[107]。

アメリカの政治学者が総じてタカ派であったことを示す第2の資料として、1966年11月にモーゲンソーが「真理と権力」と題して公表した小論を挙げることができる。この小論で、彼は次のように述べている。「知識人の世界の多くは、実際、沈黙しているか、あるいは、腐敗している。この点は、とりわけ、専門家として政府の諸活動に関心を持っているグループに妥当する。例えば、ベトナム戦争に反対した知識人のリストを調べてみると、政治学者が、いかに少ないかに驚かざるを得ないであろう」と。さらには、「反対派の同僚を異常なまでに攻撃している一部の知識人たちが、公衆に隠れて、パート・タイマーとして政府のために働いている」と、また、政府との契約のなかで生まれた研究は「党派色を隠すイデオロギー的煙幕に過ぎず、権力に知的覆いをかけ、客観的真理をもって現れる」と痛烈に批判している[108]。

社会学者のチャールズ・カドゥーシンは、1970年に、アメリカ知識人を注意深く検討することでモーゲンソーの指摘を確認している。彼は、知識人、学界・非学界人の110名に当時の重要課題について尋ねるというサンプル調査から、知識人の大多数がアメリカのベトナム政策に反対しているか、あるいは、1960年代に批判派に転じ、終始、支持した知識人は少数に過ぎなかったと判断している。だが、支持の姿勢を変えなかった論者について検討するなかで、「常にアメリカ政府を支持していた知識人のほとんどすべてが政治学ないし公法の関係者であり、何らかのかたちで政府と結びついていた」と述べている。もちろん、彼のサンプルの反対者のなかには、一部の政治学者も含まれていたと考えられるが（インタビューを受けた人々の名前は伏せられている）、政府のベトナム政策を強く支持し続けた論者となると、ほとんどが政治学者であったという事実が浮上する。この第3の資料からすると、決定的とは言えないにしろ、MITの政治学者のタカ派的性格は上位の教授に顕著であったことが、また、政治学者たちが、総じて、アメリカ知識人よりもベトナムについてタカ派的であったことがうかがわれる[109]。

第 1 章で、『ポリティ』のデータはハリー・エックシュタインとガブリエル・アーモンドの政治発展論に刺激されたものであって、アントニオ・グラムシの言葉を借りるなら、「米独関係の歴史過程の"足跡"は、"在庫目録に留められることなく"現代の政治研究のなかに"入り込む"というメカニズム」にあると指摘した。この指摘は、米独関係にとどまらず、冷戦期についても妥当し、ＭＩＴはアメリカ政府の気前の良い支援を受けて、データをセットし、その分析方法を開発している。また、ＭＩＴの政治学者たちは政府との結びつきを隠そうとはせず、むしろ、この国のために働いていることに誇りすら覚えている。だが、科学としての政治学に携わっていたにしろ、自らの方法とデータが、また、研究機関が冷戦の政治と結びついているという意識は、せいぜい、おぼろげなものに過ぎなかった。

エブロン・カークパトリックの政治とＡＰＳＡ

政治学の研究という点で、わけても強い影響を残したとは言えないにせよ、エブロン・カークパトリック（Evron Kirkpatrick, 1911-1995）はＡＰＳＡの専務理事として、組織力と政治手腕を発揮している。27年間（1954－81年）、この役職を務めているが、その間にＡＰＳＡの会員は 2 倍以上に増え、年次大会の形式も改善されている。また、ポピュラーな議会フェローシップ・プログラムのようなプロジェクトを始め、多くの寄金を獲得している。さらには、ＡＰＳＡの財政・一般相談役のカール、カムペルマンの助力を得て、ＡＰＳＡをワシントンの最も有望な学界のひとつに変えている[110]。

カークパトリックの友人で後継者のトマス・マンの言によれば、カークパトリックは、「人々の政治行為に関する議論と論証が科学的であることを求める」とともに、全国科学財団（ＮＳＦ、1950年に海軍調査局の活動の一環として設立）の社会科学プログラムに政治学を組み入れるにあたって重要な役割を果たしたとされる。また、全国選挙研究の継続的な財政的支援を確保

することで、政治の科学的研究のインフラを制度化し、政治と社会調査の大学間コンソーシアムの確立を支援している。そして、立場上、理論的討論に公然と加わることはなかったにせよ、個人的には行動論運動に同調していたとされる。彼の根回しもあり、行動論者のオースティン・ラニーは「伝統主義的な」ハーヴェイ・マンスフィールド（Jr.）の後を受けて、1966年に*APSR*誌の編集者に就いているが、この任命をもって、この研究誌は直ちに科学的方向を目指すことになった[111]。

政治学を中立的で非政治的科学とすることを目指していた局面においても、カークパトリックは3つの相互に結びついたレベルで政治にかかわっていた。それは、ＡＰＳＡ、民主党のヒューバート・ハンフリー・グループ、心理学的冷戦である。

カークパトリックは、1939年にイエール大学で学位を修得し、1935年にミネソタ大学のインストラクターとなり、1948年に教授に昇任している。1930年代後期には、ミネアポリスでトロツキストとして名を馳せたが、その後、ラディカルな運動から手を引き、ミネソタの民主的農民・労働者党を形成するにあたって、かつての教え子にあたるヒューバート・ハンフリーを援助している[112]。

第2次大戦も終わろうとする頃、少時はミネソタ大学に所属しつつも、カークパトリックの教授生活の中心はワシントンへと動くことになる。1945年に、ＯＳＳの調査分析部の副所長となっている。また、ＯＳＳが1945年の遅くに解散されると、その調査・分析スタッフと共に国務省に移り、国務省の情報部に8年間、勤めている。彼は、調査・情報部の副調査主任とプロジェクト監理者となり、1948年から1952年に国外調査主任を、また、1952年から1954年に心理学的情報と調査のスタッフ主任を務めたのち、1954年に国務省の情報調査局の局長代理に抜擢されている。こうした地位を経てＡＰＳＡの常勤理事に就いている[113]。

国務省におけるカークパトリックの任務のひとつは、学問的装いをもってプロパガンダを指揮することであった。そのなかで、かつてのナチ協力者を

第4章　冷戦政治

含めて東欧の亡命研究者を隠密裏にリクルートするとともに、反ソの方向を帯びた、表向きは私的研究機関に要員を送り込む中心的役割を果たしている。また、対抗プロパガンダの著作の推薦人となり、その出版にお墨付きを与えることにも同意している。この種の著書は、一応、私的出版社から公刊されてはいるが、その執筆者は、現実には国務省の調査員たちであった。カークパトリックの下で働いた研究員のひとりが政治学者のジェーン・ジョーダンであり、彼女はカークパトリックと結婚している[114]。

ＡＰＳＡの政治

カークパトリックの死後に、彼を讃えて、「〔ＡＰＳＡ〕の政治化を防いだ」とされているが、この指摘には彼も満足の意を表したことであろう[115]。だが、組織と政治とを分離すべきであるという要求をもって政治的中立性を期すことは困難であると言えるのは、こうした要求自身が、所与の組織のリーダーシップの利益の枠内に収まるものであるからにほかならない。ＡＰＳＡの会長と評議員メンバーの任期は制限されているが、専務理事の任期は定められてはいない。長い在任期間のなかで、カークパトリックは権力構造を作り上げ、彼は否定するにしろ、この構造は、必ずしも会員の感情に沿うものではなかった。

1969年に、アラン・ウルフ（Alan Wolfe）はＡＰＳＡの政治を痛烈に批判して、「ＡＰＳＡの選挙過程は、アラバマ州の、あるいは、ソ連の過程に極めて似ている」とし、さらには、次のように指摘している。指名委員会は、規定により各委員会の委員をひとりだけ推薦するものとされているし、1958年から1967年のあいだに（会長、副会長、評議員に）149回の推薦があったが、いずれも年次総会で問題とされることはなかった。総会も短時間で、出席者も少なく、決定設定というより、承認するにとどまるものであった。意味のある選挙と参加を欠いていただけに、この学会の現実は「寡頭制」によって運営されていて、議会フェローシップや委員会のメンバーとなるのと同様に、

経歴をつけるという恩恵を振りまくことで一般会員の忠誠を引き出しているにすぎない、と[116]。

ウルフは、この事態は当時の指導的研究者に暗黙の理想的政治システムの姿であると分析している。とりわけ、アーモンド、エックシュタイン、オースティン・ラニー、エドワード・バンフィールドの理論に触れつつ、次のように述べている。

> この種の政治学の脈絡からすると、ＡＰＳＡの内部困難は、それほど驚くべきことでもない。ＡＰＳＡは寡頭化傾向をもった利益集団であった。これは、私的集団には避けがたいことであるし、集団闘争において、より実効的なものとなる。ＡＰＳＡにはアパシーが広がっていて、投票結果も低率であった。だが、大衆活動が活発化しすぎると、政治システムの微妙な安定性が崩れだすだけに、この状態が最善なのであろう。権力構造が存在していたし、政治システムには強力なリーダーシップが必要とされた。……選挙は無意味なものとなりつつあったが、これが正しいとは言えないのは、人々を選ぶという選挙の目的は二の次にされていたからである。これは、はるかに重要な趨勢の指標に過ぎない。ＡＰＳＡの雰囲気はすべて非政治的であったが、政治的論争はスマートな人間であれば避けるべき悪い事態であるだけに、我々は幸運であるというべきであろう。唯一の調査結果によれば、会員はリーダーシップから疎外されているように見えたが、これは自らの権威主義的認識を表明しているに過ぎない。調査を広げても、会員は、現に、満足していることを示すことになろう。

ウルフが挙げている調査の実施者によれば、「政治学者たちの大多数は、既成体制が存在していて、少なくとも専門的生活のいくつかの点で実質的影響力を行使していると認識している」ことになる[117]。

カークパトリック政権下の学会で狭い権力構造が生まれていたとする理解は、デヴィッド・イーストン（David Easton）の指摘にも読み取ることができる。彼は行動論運動の基本的テキストの著者であり、ベトナム戦争期に、学会内の反戦派に同調の意を示している[118]。また、ＡＰＳＡの副会長（1967–

68年）と会長（1968-69年）を務めるなかで、その内部事情を観察する機会を持っている。イーストンがＡＰＳＡの執行委員会の最初の会議のひとつに出席した折に、カークパトリックは自らの退職プランには資金が不足していると説明したのち、部屋を出たうえで、個人的代理人を介して事情を説明している。この局面で、ＡＰＳＡの顧問弁護士であったマックス・カムペルマンが部屋に入り、ＡＰＳＡに彼の年金の実質的一括払いを提案し、委員会は、利害の対立が予想されたにもかかわらず、直ちにこれを承認している。この問題は運営委員会で公式に取り上げられることはなかった。

　イーストンの指摘によれば、カークパトリックは、誰が自らの眼鏡にかなう業績を残し、自らのプロジェクトを進めているかを極めて的確に見分けていたとされる。そのなかで、おのずと形成されることになったのは、「彼を中心とし、気心の合った仲間集団であって、彼も彼らの便宜を図ることで、課題の遂行を期し得ることになった」とされる。こうして、カークパトリックは、

　　学会において強い影響力を持つことになり、それだけに、……行動を共にした人々は、たちまち精神的にも彼に同調することになったし、彼もアジェンダや学会のプログラムの再設定に尽力し、妥当な研究者がプログラム委員会の任に就き、学会の運営に参加し得るように配慮するようになった。そして、*APSR*の編集も、結局、起こっていた諸変化に同調する人々が中心とされるようになった。

　カークパトリックの仲間の多くは行動論者で、ジャック・ペルタソン、リチャード・スキャモン、ハワード・ペニマン、マックス・カムペルマン、カール・サーニー、ハインツ・ユーロー、ハロルド・ラスウェル、ドナルド・ハーツバーグ、ウォレン・ミラー、オースティン・ラニー、ジェーン・カークパトリックが含まれていた。また、カークパトリックの家がこの集団の気に入りのたまり場となっていた。この点で、ユーローは、最近、次のような思い出を述べている。「うまい具合にウォレン〔ミラー〕とは、また、

もっと早い局面ではオースティン・ラニーやハロルド・ラスウェルといった友人とはベセスダのエブロン・カークパトリックの家で会ったが、個々の人々となると多すぎて思い出すことができない。カクテルの時間が長引いたのは、ジェーンが料理役となり、上手な話し相手となってくれたからである」と。また、ラスウェル著作集には、こうした愉快な会合について多くが語られている[119]。

　こうしたAPSAの内輪の集会メンバーの一人が、最近、亡くなっている。その死亡記事によれば、彼らは「1960年代後期に、対抗文化のラディカルなアジェンダのために学界の政治化を求めた人々と、つまり、ホワード〔ペニマン〕が大事にし、尽力した自由で民主的な社会の諸機関を、文字通り、粉砕しようとした人々」と「闘った」とされる（この記事は、ペニマンが尽力した機関として、ＣＩＡ、国務省、ＵＳＩＡ、心理戦略局を挙げている）。だが、この小グループは政治機関への愛着心を強くしつつも、覚めた政治学というヴィジョンについては意見の違いも浮上し、話し合う機会も滞りがちとなった[120]。

ＡＰＳＡとヒューバート・ハンフリーとの特別の関係

　カークパトリックは、政治学とアメリカ議会との結びつきを強めることに積極的にかかわっている。イーストンが指摘しているように、彼は、新人議員は「別の人間類型であって、見慣れない都市に来ると、……孤独になりがちなだけに、彼らの世話をしなければならない」と理解し、「自らのために、また、学界のためにも多くの友人と交わることにした」とされる。カークパトリックとの結びつきのなかで、議会は政治学にＮＳＦの権限を委任し、また、議会フェローシップ・プログラムを支援することとなり、この恩恵を受けて、議会調査の多くが政治学の専門誌に発表されている[121]。

　カークパトリックの議会との結びつきは党派を超えるものであったし、学会が議員に与えた「議会サービス・アウォード」は民主・共和両党のいずれ

第4章　冷戦政治

にも渡っている。だが、ある上院議員は他の議員よりも強くＡＰＳＡとの結びつきを強くしている。それはミネソタのヒューバート・H. ハンフリー（Hubert H. Humphrey）であり、彼は民主党の自由主義的反共陣営のひとりであった。

　この関係はミネソタ大学時代に遡る。カークパトリックは、気に入りの学生であったハンフリーと深く、長い交流を結んでいる。ハンフリーはカークパトリックの配慮を得てフェローシップを受け、ルイジアナ州立大学でチャールズ・ハイネマンの指導を受けて修士の学位を取り（1940年）、カークパトリックの推薦を得てマカレスター大学で教職に就いている（1943-44年）。また、1943年と1945年には、カークパトリックのキャンペーン支援を受けてミネアポリスの市長に選ばれている。当時、ハンフリーはマカレスター大学の多くの政治学者を友人としているし、ミネソタ大学政治学部の院生や若手教員との親交も深くしている。そのなかには、ハーバート・マックロスキー（元トロッキスト）、ホワード・ペニマン、アーサー・ナフタリン（ハンフリーが市長になる前には、彼に協力している）、マックス・カムペルマンも含まれている[122]。

　ニューヨーク生まれのカムペルマン（1920年生まれ）は社会党指導者のノーマン・トマスの友人で、1942年に良心的異議申立人の地位を得ている。政府は彼をミネアポリスに派遣し、ミネソタ大学で飢餓の実験に関する要員に使っている。この実験が続けられているあいだ、彼は法律の学位を修得するとともに、政治学の学位取得に取り組んでいる。彼の論文は、カークパトリックの指導を受け、ＣＩＯをコントロールしようとする共産主義者の試みを批判的に論ずるものとなっている。こうした反共テーマを扱うことになったのも偶然ではなく、ノーマン・トマスの同調者たちがスターリンを嫌悪し、トロッキスト派の反スターリニズムによって、これを克服し得ると考えていたからである。確かに、反スターリン主義は、かつてトロッキストであったカークパトリック、社会民主派のカムペルマン、リベラル派のハンフリーの結束を強くする役割を果たすことになった。カムペルマンが自伝で明らかに

257

しているように、ミネソタの政治学者の社会集会で最もポピュラーな課題は、「1944年に、カークパトリック、ハンフリー、ナフタリン、および同調者を一体化した民主的農民・労働者党を、どのようにコントロールし、強化するかということ」であったと、また、「共産主義者を敗北に追い込み、その影響力を排除することが我々の目的、情熱、喜びであった」と述べている。1947－48年に、ハンフリーと彼の仲間の政治学者たちが、この党の指導部から共産主義者を追放することで、この目的は実現している[123]。

1948年にハンフリーが上院議員に選ばれると、カムペルマンは彼と共にワシントンへ行き、1955年まで立法上の相談役となっている（1968年まで、ＡＰＳＡの事務局に勤めながら弁護士業にも携わっている）。ハンフリーは1943年にＡＰＳＡの会員となり、常に、全国大会に出席し、セッションの討論に参加することを求められることも多かった。ハンフリーはカークパトリックが常任理事に選ばれたことを「内心で喜ぶ」とともに、カムペルマンの指摘によれば、ハンフリーとＡＰＳＡとの関係も「親密さ」を増すことになったと、また、「ヒューバートが1955年にＡＰＳＡの副会長に選ばれたとき、会長に選ばれたかのように大喜びしていた」とされる。ハンフリーは、1959年に「議会特別サービス・アウォード」を受け、年次大会にも出席し続けるとともに、議会フェローシップ・プログラムのアドバイザリー委員会の活動的メンバーの役割を果たしている。また、30名以上の仲間たちが彼のオフィスに集い、なかには、上院議員や副大統領を務めるにあたって、彼を補佐した人々もいたとされる[124]。

カークパトリックとカムペルマンはハンフリーのキャンペーンを援助し続けている。また、部分的ではあれ、彼らの努力によってハンフリーの政治に積極的にかかわるようになった政治学者も大きく増え、その一部にはＡＰＳＡの内部グループも加わっている。政治学の分野でハンフリーの支援に積極的にかかわった人々のなかには、次の研究者たちがいる。オースティン・ラニー、ウォレン・ミラー、ジャック・ペルタソン、リチャード・スキャモン、ジェーン・カークパトリック、チャールズ・ヘイゲン、ハーバード・マッ

クロスキー、ネルソン・ポルスビー、チャールズ・ギルバート、ジョン・ロッシュ、ノートン・ロング、セイモア・マーティン・リプセット、チャールズ・ハイネマン、サミュエル・ハンチントン、ズビグニュー・ブレジンスキー、である[125]。その多くは有名な政治学者で、5人（ラニー、ミラー、リプセット、ハンチントン、ハイネマン）はＡＰＳＡの会長を、2人（ラニーとポルスビー）は*APSR*誌の編集者となっている。

　こうみると、政治学者たちの政治姿勢は多様であったにしろ、1960年代の政治学界のエリートたちの政治は、リベラリズムと強い反共主義とがまじりあったものであって、ハンフリーがこれを象徴する位置にあったと言えよう。エリートのなかでも年長の世代の多くは、1930年代後期に反スターリン主義的な左翼的雰囲気のなかで政治学教育を受け、後に中道リベラルに傾くが、反スターリン主義の姿勢だけは崩さなかった。また、数年のあいだに、一部のハンフリー支持派のリベラリズムは弱まったとしても、反共主義だけは根強く残った。1972年の大統領選挙におけるジョージ・マクガヴァン候補の指名に典型的に表れたように、リプセット、カムペルマン、ジェーン・カークパトリック、ハンチントン、ブレジンスキーは民主党の反共姿勢の弱まりに対する「新保守主義的」巻き返しの中心として登場している。また、ブレジンスキーとハンチントンは、カーター政権の外交官僚のなかでタカ派をリードするが、カークパトリックとカムペルマンは民主党から徐々に離れ、レーガン政権においては重要な外交政策の地位を占めることになる[126]。

　共産主義の侵入から民主政を守るという営為のなかで、反共政治学者たちが非共産主義的独裁体制に無批判的姿勢を示すことも起こっている。ユアン・リンス（Juan Linz）は堅い反共主義者であり、1950年代にリプセットの指導を受けるためにフランコのスペインからアメリカを訪れ、1964年にフランコ政権の無批判的検討をもって全体主義的－権威主義的類型論を提示し、強い影響力を残すことになる。また、ジェーン・カークパトリックは、調査データの解析をもってペロニズムを寛大に描き、後に、有名なことに、カーター大統領の外交政策を攻撃するなかで全体主義－権威主義の区分を復活さ

せ、レーガン派の注目を呼んでいる[127]。そして、ハンチントンは、序章で指摘したように、アパルトヘイト政権を追い詰めると、「アフリカ民族会議の革命派」に乗っ取られかねないと指摘している。

カークパトリックと冷戦政治

　エブロン・カークパトリックは政治学を冷めた科学であるとし、その展開を期している。彼が政治的関心を深くした第３の領域が心理学的冷戦である。彼は、ＡＰＳＡの理事となってからも情報官僚との関係を全面的に断ったわけではない。1955年にカムペルマンと共に作戦と政策研究（ＯＰＲ）という法人を設立し、彼らが代表と副代表に就いている。ＯＰＲは政治学者を集め、ＵＳＩＡを助けて、どのように世界中から収書すべきかについて、彼らに図書の選定を依頼している。また、ラテンアメリカの選挙政治に関する多くの資料や分析書を出版している。1967年の初期に、新聞がＣＩＡから秘密裏に資金の援助を受けている「私的」組織のネットワークを暴露したとき、ＯＰＲがＣＩＡとのパイプ役を務めている財団の支援に大きく依存していることが、また、その営業が公然たるプロパガンダにとどまらず、隠密裏の研究も含まれていることが明らかとなった。例えば、政治学者のアモス・パールミュッターはＯＰＲの下で空軍と契約し、「中東の安定化に占める対外軍事力の役割の理解を期す」方法について研究している[128]。

　ＯＰＲとＣＩＡとの結びつきが露見した後、一群の政治学者たちはカークパトリックとカムペルマンの辞任を求める回状を発している。当時のＡＰＳＡ会長のロバート・ダールは実態を調査するための委員会を組織し、過去の４人の会長を選んでいる。調査委員たちは、自立した科学であるべきとする政治学の志向と政治学者の現実政治とのかかわりの検討は避け、倫理的問題に留め、ＯＰＲはＡＰＳＡとは別の組織であるから、ＡＰＳＡの自立性が傷ついたことにはならないと判断している。また、ＡＰＳＡはアジア財団の助成を介してＣＩＡの資金の恩恵を間接的に受けていることを認めつつも、

カークパトリックとカムペルマンの指導力には「全幅の信頼」を寄せていることを表明している[129]。

調査委員会の報告は異議を発した研究者たちの注目を呼ぶことにはならなかったが、彼らの主張はベトナム戦争、市民権闘争、都市暴動を背景として、学会に広く及び始めた。こうした異端者たちは、当初は、女性、黒人、社会主義者といった学会内グループに分かれていたが、1968年の年次大会の頃に、緩やかな包括型組織として「新政治学コーカス（Caucus for New Political Science）」が形成されることになった。ニューヨーク大学のH. マーク・ルーロフスがコーカスの議長に選ばれている。活動派のメンバーにはクリスチャン・ベイ、ルース・ホーキンス、デヴィッド・ケトラー、サンフォード・ルヴィンソン、セオドア・ロウィ、マイケル・パレンティ、マーヴィン・サーキン、マイケル・ウォルツァー、アラン・ウルフが名を連ねている。学会の主流派は、このコーカスを対抗文化型ラディカリズムの温床であると見なしたが、その多くはリベラル派であったし、レオ・シュトラウスを含めて、一般に保守派と見なされた政治理論家も参加していて、行動論政治学を激しく批判することになった[130]。

コーカスの抗議の矛先は学会のガヴァナンスにとどまらず、政治学には政治的有意性が欠如していると、また、過去の10年間に*APSR*誌に掲載された論文のなかで都市危機の論文は3本、人種対立の論文は4本、貧困の論文は1本に過ぎないと指摘している。さらには、新しい行動論派のエリートたちは政治学を価値自由的なものにしようとするなかで、「政治と社会の目標という大きな課題を骨抜きにし、その構造的難点の説明を避け、システムの機能様式を主な対象としている」と批判した。コーカスのスローガンは、これに同調したイーストンが指摘しているように、「有意性と行動」であった。また、その指針は、政治学のエネルギーの方向を変え、「社会と政治の現状を記述し、その永続化ではなく、社会の変革」に求められるとした[131]。

1968年のＡＰＳＡの年次大会は、民主党大会の混乱直後のシカゴで開催されている。総会において、カークパトリックのＡＰＳＡとＯＰＲからの辞任

を求める動議が提案されたが、否決されている。また、異議申し立てグループの代弁者たちは、繰り返し、怒りを表明している。大会の最もポピュラーなパネルは「国益の弁護：ベトナムの場合」であって、これには750名が出席している。その数カ月後に、イーストンが回顧しているように、「ベトナム戦争はクライマックスに近づいていたし、……学生運動はベトナム戦争の動きと呼応していた。すべての研究者団体も例外ではなく、多くの団体は、かなりの混乱のなかで年次大会を開き、暴力沙汰も起こっていた」[132]。

1969年の年次大会はニューヨークで開かれ、平和裡に終わっている。だが、総会には約千人の会員が参集し、明け方近くまで続き、かなりの荒れた局面もあった。「新政治学コーカス」は、総会においてそれなりの勝利を収めている。というのも、この大会はイーストン会長の演説で始まり、異議申し立て者たちの変化の求めに応えるとともに、政治学における新しい「脱行動論」革命を宣言したからである。前年度の総会と異なって、議長に従うよう求める発言も少なく、あらゆる学派のメンバーたちに十分な発言時間が与えられている。また、亡くなったばかりのホー・チミンを追悼し、黙とうを求めるラディカル派もいた。さらには、決定設定権の多くを執行委員会から、もっと広い構成の評議員会に移すべきであるとする動議も採択されている[133]。

1969年の大会は、短期間ではあったが、学会に民主的復活を呼ぶことにもなった。というのも、記念すべきことに、選挙が初めて競争型のものとなり、公式の会長候補のロバート・E・レーンに、コーカス派のクリスチャン・ベイが対立候補として立ち、ベイは全体の約3分の1にあたる2,816票を得ているからである（この年の選挙が郵送によることになったのは、コーカスが総会で多数派を占めることを恐れたカークパトリック派のマヌーバーによるものである）。翌年の選挙では、コーカス派のハンス・モーゲンソーはハインツ・ユーローに敗れ、1973年には、体制派のオースティン・ラニーが小差でピーター・バクラッツを破っている[134]。

だが、ＡＰＳＡにおける民主主義の復活は短期に過ぎなかったし、それが

尾を引いている場合でもコーカス派の候補者が敗れることが多かったし、造反派が学会の非選挙型の権力組織を握ることはなかった。オースティン・ラニーが*APSR*誌の編集部から降りたときも、その後継者には仲間の行動論主義者で、民主党ハンフリー派のネルソン・ポルスビーが就いている。数年後、ラニー会長期に編集者が再び交替したとき、その地位を「コーカス・タイプ」に渡さないことを明らかにしている。エブロン・カークパトリックは1960年代後期にコーカスの主要な攻撃目標とされていたが、1981年まで、その職に留まっている。こうみると、コーカスの実質的アジェンダは、基本的には実現され得なかったことになる。政治学は、40年前よりも社会的有意性を強くしたとは言えず、今や、行動志向的なものとなっている[135]。

　新政治学コーカスは今日も存続しているが、その規模はＡＰＳＡの周辺部に留まっていて、若い政治学者のなかで、その起源を承知している研究者は、ほとんどいなくなっている。だが、今日、学界で「ペレストロイカ」運動と呼ばれているように、新しい革命的運動も浮上している。そのアジェンダは、コーカスの課題に似たところがあり、過度の数量化に反対し、より強く有意性を、また、学会内民主政の強化を求めるものである。ペレストロイカ派の活動家たちは、このアジェンダの展開を期そうとすると、学界内における政治活動が求められると判断し、彼らの指導者のひとりであるシカゴ大学のスーザン・ルドルフをＡＰＳＡの会長候補者に立てることで活気づいている[136]。脱行動論革命の挫折と行動論の勝利から引き出し得る教訓があるとすれば、選挙によってＡＰＳＡのトップの地位を占めるだけでは不十分であって、学会の根強い官僚制をどのようにコントロールし得るかということも重要な課題であるということになる。

ベトナム戦争のインパクト

　既述のように、ベトナム戦争は政治学に２つの痕跡を留めることになった。ひとつは、サミュエル・ポプキンの著作を媒介として、比較政治に合理的選

択アプローチの種がまかれたことである。他は、結局、成功しない革命に終わったとはいえ、1960年代後期に、ベトナム戦争がＡＰＳＡの塁壁を揺るがす重要な背景となったということである。また、部分的であるにせよ、ベトナム戦争に辿り得る別の学問的展開を挙げることができる。それは、調整主義的な（また、これほど強くはないが、対抗的な）イデオロギー的姿勢が強まるなかで、政治学と政府との緊張関係も強くしたことである。

ベトナム後のイデオロギー的動揺

　ベトナム戦争時代の混乱は、例えば、都市の人種暴動やウォーターゲート事件のような当時の他の危機とも重なって、多くの政治学者たちは多元主義民主政が世界のモデルとは、あるいは、アメリカ民主政の妥当なモデルとすらなり得ないのではないかと考えるようになった。アジアやラテンアメリカを研究している大学院生や若い研究者たちにあって、この疑念は対抗イデオロギーという形態を帯び、アメリカの政治－経済システムは腐敗しているとされ、社会主義的変革が主張されるようになった。

　ラテンアメリカ研究を媒介として、政治学の言説に従属理論が導入されている。この理論は、第三世界の低開発を近代化の出発の遅れからではなく、資本主義的収奪から説明し、こうした収奪から逃れる手段は革命であるとし、これを受け入れるようになった。1970年代の比較政治と国際関係において、従属がポピュラーな分析カテゴリーとなったが、その理論的関心は1980年代に消えている[137]。

　アジア研究においては、例えば、エドワード・フリードマンやアンドルー・ネーザンに見られるように、若い政治学者たちは「憂慮するアジア研究者の会（ＣＣＡＳ）」を1968年に組織している。ベトナム戦争に怒り、資本主義に幻滅を覚えるなかで、ＣＣＡＳのメンバーたちは、毛沢東政権を積極的に評価し、文化大革命の残虐性が高まるなかでも、これを無視し、その多くは毛沢東主義が「新しい社会主義的人間」を創造していると判断した。

また、権力は官僚制から人民の手に移りつつあるという毛沢東のレトリックを額面通りに受け止め、フリードマンは、「毛沢東は固有の創造的で深遠な倫理に訴えて、深い政治的危機に常に対応していた」と述べている。だが、1971年と1972年にＣＣＡＳの２グループが中国を訪問したのち、多くのＣＣＡＳのメンバーたちは迷いから覚めることになる。しかも、皮肉なことに、米中関係が改善されることで、毛派のラディカルな役割は、ＣＣＡＳが矛先を向けていた既成のアジア研究者の手に移った。当時の中国研究者の長老であったジョン・フェアバンクは、1972年に中国から戻り、「毛革命は、総じて、数世紀のあいだに中国人民に起こった最善の事態である」と指摘している。フリードマンとネーザンは、後に、それぞれ、ウィスコンシン大学とコロンビア大学で中国の上級研究者の地位を得ることになるが、この局面に至って、中国政府を激しく非難し、ネーザンは中国への入国を拒否されている[138]。

　ベトナム後の対抗の波は、かなり早く、頂点に達するなかで、主として、地域研究や国際関係の分野の若手研究者を巻き込むことになった。やや長期にわたるベトナム後の趨勢のなかで、アメリカ研究者や政治理論家を含めて、より年長の研究者のあいだに調整主義の傾向を呼ぶことになった。というのも、1970年代に、いくつかの重要な著作の出版を見ているが、こうした著作は、アメリカの民主的システムは基本的に健全であるが、政治的・経済的平等の深化を期すとともに、市民の参加を強化すべきであるとしているからである。改革の理念を模索するなかで、こうした著者たちは国外のシステムに強い興味を覚えている。これには、注目すべきことに、ユーゴスラヴィア・モデルも含まれている。

　既述のように、ロバート・ダールは学位論文において、政治的民主政と社会主義との折り合いをつけようとしていた。1950年代と1960年代初期のダールの著作には、社会主義とのかかわりを示すものはほとんど認めることはできないが、1960年代後期に至って、社会主義へと再び接近している。より衡平な民主政の形態を理論化することを再び求めるなかで、彼はユーゴス

ラヴィアにおける労働者の自主管理システムに着目し、少時ではあったにせよ、その現実に興味を持ったと思われる。『革命後か（*After the Revolution ?*）』（1970年）において、チトーがスターリンと袖を分かって以降、「ユーゴスラヴィアは、産業民主政という古くからの夢の実現を目指しているという点で、あるいは、可能な限りこれに近づこうとしている点で、世界で唯一の国である」と述べている。また、確かに、「労働者の評議会は自律的存在ではない」としても、「見かけに過ぎないものではなくて、その力を借りて、政党と公務員は企業を運営していることは明らかである」と、また、「ユーゴスラヴィアは、国家の政府の点ではアメリカほど民主的とは言えないとしても、企業の統治という点では、より民主的である」と指摘している[139]。

　また、ダールの同僚で、共著を残したこともあるチャールズ・リンドブロム（Charles Lindblom）は多元主義理論を批判し、実業の利益の特権的位置が経済的不平等を呼んでいることを看過していると指摘している。『政治と市場（*Politics and Markets*）』（1977年）において、書評者が指摘しているように、リンドブロムは「なお、市場システムの弁護論者ではあるが、……市場システムと所得や富の配分の平等を期すことは困難であるとする論者（保守派とラディカル派）を批判している」。ダールと同様に、リンドブロムもチトーのユーゴスラヴィアに興味を覚えている。というのも、かつて、この地を訪ねて、市場のメカニズムと国民的な経済計画とが、どのように複合化しているかを確認したいと考えていたからである[140]。この書には、ユーゴスラヴィアの実験について好意的で、詳細な検討が含まれていて、このシステムは若くて不安定であるとしたうえで、次のように結んでいる。「ユーゴスラヴィアは、もっと効率的で衡平な経済体制へと徐々に進み得ることを示している。市場システムと私的企業との歴史的結合を断つことで、少なくとも可能性の点では、自らと世界の新しい方向を提示した」[141]と。

　政治理論家のキャロル・ペイトマン（Carole Pateman）は、同様に、ユーゴスラヴィア・モデルに期待を寄せている。『参加と民主政論（*Participation and Democratic Theory*）』（1970年）において、ペイトマンは、リプセット、ダール、

エックシュタイン、アーモンドとヴァーバなどの当時の民主政の理論家たちは、大衆参加を無視して政治的安定を強調していると批判している。また、ジョン・スチュアート・ミル、ジャン・ジャック・ルソー、G. D. H. コールを挙げて、ローカルと職場レベルの政治参加の経験が民主的市民と社会の形成に極めて重要であるとしている。さらには、イギリスとアメリカにおいては「民主的方向に即して組織された企業例は存在しない」が、この点ではユーゴスラヴィアが先例となり得るとして、次のように述べている。

> 労働者の自主管理システムという形態は、企業の規模とタイプを問わず、産業民主政を大規模に導入し得るという点では、唯一の利用可能な例にあたる。
> 産業参加と民主政について検討しようとすると、ユーゴスラヴィアを無視するわけにはいかない。また、注目すべき位置にあると言えるのは、全体として、ユーゴスラヴィアの社会‐政治形態と産業の組織形態は、多くの点で（少なくとも、形式の点では）コールの参加型社会の青写真に類するものであるからにほかならない。

さらに、ペイトマンはユーゴスラヴィアの事例をかなり詳細に検討するとともに、自らの発見が暫定的なものに過ぎないとしつつも、「ユーゴスラヴィアの経験からすると、産業機関の構造を民主的にすることは、予想されることであるにせよ、不可能であるとか、困難で、複雑すぎると想定すべき妥当な理由など存在しない」と結んでいる[142]。

ダールはペイトマンの非難を受けたにしろ、ユーゴスラヴィアへの関心を共有することになったが、これはダールにとどまらなかった。シドニー・ヴァーバも参加と政治的平等の大規模な比較プロジェクトを組み、そのなかにユーゴスラヴィアも含め、「別の種類の民主政」の事例研究の対象としている。他の著者たちと違って、ヴァーバの調査員たちはユーゴスラヴィアのフィールド・ワークに集中的に取り組んでいる。それだけに、ユーゴスラヴィアの職場民主政の性格に関するヴァーバの結論と結びつくことになるのであろうが、厳しいとは言えないまでも、ペイトマン、リンドブロム、ダー

ルの判断ほど好意的なものとはなっていない[143]。

　コーポラティズムに対する関心も急速に高まったということ、これがベトナム後の政治学の言説が調整主義の方向に傾いた重要な特徴のひとつである。コーポラティズムの諸理論と多元主義理論とは、利益集団を政治の単位とする点では視点を共通にしている。だが、コーポラティズムは、多元主義において無視されている国家というカテゴリーを軸とし、国家が諸利益を、とりわけ、実業と労働の利益の調和と調停という点で積極的役割を果たしているとする。価値自由的に見える多くのコーポラティズム論には、1970年代のアメリカとイギリスを広く襲った「統治能力の欠如」と「スタグフレーション」を背景とし、自律的アクターとしての国家の権威を強化することで公共善を高め、大衆の福祉を促進しようとする考えが底流していた。

　コーポラ主義の旗を掲げた著作の多くは、大陸ヨーロッパの民主的福祉国家について分析し、自由主義的アメリカはコーポラ主義のヨーロッパ・モデルから有効な教訓を引き出し得るはずであると指摘している[144]。だが、興味深いことに、コーポラティズムのメリットに最初に広く注目したのはヨーロッパ民主政の研究者たちではなく、ラテンアメリカとイベリアの独裁体制の研究者たちであった[145]。多くのラテンアメリカの専門家たちは、例えば、ペロンのアルゼンチンやヴァルガスのブラジルが、あるいは、フランコのスペインが「社会開発の営為の組織化という点で、（望ましくはないにしろ）有望である」とする姿勢を示している[146]。こうした論者のひとりとして、代表的には、マサチューセッツ大学のラテンアメリカ研究者のホワード・ウィアーダ（Howard Wiarda）を挙げることができる。彼は多くの著作を残すなかで、こうした政権が途上諸国にとどまらず、アメリカのような先進諸国の例ともなり得ると指摘している。また、ポルトガルのザラザール独裁の研究において、この体制をコーポラ主義の「実験」であるとして、次のように述べている。

　　自由主義や社会主義の類型と比較すると、イベリア－ラテンの多くのシス

第4章　冷戦政治

テムがコーポラ主義の原理に立っていて、参加、社会的公正、20世紀の変化過程の管理といった多様な指標に照らしても、うまく機能していないとは言えない。……恐らく、「参加」という、また、「民主化」という言葉すらも、文化の脈絡が違うと、その意味を異にするであろうし、北アメリカの社会科学者たちが使っている選挙への参加という指標自体が文化的制約性を帯びていると言えよう。アメリカは貧困、人種主義、失業、疎外、不十分な福祉などといった基本的問題に対処してはいないし、いわんや、解決しているわけではないことに鑑みると、イベリア-ラテン・モデルには、また、こうした諸問題への対処には学び得る教訓が含まれていると言えよう。

ウィアーダは、また、ポルトガルのようなイベリア-ラテン社会が近代化を遂げたからといって、「コミュニティ感や人格主義といった、あるいは、道徳的価値や国民的目的といった〔アメリカ人が〕失ったと思われる感覚までもなくしたわけではない」と、また、彼らは「近代化によって圧倒されることなく、これに対応し得たことからすると、我々自身の発展に潜むジレンマや制度的不安定という点で、引き出すべき教訓をもっている」と指摘している[147]。

コーポラ主義のモデルやユーゴスラヴィアのモデルには、毛沢東主義以上に強く訴えるものがあったし、その影響も長く続いたとはいえ、こうしたモデルへの関心も、1980年代に至って、その背景となった国民的不安感が後退し始めると、収まりだした。この時代のコーポラ主義の著作は、今日でも、大学院教学の入門範囲に収まり得るとしても、有望な研究アジェンダというより、歴史の名残に過ぎないとされていると言えよう。今日、多くのアメリカ政治学のテキストの中身からすると、多元主義が批判に耐えて生き残り、政治学において、アメリカ政治の基本的モデルとなっている。

国家との関係の緊張

政治学において、理論的カテゴリーとして国家が注目される局面と、政治

学と国家との現実的結びつきが強まる局面を認めることができるが、両者は逆の関係にあるように思われる。冷戦の初期に政治学は安全保障国家との関係を強くしたが、同時に国家は政治学の言説から消えている。逆に、第1次大戦以前には国家が政治学の中心概念であったが、この局面では、政治学と現存国家との直接的関係は弱いものに過ぎなかった。同様に、ベトナム以後の局面に鑑みると、政治分析に「国家の復権」を求める声が政治学に澎湃として起こり、国家と政治学との現実的結びつきは緊張関係を強めている[148]。そのなかで、政治学の研究に対する国家助成は低くなり、政府の情報機関のために働くことについては非難の声も高まっている。

　1960年代には行動論革命のインフラ整備に国家機関は惜しげもなく援助している。これには、行動論革命が冷戦の勝利に導くことになるという期待から、ペンタゴンが膨大な資金を供与したことも含まれる。例えば、「諸国民の次元性（ＤＯＮ）」プロジェクトは国際的諸事象の量的データの収集を課題とし、1962年にノースウェスタン大学のハロルド・ゲズノーによって開始されている（後に、ルドルフ・ルメルが主査）。このプロジェクトは、主として、ＮＳＦとＡＲＰＡから120万ドルの助成を受けている[149]。また、イエール大学のブルース・ラセットを主査とする「世界データ分析プログラム」は、1964年にＮＳＦから33万ドルを、1967年にＡＲＰＡから35万3,500ドルを受け取っている。「ＤＯＤの結果」と題するＡＲＰＡへの報告のなかで、ラセットは、このプログラムの目的は「諸国民間の紛争と協力に関する問題の諸形態を評価するために適用し得る量的技術について検討し、検証すること」であったと述べている。ＡＲＰＡの資金はイエールの多様な研究プロジェクトを支え、学位論文の作成資金や世界的規模で活用されるデータ資料集の発行にも充てられている[150]。

　だが、ベトナム戦争が泥沼化し、社会科学がその展望を見出し得ない状況に至ると、ＡＲＰＡは行動論研究の予算を切り詰めだしている。また、ベトナム以後の局面に至って、国防予算が縮減されるなかでペンタゴンによる政治学への研究支援は縮小し、多様な科学プロジェクトは終了するか、大幅に

減少している。この状況のなかで、イエール大学の世界データ分析プログラムに対するＡＲＰＡの支援も1973年に終わっていると思われる。また、ＤＯＤプロジェクトも、ＡＲＰＡが助成をカットして以後、1973年中期に中止している[151]。こうして、ベトナム戦争の終了とともに、行動論革命の制度的インフラは切り詰められることで、その勢いを弱くすることになった（ただし、国際関係の分野では、ＮＳＦのデータ収集と分析に対する大幅助成は1968年に復活している）[152]。

　1975年にラセットは、ベトナム後の行動論研究が直面している諸困難について検討し、「戦士と研究者は、認識されている以上に課題を共通にしているし、……生活スタイル、価値、政治信条が違っているからといって、共通の重要な諸特徴について、また、互いに学び得る共通の諸問題について、いずれも知らぬ顔を決め込むわけにはいかない」と述べ、さらには、焦点は次に求められると指摘している。

　　いずれも、今や、攻撃の対象とされているのではないかと感じ始めている。両者は、1950年代と1960年代初期には社会が重視した役割を果たしている。……10年前であれば、学界の助言者たちが重視され、「政策科学」の成果をもって、これに応えていた。……研究者たちは、戦争、癌、貧困といった問題の解決を期すことができると思っていた。
　　そんなことは、かなうはずもなかったが、研究に取り組んでいる人々にせよ、その熱心な消費者にせよ、解決策は手近にあると思っていた。これは、明らかに大きな間違いであった。今や、……多くの人々は、研究者が現代の重大な問題に応え得るということについては深い幻滅感にとらわれている。……同様に、軍人たちは、公式声明においてベトナム戦争は解決可能な政治的－軍事的問題であるから、これには勝利し得るという印象を残すことになった。だが、この悲惨な戦争はそのようなものではなかった。……兵士と研究者の失敗の認識は、外的脅威が少なくなったという認識と結びついて、いずれの側も苦境に立った。いずれの専門家たちも、社会から資源配分を期待し得ないという事実に直面しているし、その減額も強まるものと予想される。予算は滞り、国民総生産額に占める割合も減少している。

この問題に対処するために、ラセットは戦士と研究者に次のように訴えている。

> より広く社会との結びつきを維持し、強化することである。この種の結びつきの小さな例として、軍事研究機関と民間大学の両者において、研究者と兵士との接触を挙げることができる。ROTCを大学から追い出した人々にせよ、腹立ちまぎれから軍人が大学に出入りすることを禁じた人々にせよ、いずれも社会のために尽くしていることにはならない。専門家は孤立して、いわんや、自ら孤立した状況で生活できるわけがない[153]。

この引用には、1970年代と1980年代の政治学と国家安全保障体制との関係という点で、二重の性格が表れている。ひとつは、ラセットのような研究者たちは、ベトナム戦争以前に、あるいは、この戦争期に国家との結びつきを強くし、この結びつきを断つことに消極的であったことである。他方で、ベトナム以後、こうした結びつきについて道徳的非難が広く学界にも高まったということである。1970年代と1980年代に噴出したスキャンダルからすると、国家安全保障機関との協力関係はベトナム後も切れていたわけではなく、非難されつつも続いていたことになる。1976年に、ソビエト専門家で、コーネル大学のマイロン・ラッシュが休暇中に、公然とCIAの在宅研究員となったことについて、コーネル大学の院生たちは、この就任に強い抗議を発し、学部がCIAと結びつくことは「学界の存在と学問の基本的自由に必要な信頼を切り崩す」ことになると批判した。1984年に、『ニューヨーク・タイムズ』紙は、ラトガーズ大学の当局は、CIAの調査プロジェクトに無自覚にかかわった学生達が提出した研究報告を使ったとして、2名の政治学者に警告文を発したと報じている。また、1985-86年の新聞報道によれば、CIAがハーバードの政治学者の2つの学術的著作の公刊に秘密裏に助成金を出していたとされる。それは、『インターナショナル・セキュリティ』に発表されたものであって、サミュエル・ハンチントンを共同執筆者とする「だめな独裁者と暴徒」と題する論文である。他は、ナダフ・サフランを著者とする

第 4 章　冷戦政治

サウジアラビアに関する著書である。これが明るみに出るや、キャンパスは騒然とし、サフランはハーバード大学の中東研究センターの所長を辞任している。また、1985年の中東学会の大会は、193対 8 でサフランを非難する決議を採択している[154]。

だが、冷戦の終結後、情報官僚機構との協力関係を避けるべきであるとする姿勢は、秘密が漏れることで表面化することも多いとはいえ、弱まっているように思われる。国際関係の研究にかかわる情報機関と大学との関係に関する最近の調査は、「政府情報機関との関係について非難は弱まっている」と報じている。また、政治学者でＣＩＡとの結びつきを持っているイエール大学のブラッド・ウェスターフィールドによれば、教授たちとアメリカ情報機関との関係は「今や、公然たるものとなっていて、……オープンに近い形で協議が繰り返されている」と述べている[155]。

2001年 9 月、ニューヨークとワシントンが攻撃されることで、テロとの戦争が開始されている。この戦争によって政治学と情報機構との関係は緊密性を高めることになった。2001年10月に『ニューヨーカー』誌は、優れた政治学者の近年の内乱分析が政府の戦争遂行にとって、いかに有効であるかを説明している。こうした分析のひとつとして「国家挫折」プロジェクトを挙げることができる。これはＣＩＡからの受託プロジェクトで、メリーランド大学のテド・グルーを主査としている（彼はポリティ・プロジェクトの主査でもある）。他の内戦分析のプロジェクトも政府から独立に進められてきたように見えるが、その今後の展開と成果となると、政府助成を受けることができるかどうかにかかっているように思われる[156]。

しかし、個別の政治研究者たちが、突如、権力との結びつきを断ったとしても、政治学界の研究体制から権力の痕跡を消し得ないのは、権力から距離を置こうとしても、政治的関心から、他の研究者たちが残した概念とデータや資金に依存し続けることになるし、避け難いことでもあるからである。さらには、研究者の意図が善意に発しているとしても、政治学がアメリカ高等教育の制度的構造に組み込まれていて、政府や企業の関心に大きく依存して

いる現実に鑑みると、政治学界がどの程度に公平なものとなり得るかとなると、懸念を留めざるを得ない。政治の科学的知識と政治とは別のことであるという前提を逃げ口上とするわけにはいかないし、なり得ないとも思われる。

●注

1) Robert A. Dahl, *A Preface to Democratic Theory* (Chicago: University of Chicago Press, 1956), 151; Seymour Martin Lipset, *Political Man: The Social Bases of Politics* (Garden City, N.Y.: Doubleday, 1960). 次に引用。*How Harvard Rules: Reason in the Service of Empire*, ed., John Trumpbour (Boston: South End, 1989), 104.

2) Michael Klare, *The University-Military-Police Complex: A Directory and Related Documents* (New York: North American Congress on Latin America, 1970), 50, 57.

3) 次を参照のこと。Michael Latham, *Modernization as Ideology: American Social Science and "Nation Building" in the Kennedy Era* (Chapel Hill: University of North Carolina Press, 2000), 27.

4) 資料は次による。James William Fesler Papers, Manuscripts and Archives, Yale University Library (以下、FPと略記). フェスラーとの会話。Fesler, June 26, 1998, Hamden, Conn. デヴィッド・イーストンのフェスラー宛て書簡。October 9, 1969, EP.

5) イエールおよび、ワシントンのイエール・クラブの政府委員会への提言。February 25, 1958, FP.

6) ローについては次を参照のこと。Robin Winks, *Cloak and Gown: Scholars in the Secret War, 1939-1961*, 2d ed. (New Haven: Yale University Press, 1987), 104; "David Nelson Rowe," in *The Complete Marquis Who's Who*, www.galenet.com; Sigmund Diamond, *Compromised Campus: The Collaboration of Universities with the Intelligence Community, 1945-1955* (New York: Oxford University Press, 1992), 234.

7) ブルース・ラセットの経歴。www.library.yale.edu/un/brusset.

8) Klare, *University-Military-Police Complex*, 61.

9) Robert Dahl, "The Behavioral Approach in Political Science: Epitaph for a Monument to a Successful Protest," *American Political Science Review* (以下、*APSR*と略記) 55 (1961): 763-72; "Gabriel Abraham Almond," in *Writers Directory*, 1998, www.galenet.com; "Karl W. Deutsch," *Contemporary Authors Online*, ibid.

10) Robert Dahl, *Who Governs? Democracy and Power in an American City* (New Haven: Yale University Press, 1961).

第 4 章　冷戦政治

11) アラン・リチャードのジェームズ・フェスラー宛ての書簡。日付なし。フェスラーのリチャード宛ての書簡。December 2, 1958, FP.
12) "Fred Warren Figgs," in *The Complete Marquis Who's Who*.
13) リグズのフェスラー宛ての書簡。July 10, 1958. 次も参照のこと。ウォルター・モードのフェスラー宛ての書簡（ジャカルタから）。August 13, 1960, FP.
14) リグズのフェスラー宛ての書簡。June 5, 1957. リグズのフェスラー宛ての書簡（マニラから）。October 7, 1958. リグズのフェスラー宛ての書簡。December 16, 1959, FP.
15) "Fred Warren Riggs"; Fred W. Riggs, *Thailand: The Modernization of a Bureaucratic Polity* (Honolulu: East-West Center, 1966).
16) Fitzhugh Green, *American Propaganda Abroad* (New York: Hippocrene, 1988), 101. エドワード・ワイドナーからフェスラー宛てのレターヘッドの写し。December 21, 1964, FP.
17) フェスラーからレッド・ソマーズ宛ての書簡から引用。April 6, 1956, FP. フェスラーとの会話。
18) Warren Hinckle, Robert Scheer, and Sol Stern, "The University on the Make," *Ramparts*, April 1966, 52-60. 次から引用。54. John Ernst, "Tutoring Democracy: Michigan State University and the Politics of Reform in South Vietnam," in *American Wars in Asia: A Cultural Approach to History and Memory*, ed., Philip West, Steven Levine, and Jackie Hiltz (Armonk, N.Y.: M.E. Sharpe, 1998), 233-44.
19) Hinckle, Scheer, and Stern, "University on the Make"; Ernst, "Tutoring Democracy"; Kenneth J. Heineman, *Campus Wars: the Peace Movement at American State Universities in the Vietnam Era* (New York: New York University Press, 1993), 46-48.
20) Hinckle, Scheer, and Stern, "University on the Make."
21) Ibid.; Ernst, "Tutoring Democracy". フェスラーとの会話。
22) Ernst, "Tutoring Democracy". フェスラーとの会話。アーサー・ナフタリンのフェスラー宛ての書簡。September 9, 1957. フェスラーのナフタリン宛ての書簡。September 16, 1957. ウォルター・モードのフェスラー宛ての書簡。September 24, 1956, FP; John D. Montgomery, *Cases in Vietnamese Administration* (Saigon: National Institute of Administration, 1959).
23) フェスラーのレッド・ソマーズ宛ての書簡。April 6, 1954, FP.
24) フェスラーのアラン・リチャード宛ての書簡。September 13, 1956, FP.
25) フェスラーとの会話。"Some Reflections on Administrative Organization," *Administrative*

Research（Saigon）, September 1957, FP; "Field Administration in Vietnam: A Memorandum to the President," August 21, 1956, FP.

26）フェスラーのM. A. アンダーソン（Jr.）宛ての書簡。March 17, 1961. 次も参照のこと。フェスラーのフレッド・リグズ宛ての書簡。November 19, 1958, FP.

27）フェスラーとの会話。

28）次の記録。"Scholars View the World," WTICラジオ放送。December 12, 1956, FP.

29）ジョン・W. オダニエル（John W. O'Daniel、アメリカ・ベトナム友好協会会長）のフェスラー宛ての書簡。September 6, 1957. フェスラーのオダニエル宛ての書簡。November 9, 1957. フェスラーのルイス・アンドレッタ（AFVNの事務局長）宛ての書簡。July 5, 1960. フェスラーのアンダーソン宛ての書簡。March 17, 1961, FP.

30）Ernst, "Tutoring Democracy," 239–40.

31）Heineman, *Campus Wars*, 132, 137–38; Eric Thomas Chester, *Covert Network: Progressives, the International Rescue Committee, and the CIA* (Armonk, N.Y.: M. E. Sharpe, 1995), 163, 156, 176.

32）"Gabriel Abraham Almond," in *The Complete Marquis Who's Who*, 1999.

33）Gabriel A. Almond and Sidney Verba, *The Civic Culture: Political Attitudes and Democracy in Five Nations* (Princeton: Princeton University Press, 1963); David Laitin, "The Civic Culture at 30," *APSR* 89 (1995): 168–73.

34）Laitin, "The Civic Culture at 30"; Carole Pateman, "Political Culture, Political Structure and Political Change," *British Journal of Political Science* 1 (1971): 291–305; Gabriel A. Almond and Sidney Verba, eds., *The Civic Culture Revisited* (Newbury Park, Calif.: Sage, 1980).

35）Ellen Herman, "The Career of Cold War Psychology," *Radical History Review*, no.63 (fall 1995): 70.

36）注目すべき例外は次である。Irene L. Gendzier, *Managing Political Change: Social Scientists and the Third World* (Boulder: Westview, 1985); Michael D. Shafer, *Deadly Paradigms: The Failure of U.S. Counterinsurgency Policy* (Princeton: Princeton University Press, 1988).

37）Almond and Verba, *The Civic Culture*, 4.

38）Ibid., 503; Samuel P. Huntington, *Instability at the Non-Strategic Level of Conflict* (Washington, D.C.: Institute for Defense Analysis, 1961). ハンチントンの研究会は国務省の委託に負っている。ケネディ政権が第3世界に焦点を据えたことについては、次の説明が説得的である。David Halberstam, *The Best and the Brightest* (New York: Random House, 1972).

第 4 章　冷戦政治

39）Almond and Verba, *The Civic Culture*, vii.
40）Gabriel A. Almond, "The Civic Culture: Prehistory, Retrospect, and Prospect." 次で発表された ペーパー。The Center for the Study of Democracy, University of California at Irvine, 1995, 4; idem, *Plutocracy and Politics in New York City* (Boulder: Westview, 1998), preface.
41）Almond, "Civic Culture: Prehistory," 2.
42）次を参照のこと。Gendzier, *Managing Political Change*; Shafer, *Deadly Paradigms*.
43）Harold D. Lasswell, *Propaganda Techniques in the World War* (New York: Knopf, 1927). 次に引用。Michael J. Sproule, *Propaganda and Democracy: The American Experience of Media and Mass Persuasion* (New York: Cambridge University Press, 1997), 68. ラスウェルを代表的プロパガンディストであるとする説得的解釈としては次がある。Robert Horwitz, "Scientific Propaganda: Harold Lasswell," in *Essays on the Scientific Study of Politics*, ed., Herbert J. Storing (New York: Holt, Rinehart, 1962), 227-304.
44）Harold Lasswell, "The Function of the Propagandist," *International Journal of Ethics* 38 (1928): 258-68. 次に引用。James Farr, "The New Science of Politics: Democracy, Propaganda, and Civic Training," mimeograph, University of Minnesota, 1998. 次も参照のこと。Sproule, *Propaganda and Democracy*, 69.
45）Lasswell, "The Function of the Propagandist." 次に引用。Dorothy Ross, *The Origins of American Social Science* (New York: Cambridge University Press, 1991), 456; Lasswell, *Propaganda Techniques*. 次に引用。Farr, "New Science of Politics," 10; Horwitz, "Scientific Propaganda," 277.
46）Harold Lasswell, *Psychopathology and Politics* (Chicago: University of Chicago Press, 1930), 173, 178, 179, 197, 203.
47）Harold D. Lasswell, *World Politics and Personal Insecurity* (New York: Whittlesey, 1935), 25, 237.
48）Ibid., 283.
49）Christopher Simpson, *Science of Coercion: Communication Research and Psychological Warfare, 1945-1960* (New York: Oxford University Press, 1994), 22-23; Sproule, *Propaganda and Democracy*, 193-94.
50）ラスウェルの両親宛ての書簡。July 12, 1941, Harold Dwight Lasswell Papers, Manuscripts and Archives, Yale University Library (以下、LPと略記), box 56, folder 787.
51）Gabriel A. Almond, *A Discipline Divided: School and Sects in Political Science* (Newbury Park, Calif.: Sage, 1990), 299. ラスウェルの両親宛ての書簡。May 25, 1941, LP, box 56, folder 787.

52）Farr, "New Science of Politics"; Sproule, *Propaganda and Democracy*, 196; Marc C. Smith, "Lasswell, Harold Dwight," in *American National Biography Online*, www.anb.org. ネーザン・ライテスのラスウェル宛ての書簡。October 3, 1941, LP, box 57, folder 790.

53）シルズ、ジャノヴィッツ、プール、ライテス、ジョージについては次を参照のこと。Simpson, *Science of Coercion*. また、ユーローについては次を。Bruce Cumings, "Boundary Displacement: Area Studies and International Studies during and after the Cold War," in *Universities and Empire: Money and Politics in the Social Sciences during the Cold War*, ed., Christopher Simpson（New York: New Press, 1998), 186.

54）Peter Coleman, *The Liberal Conspiracy: The Congress for Cultural Freedom and the Struggle for the Mind of Postwar Europe*（New York: Free Press, 1989), 160. アルバート・レパウスキーのラスウェル宛ての書簡。Albert Lepawsky to Lasswell, February 23, 1953, LP, box 57, folder 793.

55）Simpson, *Science of Coercion*.

56）ラスウェルのビル・フォックス宛ての書簡。November 7, 1951, LP, box 35, folder 469. ラスウェルのロバート・E．レーン宛ての書簡。December 20, 1967, LP, box 56, folder 774.

57）ラスウェルのアーモンド宛ての書簡。March 9, 1967, LP, box 3, folder 29; Harold Lasswell, Daniel Lerner, and Hans Speier, *Propaganda and Communication in World History*（Honolulu: University Press of Hawaii, 1979).

58）Gabriel A. Almond with Harold Lasswell, "Aggressive Behavior by Clients on Public Relief," *APSR* 28（1934): 643–55; Almond, *Plutocracy and Politics*, preface.

59）アーモンドは望まなかったが、メリアムは、社会科学の主要な支援者たちに追随しない心理分析的部分を削除しない限り、この論文の出版を推薦できないとした。Almond, *A Discipline Divided*, 317. 当時、アーモンドはメリアムの検閲に腹を立てていたが、メリアムは彼を評価していたと思われる。カーネギー財団は、『市民文化』を含めて、戦後のアーモンドの研究に多大な助成金を与えている。この論文は、結局、60年後に出版されている。次を参照のこと。Almond, *Plutocracy and Politics*.

60）"The Nature of the Enemy in American Domestic Information Policy." ガブリエル・アーモンドのサイン付きの1942年メモ。LP, box 3, folder 29. 1942年6月15日付の新聞切り抜き。"Davis Is the Man," LP, box 52, folder 727. ラスウェルのデヴィッド・ロー宛ての書簡。March 11, 1942, LP, box 83, folder 1033; Sproule, *Propaganda and Democracy*, 188; "Gabriel Almond," in *The Complete Marquis Who's Who*, 1997.

第 4 章　冷戦政治

61) Almond, "Civic Culture: Prehistory".
62) Robin Winks, *Cloak and Gown: Scholars in the Secret War, 1939-1961*, 2d ed.（New Haven: Yale University Press, 1996, 40-43. 次から引用。43.
63) Gabriel A. Almond, "The Christian Parties of Western Europe," *World Politics* 1（1948）: 30-58; Gendzier, *Managing Political Change*, 54.
64) Gabriel A. Almond, ed., *The Structure for Democracy in Germany*（Chapel Hill: University of North Carolina Press, 1949）; Gendzier, *Managing Political Change*, 54.
65) Gabriel A. Almond, *The American People and Their Foreign Policy*（New York: Harcourt, Brace, 1950）, 3.
66) Ibid., 159, 160. 総論は第 9 章。
67) John W. Dower, *War without Mercy: Race and Power in the Pacific War*（New York: Pantheon, 1986）.
68) Almond, *American People*, 49, 53, 69, 3.
69) Ibid., 149-50.
70) Ibid., 10, 232-33, 234-35. 次も参照のこと。Gendzier, *Managing Political Change*, 34-35.
71) Klaus Knorr obituary, *New York Times*, March 26, 1990; John Ranelagh, *The Agency: The Rise and Decline of the CIA*（New York: Simon and Schuster, 1986）, 683-84.
72) Gabriel A. Almond, *The Appeals of Communism*（Princeton: Princeton University Press, 1954）, foreword by Frederick Dunn, vii, ix, 245, 246-47.
73) Ibid., 394, chap. 13.
74) Simpson, *Science of Coercion*, 166n. 23; Scott Lucas, *Freedom's War: Americca's Crusade against the Soviet Union*（New York: New York University Press, 1999）; Herman, "Career of Cold War Psychology," 59; Christopher Simpson, "U.S. Mass Communication Research, Counterinsurgency and Scientific 'Reality'," in *Ruthless Criticism: New Perspectives in U.S. Communication History*, ed., William S. Solomon and Richard McChesney（Minneapolis: University of Minnesota Press, 1993）, 313-48.
75) Gabriel Almond entry, *Writers Directory*; *The Complete Marquis Who's Who*, 1997.
76) Cumings, "Boundary Displacement," 184-85 n.18.
77) Simpson, *Science of Coercion*, 59-60; Diamond, *Compromised Campus*, 299-300; Martin Oppenheimer, "Footnote to the Cold War: The Harvard Russian Research Center," *Monthly Review* 48, no.11（1997）: 7-11.
78) Jeane M. Converse, *Survey Research in the United States: Roots and Emergence, 1890-1960*

(Berkeley: University of California Press, 1987), 172-73, 408, 468; Simpson, "U.S. Mass Communication Research," 26, 59, 66.

79) 彼らには（『共産主義のアピール』については「序文」を参照のこと）、ハドレー・カントリル、フレデリック・ダン、ルシアン・パイ、ロジャー・ヒルズマン、デヴィッド・トルーマン、アレクザンダー・ジョージが含まれている。また、(『市民文化』については「序文」を参照のこと）クラウス・クノール、フランク・ボニラ、ハリー・エックスシュタイン、ハーバート・ハイマン、アレックス・インケルズが含まれている。この名前の多くは次に挙げられている。Simpson, *Science of Coercion.*

80) Lucian W. Pye and Sidney Verba, eds., *Political Culture and Political Development* (Princeton: Princeton University Press, 1965), vii. 次に引用。Herman, "Career of Cold War Psychology," 71.

81) ロバート・ホルトとの会話。Minneapolis, May 7, 1999; Cumings, "Boundary Displacement," 168-69. この局面におけるフォードとＣＩＡとの協力関係については次を参照のこと。Frances Stonor Saunders, *The Cultural Cold War: The CIA and the World of Arts and Letters* (New York: New Press, 1999), 141-44.

82) Lucian W. Pye, *Guerrilla Communism in Malaya* (Princeton: Princeton University Press, 1956). パイは「ガブリエル・アーモンドに深甚の感謝の意を表する」としている (ix)。また、イギリス植民地行政官に長文をもって感謝の意を表している (ix-xi)。

83) Gendzier, *Managing Political Change*, 99.

84) Pye, *Guerrilla Communism in Malaya*, foreword by Frederick Dunn, and 8-9.

85) Ibid., 344, 126, 345, 349.

86) Simpson, *Science of Coercion*, 84; Allan A. Needell, "'Truth is Our Weapon': Project TROY, Political Warfare, and Government — Academic Relations in the National Security State," *Diplomatic History* 17 (1993): 399-420; David Wise and Thomas B. Ross, *The Invisible Government* (New York: Random House, 1964) 243; John Prados, *The Soviet Estimate: U.S. Intelligence Analysis and Russian Military Strength* (New York: Dial, 1982), 46.

87) Dorothy Nelkin, *The University and Military Research: Moral Politics at MIT* (Ithaca: Cornell University Press, 1972), 23; Lloyd Etheredge, "Ithiel de Sola Pool," *American National Biography Online.*

88) Herman, "Career of Cold War Psychology," 85; Harry Eckstein, ed., *Internal War: Problems and Approaches* (New York: Free Press, 1964).

89）Eric Wakin, *Anthropology Goes to War: Professional Ethics and Counterinsurgency in Thailand*（Madison: University of Wisconsin Center for Southeast Asian Studies, 1992）, 24–25.

90）次から引用。*Background*, August 1966, in Loch Johnson, *America's Secret Power: The CIA in a Democratic Society*（New York: Oxford University Press, 1989）, 302 n.31. ジョンソンによれば、プールは、ＣＩＡと秘密裡の結びつきを持ち続けることは道義に反するとして、1965年にこれを断ったとされる。

91）ケネス・ウォルツとの会話。Boston, September 5, 1998.

92）Latham, *Modernization as Ideology*, 7; Simpson, *Science of Coercion*, 190.

93）Lucian W. Pye, *Observations on the Chieu Hoi Program: Memorandum Prepared for the Office of the Assistant Secretary of Defense/International Security Affairs and the Advanced Research Projects Agency*（Santa Monica: RAND Corporation, 1969）.

94）Simpson, "U.S. Mass Communication Research," 313–15; Cumings, "Boundary Displacement," 186. フェニックスについては次を参照のこと。Douglas Valentine, *The Phoenix Program*（New York: Morrow, 1990）.

95）Etheredge, "Ithiel de Sola Pool". また、イシエル・プールの素描については次を参照のこと。"About Our Authors," *American Behavioral Scientist* 8（May 1965）: 44; Sig Mickelson, *America's Other Voice: The Story of Radio Free Europe and Radio Liberty*（New York: Praeger, 1983）, 211. 次から引用。Etheredge.

96）Seymour Deitchman, *The Best-Laid Schemes: A Tale of Social Research and Bureaucracy*（Cambridge, Mass.: MIT Press, 1976）, 310–20; Klare, *University‐Military‐Police Complex*, 55; Ithiel de Sola Pool and Robert Abelson, "The Simulmatics Project," in *The New Style in Election Campaigns*, ed., Robert Agranoff（Boston: Holdbrook, 1972）, 232–52.

97）James O. Whittaker, "Psychological Warfare in Vietnam," *Political Psychology* 18（1997）: 165–79.

98）この学位論文は著書として出版されている。次を参照のこと。Paul Berman, *Revolutionary Organization: Institution Building within the People's Liberation Armed Forces*（Lexington, Mass.: Lexington Books, 1974）.

99）サミュエル・ポプキンとの会話。Washington, D.C., June 22, 1998; Walt W. Rostow, *The Stages of Economic Growth: A Non-Communist Manifesto*（Cambridge: Cambridge University Press, 1960）.

100）ポプキンとの会話。Samuel Popkin, "The Myth of the Village: Revolution and Reaction in Vietnam"（Ph.D. diss., MIT, 1969）; "Ellsberg Denies Guilt, Will Fight," *New York Times*, August 17, 1971; "Scholars Seeming Right Not to Disclose Sources," ibid., October 25,

1971; "Harvard Specialist on Vietnam: Samuel Lewis Popkin," and "Harvard Professor Jailed in Pentagon Papers Case," ibid., November 22, 1972.

101) Samuel Popkin, *The Rational Peasant: The Political Economy of Rural Society in Vietnam* (Berkeley: University of California Press, 1979).

102) Emily Eakin, "Political Scientists Leading a Revolt, Not Studying One," *New York Times*, November 4, 2000; Kurt Jacobson, "Unreal, Man: Political Scientists Have Turned Guerrillas," *Guardian* (London), April 3, 2001.

103) William Griffith obituary, *Independent* (London), October 15, 1998; "Standing Firm against Communism". プール、パイ、ウッド、グリフィスの編集者宛て書簡。*New York Times*, July 11, 1965; David M. Barrett, ed., *Lyndon B. Johnson's Vietnam Papers: A Documentary Collection* (College Station: Texas A&M University Press, 1997), 211. ブルームフィールドの編集者宛ての書簡。*New York Times*, July 25, 1965; "Lincoln P. Bloomfield," *Writers Directory*, www.galenet.com.

104) Nelkin, *University and Military Research*, 110-11. キャロル・ボーインのプール宛ての書簡、プールの手書きコメント付き、1971 (日付なし), LP, box 35, folder 473.

105) Hans Morgenthau, *Truth and Power: Essays of a Decade, 1960-1970* (New York: Praeger, 1970); Stanley Hoffmann, "A Retrospective," in *Journeys through World Politics: Autobiographical Reflections of Thirty-four Academic Travelers*, ed., Joseph Kruzel and James Rosenau (Lexington, Mass.: Lexington Books, 1989), 271; George M. Kahin and John W. Lewis, *The United States in Vietnam* (New York: Dial, 1967); George Kahin obituary, *New York Times*, February 2, 2000.

106) "McCarthy Sets Up Foreign Policy Unit," *New York Times*, August 5, 1968; "Humphrey Backs Draft Lottery as Fair to Youth," ibid., July 16, 1968.

107) Barrett, *Lyndon B. Jonson's Vietnam Papers*, 211; "67 Professors Back Policy in Vietnam," *New York Times*, July 19, 1965.

108) Morgenthau, *Truth and Power*, 24, 26.

109) Charles Kadushin, *The American Intellectual Elite* (Boston: Little Brown, 1974), 135.

110) Austin Ranney, "In Memoriam: Evron Kirkpatrick," *PS: Political Science and Politics* 28 (1995): 543-44.

111) Evron Kirkpatrick obituary, *New York Times*, May 9, 1995; Albert Somit and Joseph Tanenhaus, *The Development of American Political Science: From Burgess to Behavioralism* (Boston: Allyn and Bacon, 1967), 154; Ranney, "Evron Kirkpatrick"; interviews with E. Pendleton Herring and Warren Miller, in *Political Science in America: Oral Histories of the Discipline*, ed., Michael Baer, Malcolm Jewell, and Lee Sigelman (Lexington: University of Kentucky Press,

第 4 章　冷戦政治

1991), 39, 246; David Easton, "Remembering Herb: A Tribute to Herb Simon," www.apsanet.org/new/simon.
112) "Evron M. Kirkpatrick," *Contemporary Authors Online*, 1999. デヴィッド・イーストンへのインタビューの記録。APSA Oral History Collection, University of Kentucky Library, folder 5.
113) "Evron M. Kirkpatrick," *Contemporary Authors Online*; Kirkpatrick obituary, *New York Times*.
114) Chester, *Covert Network*, 76-77; Diamond, *Compromised Campus*, 98-108; Lucas, *Freedom's War*, 117.
115) "Kahns Establish KSG Professorship to Honor Kirkpatrick," *Harvard University Gazette*, October 9, 1997, www.news.harvard.edu/gazette.
116) Alan Wolfe, "Practicing the Pluralism We Preach: Internal Processes in the American Political Science Association," *Antioch Review* 29 (1969): 353-74.
117) Ibid., 371-72; Albert Somit and Joseph Tannenhaus, *American Political Science* (New York: Atherton, 1964), 101-2. 次に引用。ibid., 365.
118) David Easton, *The Political System: An Inquiry into the State of Political Science* (New York: Knopf, 1953).
119) イーストンのオーラル・ヒストリーのインタビュー。folder 5; Heinz Eulau, "Good Bye to Two Dear Friends: Warren Miller and Dwaine Marvick; A Personal Memoir," *PS: Political Science and Politics* 32 (1999): 279; LP, box 52.
120) Charles Lichtenstein, "Howard R. Penniman," *PS: Political Science and Politics* 28 (1995): 547-48.
121) イーストンのオーラル・ヒストリーのインタビュー。folder 5; Wolfe, "Practicing the Pluralism We Preach."
122) Max Kampelman, "Hubert H. Humphrey: Political Scientist," *PS: Political Science and Politics* 11 (1978): 228-36; idem, *Entering New Worlds: The Memoirs of a Private Man in Public Life* (New York: Harper Collins, 1991), 54, 59-60.
123) David Remnick, "The Evolution of Max Kampelman," *Washington Post*, January 23, 1985; Kampelman, *Entering New Worlds*, 65.
124) Kampelman, "Hubert H. Humphrey," 236.
125) Ibid., 230. イーストンのオーラル・ヒストリーのインタビュー。folder 5. オースティン・ラニーへのインタビュー。Baer, Jewell, and Sigelman, *Political Science in America*, 230; "Humphrey Backs Draft Lottery as Fair to Youth."
126) John Ehrman, *The Rise of Neoconservatism: Intellectuals and Foreign Affairs, 1945-1994* (New

Haven: Yale University Press, 1995); Michael Lind, *Up from Conservatism: Why the Right Is Wrong for America* (New York: Free Press, 1996); Seymour M. Lipset, "Out of the Alcoves," *Wilson Quarterly*, winter 1999.

127) 次を参照のこと。Ido Oren, "Uncritical Portrayals of Fascist Italy and of Iberic-Latin Dictatorships in American Political Science," *Comparative Studies in Society and History* 42 (2000): 87-118; Juan Linz, "An Authoritarian Regime: Spain," in *Cleavages, Ideologies, and Political Systems*, ed., Erik Allardt and Yrjo Littunen (Helsinki: Academic Bookstore, 1964); Jeane Kirkpatrick, *Leader and Vanguard in Mass Society: A Study of Peronist Argentina* (Cambridge, Mass.: MIT Press, 1971); idem, "Dictatorship and Double Standards," *Commentary* 68 (November 1979): 34-45.

128) Neil Sheehan, "Aid by CIA Put in the Millions: Group Total Up," *New York Times*, February 19, 1967; William Blum, *The CIA: A Forgotten History* (London: Zed, 1986), 410-11; Kampelman, *Entering New World*, 161-62; Klare, *University-Military-Police Complex*, 60.

129) Marvin Surkin, "Political Science: The Battle for Integrity," *Nation*, September 2, 1968, 180; David Horowitz, "Billion Dollar Brains: How Wealth Puts Knowledge in Its Pockets," *Rampart* 7 (May 1969): 43.

130) Surkin, "Political Science," 180. イーストンのオーラル・ヒストリーのインタビュー。folder 6. エブロン・カークパトリックのジェームズ・フェスラー宛ての書簡。1969（日付なし），EP.

131) Surkin, "Political Science," 181; David Easton, "The New Revolution in Political Science," *APSR* 63 (1969): 1051, 1057. カークパトリックのフェスラー宛ての書簡。1969.

132) Surkin, "Political Science," 180; APSA memo, "Attendance Data in 1968 Annual Meeting," FP. イーストンのオーラル・ヒストリーのインタビュー。folder 6.

133) イーストンのオーラル・ヒストリーのインタビュー。folder 6-7; "Unconventional," *Newsweek*, September 15, 1969, 69-71.

134) Announcement of Results of the 1969 Elections, *APSR* 63 (1969): 1354. ケネス・ウォルツとの会話。オースティン・ラニーへのインタビューの記録。APSA Oral History Collection, University of Kentucky Library, 230.

135) ラニーのオーラル・ヒストリーのインタビュー。230.

136) Eakin, "Political Scientists Leading a Revolt"; Jacobsen, "Unreal, Man."

137) 次を参照のこと。Ronald Chilcote, "Dependency: A Critical Synthesis of the Literature," *Latin American Perspectives* 1 (1974): 4-29; idem, "A Question of Dependency," *Latin American Research Review* 12 (1978): 55-68; James A. Caporaso, "Dependence, Dependency,

第4章 冷戦政治

and Power in the Global System: A Structural and Behavioral Analysis," *International Organization* 32（1978）: 13-43; Raymond D. Duvall, "Dependency and *Dependencia* Theory: Notes toward Precision of Concept and Argument," *International Organization* 32（1978）: 51-78; Steven Jackson, Bruce Russett, Duncan Snidal, and David Sylvan, "An Assessment of Empirical Research on *Dependencia*," *Latin American Research Review* 14（1979）: 7-28.

138) Michael Steinberger, "The China Syndrome," *Lingua Franca*, May/June 1998, 47-56; Edward Friedman, "The Innovator," in *Mao Tse Tung in the Scale of History: A Preliminary Assessment*, ed., Dick Wilson（New York: Cambridge University Press, 1977）, 300. 次に引用。Paul Hollander, *Political Pilgrims: Western Intellectuals in Search of the Good Society*, 4th ed.（New Brunswick, N.J.: Transaction, 1998）, 327; John K. Fairbank, "The New China and the American Connection," *Foreign Affairs*, October 1972. 次に引用。Hollander, 278.

139) Robert Dahl, *After the Revolution? Authority in a Good Society*, rev. ed.（New Haven: Yale University Press, 1990）, 108-9; idem, *After the Revolution: Authority in a Good Society*（New Haven: Yale University Press, 1970）, 130. 次に引用。William R. Schonfeld, "The Meaning of Democratic Participation," *World Politics* 28（1975）: 149.

140) Charles Lindblom, *Politics and Markets: The World's Political-Economic Systems*（New York: Basic, 1977）; Joseph Lawrence, "Democratic Revisionism Revisited," *America Journal of Political Science* 25（1981）: 169. リンドブロムのレオン・リプソン宛ての書簡。June 3, 1966, FP.

141) Lindblom, *Politics and Markets*, 343.

142) Carol Pateman, *Participation and Democratic Theory*（Cambridge: Cambridge University Press, 1970）, 86, 88, 102.

143) Sidney Verba, Norman H. Nie, and Jae-On Kim, *Participation and Political Equality: A Seven-Nation Comparison*（Cambridge: Cambridge University Press, 1978）, 20; Sidney Verba and Goldie Shabad, "Workers' Councils and Political Stratification: The Yugoslav Experience," *APSR* 72（1978）: 70-85.

144) ヨーロッパのコーポラティズム研究のなかでも、次が最も影響力の強いものであった。Peter Katzenstein, *Corporatism and Change: Austria, Switzerland, and the Politics of Industry*（Ithaca: Cornell University Press, 1984）; Peter Katzenstein, *Small States in World Markets: Industrial Policy in Europe*（Ithaca: Cornell University Press, 1985）.

145) 例えば、フィリップ・シュミッターはヨーロッパの検討に移るまえに、ブラジルのコーポラ主義について研究している。次を参照のこと。Philippe Schmitter, *Interest Conflict and Political Change in Brazil*（Stanford: Stanford University Press,

1971); "Still the Century of Corporatism? " in *The New Corporatism: Social-Political Structures in the Iberian World*, ed., Fredrick Pike and Thomas Stritch (Notre Dame, Ind.: University of Notre Dame Press, 1974); "Interest Intermediation and Regime Governability in Contemporary Western Europe and North America," in *Organizing Interests in Western Europe: Pluralism, Corporatism, and the Transformation of Politics*, ed., Suzanne Berger (Cambridge: Cambridge University Press, 1981).

146) James Malloy, "Authoritarianism and Corporatism in Latin America: The Modal Pattern," in *Authoritarianism and Corporatism in Latin America*, ed., James Malloy (Pittsburgh: University of Pittsburgh Press, 1977), 3. 次を参照。Oren, "Uncritical Portrayals".

147) Howard J. Wiarda, *Corporatism and Development: The Portuguese Experience* (Amherst: University of Massachusetts Press, 1977), 6, 10–11.

148) Peter Evans, Dietrich Rueschemeyer, and Theda Skocpol, eds., *Bringing the State Back In* (Cambridge: Cambridge University Press, 1985). 次も参照のこと。Mancur Olson, *The Rise and Decline of Nations: Economic Growth, Stagflation, and Social Rigidities* (New Haven: Yale University Press, 1982).

149) R. J. Rummel, "The Dimensionality of Nations Project," in *Comparing Nations*, ed., Richard Merritt and Stein Rokkan (New Haven: Yale University Press, 1966); idem, "Roots of Faith II," in Kruzel and Rosenau, *Journeys through World Politics*, 317–18.

150) ハーバート・カウフマンのジェームズ・フェラー宛ての書簡。December 17, 1964, FP; Bruce Russett et al., "Quarterly Management Report, World Political Date and Analysis Program," ARPA contract no. N0014-07-A-0097-007, September 30, 1972; Charles L. Taylor and Michael C. Hudson, *World Handbook of Political and Social Indicators*, 2d ed. (New Haven: Yale University Press, 1972).

151) ラセットのウィリアム・フォルツ宛ての書簡。July 14 and December 7, 1967, LP, box 83, folder 1038; Bruce Russett, *Power and Community in World Politics* (San Francisco: Freeman, 1974), vii; Rummel, "Roots of Faith II".

152) Claudio Cioffi-Revilla, *The Scientific Measurement of International Conflict* (Boulder: Lynne Rienner, 1990).

153) Bruce Russett, "Warriors and Scholars: Fellow Professionals in Hard Times," *Naval War College Review* 28 (1975): 87, 89, 91.

154) Johnson, *America's Secret Power*, 167; "Two Are Admonished on CIA Project," *New York Times*, November 28, 1984; "Scholar to Quit Post at Harvard over CIA Tie," *New York Times*, January 2, 1986; "Secret CIA Research on Campus: Harvard Reweighs Guidelines of 1970s,"

第 4 章　冷戦政治

New York Times, February 21, 1986; Trumpbour, *How Harvard Rules*, 68-69.
155) Chris Mooney, "For Your Eyes Only," *Lingua Franca* 10（November 2000）: 36.
156) Nicholas Lemann, "What Terrorists Want: Is There a Better Way to Defeat Al Qaeda?" *New Yorker*, October 29, 2001.

結　論

再帰的政治学を目指して

　アメリカ政治学は何らかの民主政に傾斜しながらも、いずれの立場からも自由な科学であるという自己イメージを振りまいてきたが、本書の各章では、その実際について検討した。その実際からすると、政治学は、常に、民主政を強く守ろうとしたわけではないし、社会科学の知識は「常に、特定の視点に発する知識である」というマックス・ウェーバーの指摘を免れているわけでもないことになる[1]。政治学の論述がアメリカ的視点の枠内にあることは明らかであるし、民主政自体というより、そのホームランドに傾斜するものとなっている。

　政治学者たちは、イデオロギーとは、人々の思考を示す言葉であって、それがどのような環境に埋め込まれているかについて、また、どのような利益と結びついているかについて考察するものではないとしている。だが、この概念を自らの学問に適用したことは、まず、ないと言える。学界外のアクターの信条と理念や姿勢の社会的基盤について分析する用意にあると言えても、自らの知識の成果について、また、政治や社会との結びつきについて検討することは、ほとんどなかった。

　アメリカの政治学はイデオロギー的であり、自覚されてはいないにしろ、そこにはアメリカという理念が底流している。客観的な理論的言説に見えても、「他の」国家の、とりわけ、アメリカの主敵となった諸国のアイデンティティとの関係において、自らのアイデンティティを再構成するという方法を繰り返している。政治学は、アメリカにとって重大な国際的対立のなかでアメリカと自らの敵のイメージを再構成し、両者の違いを強調してきた。

だが、対立が終息すると、その違いは修正されるとともに、分極化したイメージは過去に投射されてしまい、かつて、自らについて、また、未だ敵とはなっていない諸国について描いたイメージは忘れられ、個別局面の理論で描かれるイメージは一色に括られてしまうことになる。
　本書で分析したすべての事例からすると、アメリカとライバルとなる諸国との関連のなかで両者のイメージが形成されているが、その姿は調整主義とナショナリズムとのあいだで揺れている。紛争が起こるまえは、アメリカの著名な政治学者たちは、国外のレジームの諸側面がアメリカの欠点を正すためのモデルとなり得ると見なしている。だが、紛争が終わると、アメリカの欠点は長所に変わり、かつての敵の長所が欠点と見なされる。こうみると、アメリカと彼らとの類似性と収斂の物語りは差異と分岐の物語であったことになる。
　ジョン・バージェスは南北戦争の退役軍人である。彼は州権や非チュートン的要素をアメリカ政治の安定にとって脅威であるとし、「ドイツの連邦」を人種的に統一された集権型政治秩序のモデルであると見なしている。また、1880年代から1930年代の公行政研究者は、偏狭な政治家を抑え、アメリカ国家を活性化するためには公徳心に満ちた行政官の影響力を強化する必要があると判断し、この視点からドイツの効率的な官僚制国家に注目している。だが、２度のドイツとの戦争のなかで、アメリカの弱い国家、多元主義的利益集団政治、人種の多様性こそがアメリカの強さの源泉であり、これがアメリカのシステムの諸特徴をドイツから分かつものであると、また、ドイツの強力な国家やチュートン的アイデンティティは決定的弱点であると見なされることになる。この脈絡において、「特殊な道」という理論的物語りが浮上し、帝政ドイツはナチズムの前触れであって、英米（および、フランス）の政治発展とドイツ（および、日本）の反動的軌跡とが対比されることになる。こうした物語りは、なお、強力なものを留めているだけに、現代の政治学者たちは、自らの学問の創始者たちがチュートン理論をどのように考えていたかを、また、ウッドロー・ウィルソンがプロシアの都市自治をいかに高く評価

結　論

していたかを知っているわけではないし、当時の政治学者たちがナチズムをどのように見なしていたかについて興味を覚えることもないという状況にある。

　政治学の言説において、米ソ関係の理解も調整主義からナショナリズムへ移行するという注目すべき展開を辿っている。1930年代には、一部の代表的政治学者たちは、スターリンのソ連を国家指導型の産業合理化と知的集権型の計画化を媒介とした経済成長のモデルであると見なし、これを積極的に評価している。また、政治学者のなかには、アメリカの経済成長の停滞とパイの不平等な分配を目の当たりにして、アメリカの自由とソビエトの経済的平等とは、将来、収斂し得るのではないかと見なした研究者もいる。だが、冷戦が始まると、国家指導型計画化は、また、アメリカの人々がナチズムから守った有名な「4つの自由」のひとつである欠乏からの自由という言葉は、政治学の言説を含めて、国民の政治的言説から消えている[2]。当初、ソ連は仲間であるとされたが、結局、かつてのドイツと同様に、アメリカのアイデンティティに対立する全体主義の他者であるとされることになった。ロシアは、今や、すべてが国家であって、社会は存在しないと、また、アメリカはすべてが社会であって、国家は存在しないとされ、かつて、国家を教義の中心に据えたことが、また、中央型計画化や官僚制的効率性に関心を深くしたことが忘れられてしまうことになった。全体主義者はイデオロギーに扇動されているのにたいし、アメリカの人々はプラグマティックに自らの利益を追求しているとされた。そして、ソビエトのイデオロギーは客観的に組成された諸階級の闘争を強調するのにたいし、アメリカに存在しているのは、行動論的に規定された利益集団間の温和な競争に過ぎないとされた。自らに対立するとされた「全体主義的」諸レジームが崩壊して10年以上も経ったが、こうしたアメリカ政治の多元主義観が政治学の支配的言説となり、今日に及んでいる。こうみると、グラムシの言葉を再び借りれば、アメリカの対外関係史は、実質的痕跡を在庫目録に留めることなく、これを政治学のなかに織り込むことで自らを作り上げていることになる。

他の主敵のヴィジョンも調整主義からナショナリズムへと移っている。ファシスト・イタリアがナチ・ドイツと同盟する以前において、また、ソビエト・ロシアが「全体主義」で括られる以前の局面において、一部の指導的政治学者たちは、社会の組織化とコントロールという点で、ムッソリーニの「実験」に興味を覚えていた。同様に、1889年に、ウッドロー・ウィルソンは日本の指導層がプロシアの憲法を自らの憲法モデルとしたという点で、その「固有の才覚」を高く評価している。だが、日本が対外侵略に乗り出し、ドイツと同盟することでアメリカの敵に転ずると、かつて指摘した才覚が歴史のくびきであるとし、政治発展の「特殊な道」という説話において、ドイツと同列に括られることになる[3]。

　アメリカのアイデンティティの再構成は、民主政の概念の再接合を繰り返すことと強く結びついている。今日の支配的民主政観からすると、民主政とは多党型を舞台とし、指導者を手続き的に変更するメカニズムであるとされているが、こうした理解は冷戦期に定着したものである。この局面において、アメリカは、「人民の民主政」とは単一の政党に支配され、修辞として社会的平等を標榜するものに過ぎないとし、これと対峙することになった。だが、冷戦以前において、政治学者たちは、それほど選挙過程を重視しない方向で民主政を規定する傾向が強かった。また、ジョン・バージェスは普通選挙権に反対しているし、選挙によって国民のトップ指導層を選択する方法が最善とは言えないと述べている[4]。

　ウッドロー・ウィルソンと言えば、今や、民主政のために世界を安全なものにすることを約束した大統領として有名である。だが、より早い局面では、学者の立場から民主政を専門的管理階級に委ねることで、世界のために民主政を安全なものにしようとしている。ウィルソンは、公務員試験が指導者の選択方法という点で「極めて民主的」であると言えるのは、「職務に適した人々から、……統治するための人材を選抜し得る」からであると、また、民主政は、結果に連なり得る手続きからではなく、結果から、つまり、「教育を受け、訓練と教養を積み、適任の人々」による支配から規定されるべきで

あるとしている[5]。

　第1次大戦後、ウィルソンに認められるような管理型民主政観は、チャールズ・メリアムの「シカゴ学派」の政治学において再規定され、科学の権威に対するメリアムの信念によって強化されることになった。メリアムとハロルド・ラスウェルは「民主的社会コントロール」という旗を掲げ、アメリカの民衆(demos)は、啓蒙的な社会立案者であるエリートが社会科学者の助言を受けることで、革新的な「民主的」目的を目指し得ると判断している。のちに、ファシズムの足音が高まるなかで、メリアムは民主政の規範的理論を設定し、民主政とは「形態」に過ぎないものではなくて、「人間としての価値が最も洗練され、豊かに表現され得る人格を作り上げるための政治的協力の様式」であるとし、こうした価値には政治的自由のみならず、欠乏からの自由が、つまり、「文明の恩恵」が「衡平」に行き渡り、「公正に配分されること」が含まれるとしている[6]。

　1930年代の若い政治学者たちは、民主政と社会正義との結びつきを強調している。マール・フェインソッドは、「民主政は普通選挙権にとどまらず、貧困の根絶、生活賃金の保障、失業の緩和を対象とする」ものであると判断している。また、フレデリック・シューマンは、真の民主政には政治的自由のみならず、経済的自由も含まれると論じている。さらには、ロバート・ダールは学位論文で民主的社会主義の弁護論を展開しているし、ガブリエル・アーモンドの学位論文は「金権政治とニューヨーク市の政治」と題し、アメリカの資本家階級を批判的に論じている。これは、(1938年の局面では)金持ち階級の政治的影響力には並はずれたものがあるから、「アメリカの政治システムを民主政であるとすることは間違いである」と考えていたことを示している[7]。

　こうした「民主政」のヴィジョンはアメリカを指してのことであって、この視点からすると、アメリカがその敵と変わらないものに見えただけに、不評を呼ばざるを得なかった。また、バージェスは、民主政とは立憲主義のことであるとしたが、このヴィジョンが、初めて、米独矛盾の原因とならざ

るを得なかったのは、この基準からすると、憲法を欠いたイギリスはドイツほどには民主的でないもの（アメリカ的ではないもの）に見えたからである。ウィルソンの管理型ヴィジョンは第1次大戦後も残存し、メリアムの「民主的社会コントロール」に引き継がれるが、第2の米独戦争によって強力な打撃を受けつつも、行政効率の危機のなかで強い教訓を留めていた。また、メリアムのヴィジョンが第2次大戦後に復活したが、どのような展望を提示し得たにしろ、冷戦の開始のなかで頓挫し、「民主的社会コントロール」や「民主的計画化」とは全体主義独裁への序曲に過ぎないと批判された。さらには、ソビエトとの対立が深まるなかで、メリアムの計画型民主政は、あるいは、若きダールやアーモンドが、また、フェインソッドが構想した産業と社会の民主政論は強く非難されることになった。この点について、フランク・ナイトは次のように指摘している。ソ連は「アメリカを含めて、至るところで起こりかねない状況の極端な例である。"民主政"とは、自由のことではなくて、特定の目的を実現することであるとすると、……人々は新しい課題を、また、より多くの権限を政府に委ね続けねばならず、そのなかで政府は従僕ではなく、一切の主人となってしまう」と[8]。

　要するに、今日の政治学の言説に支配的な「民主政」の理解は「レジーム類型」の科学的データに厳格に依拠するものであるが、これは微妙で複雑な、また、不安定な歴史過程の所産であって、この過程において、アメリカは自らに敵対的であると見なした概念の諸次元を排除するとともに、これとは大きく異なるとした諸次元を重視することになった。手続き型民主政が一般化したのは、理論的に優れていたからであるというより、冷戦のなかで対抗概念の説得力が大きく後退したからにほかならない。

　本書では、政治学者が「民主政」をどのように理解したかを中心に論じ、「科　学」をどのように理解したかについては、それほど深く辿らなかったが、これまでの諸章からもわかるように、戦間期から1950年までに「科学」の意味は民主政の意味変化と共に変化していることになる。冷戦の圧力のなかで、政治学者たちは慌てて両者を理念から切り離す作業を開始している。戦間期

結 論

に、チャールズ・メリアムは政治学を「科学的」基盤に据える急先鋒に立っていた。だが、彼の科学観は改革主義の目的を実現するための実践的方法の探究と強く結びついていたのであって、客観的知識自体を模索するものではなかった。1950年代に至って、こうした価値志向的な概念は、政治学とは価値自由的な試みであるとする方向へと変わっている。この点で、テレンス・ボールは、「行動論革命と"科学"への転換は実証主義的意味を帯びつつ浮上しているが、こうした展開は〔冷戦〕期の雰囲気と状況のなかで、政治学が合理的で自己中心的な利益を軸に対応しようとしたことによる……と見なし得る」と指摘している[9]。上院議員や財団が政治学は自然科学のような客観的学問ではあり得ないのではあるまいかという疑念を深めるなかで、アメリカ政治学の指導者たちは、これを打ち消し、イデオロギーではなく、私心なく真理を追求しているとすることで、また、真理の客観的追求こそが民主政の試金石であるとすることで、私的財団や政府機関から気前よく資金を引き出すことができた。こうした成果によって、大まかに言って、政治学は認識論的実証主義の方向をさらに強めることになった。

　要するに、戦間期には民主政は改革主義的理念から理解され、政治学はその理念に仕えるものであるとされたが、冷戦を背景として、民主政は手続き的視点から規定され、政治学は理念自由型の民主政に適合的な理念自由型の科学の姿を帯びることになったと言える。こうした転換からすると、本書の冒頭で提起したように、第2の問題が浮上せざるを得ない。それは、政治学の自画像の統一性の内在的欠如をどのように説明するかという問題である。これは政治学に逆説が認められるということ、つまり、客観的であるとしつつも、同時に民主政を標榜しているということになる。だが、政治の「科学（サイエンス）」と「民主政」の意味が国際関係に占めるアメリカのライバルの変化と結びついて展開したことを想起すれば、それほど逆説に満ちたものとは言えないことになる。

　本書では、政治学における研究の成果を分析したが、これには、どのような意味が含まれているのであろうか。アメリカ政治学は、明らかに、アメリ

カのパースペクティブから論じられてきたという考えに対し、政治学は、認識論的に、どのように応えるべきであろうか。より一般的には、社会科学の知識は、常に、特定のパースペクティブに発しているとするウェーバーの理解に対し、政治学は、認識論的にどのように応えるべきであろうか。

対応のひとつは、政治学がウェーバー自身の認識論的立場を受け入れることであろう。ウェーバーは、社会科学の考察は主観的なものとならざるを得ないと、また、社会科学者の価値は個別の時間と空間に占める位置において形成されるわけであるから、その価値観が自ら設定した問題に、また、当該の現象に与える意味に影響せざるを得ないと判断している。だが、彼は、「だからといって、文化諸科学の研究が、ある人にとっては妥当であると言えても、他の人にとっては、そうとは言えないという意味で主観的な結果しか得られないということではなくて、人々を異にすると、結果に対する関心の程度も異なるということに過ぎない」と指摘している[10]。換言すれば、ウェーバーは、社会的「事実」は価値を内在せざるを得ないとしつつも、こうした事実は、事実に意味を賦与する価値とは別に、何らかの方法で立証可能であると論じていることになる。したがって、彼は、社会科学が自然科学のようにパターン化され得るとする実証主義的考えを拒否しつつも、主観と客観との分離という実証主義的仮説に立っていたことになる[11]。

とはいえ、実証主義と解釈学との統一を期そうとするウェーバーの試みには、論理的問題が含まれていないわけではない。彼は、社会科学の概念構築は歴史に根差しているとしているが（この意見には私も賛成できる）、その主張の内実を十分に説明しているわけではない。諸概念が、実際、歴史のなかで構築され、また、アメリカ政治学の場合にしげく見られるように、歴史を「データ」（ないし事例）の根拠とすることで研究者の諸概念が検証されるとすると、データによって概念を確認する以外の方法は存在しないことになり、結局、概念は歴史の所産であるだけでなく、歴史によって自らの妥当性を立証せざるを得ないことになる。

また、ウェーバーの認識論的操作術が抽象的には全く正しいとしても、こ

結　論

の方法によって前世紀のアメリカの政治学が、現に、どのような過程を辿ったかを十分に論述し得るわけではない。というのも、本書でも指摘しているように、主観と客観との分離という仮説は、政治学が研究の対象とした政治と深く結びついていたことからすると、現実にそぐわないものとなるからである。政治学の専門集団と議会との緊密な関係に鑑みると、また、議会に関する多くの調査がＡＰＳＡをスポンサーとする研究の成果であったし、アメリカ外交政策の調査の多くが、周辺的な位置にあったにせよ、対外政策の設定にかかわった研究者たちの所産であったことに鑑みると、あるいは、歴史的事象から諸仮説を検証するために広く利用された数量的データが歴史的事象そのものの痕跡を留めているという現実に即してみると、政治学が、研究対象とした政治から超然としていたと考えるわけにはいかなくなる。

すると、学問が研究対象と結びついているだけに、ウェーバーの認識論は安全な逃げ道とはなり得ないことになる。政治学と政治とは重層化せざるを得ないという現実に鑑みると、この点を明確に考慮したアプローチを採らざるを得なくなる。換言すれば、政治学は再帰性への転換を期すべきことになる。再帰的政治学とは、自らの研究の歴史的姿勢を自覚した科学であり、政治の歴史的過程と理論自体との関係を明示することで、こうした過程を理論化しようとする科学である。

20世紀において、フランクフルト学派の批判理論を含めて、多くの優れた哲学者や社会理論家たちが再帰的思考様式の展開を期している[12]。だが、こうした諸理論がアメリカ政治学に、とりわけ、その経験的分野に反映されているわけではない[13]。哲学や人文科学において展開された再帰的理論化の方法が、政治学にも適用されているとは言いがたい。政治学の再帰的転回を期すことができれば、新しい道が拓かれるはずである。では、再帰的道をどのようにつけるべきかとなると、明確には規定し得ないとしても、残された紙幅でいくつかの可能性を提示することとし、私の最近の作業から２つの例を挙げることにする。

第１に、「民主的平和」のテーゼについて、つまり、民主的国家は互いに

戦争することなどない、という主張について考えてみよう。近年、国際関係の研究者たちは、周到な統計学的手法に訴えて「戦争」と「レジーム類型」に関するデータを分析している。どのように「民主的平和」の仮説を説明するかについてではないにせよ、こうした作業を基礎として、このテーゼの経験的妥当性については、ほぼ合意が見られる状況にある。必ずしも誇張のためとは言えないが、ある研究者は「民主的国家間で戦争が起こっていないということ、これは国際関係の経験則とも言える」と指摘している[14]。国際関係の研究者たちはこの指摘を積極的に受け止めつつ、繰り返し引用している。

　再帰的アプローチからすると、民主的平和論は、分析の対象とされる国際政治の歴史過程から切り離されるのではなく、その構成要素であると見なすべきことになる。国際関係の研究者たちに広く見られるにせよ、「民主的平和の事実」を研究するのではなく[15]、再帰性からすると、国際関係論がその「事実」をどのように測定、分類、体系化しているかという点で、「民主政」を含めて分析概念の歴史的検討が求められることになる。すると、こうした概念には、また、これに依拠したデータには、理論的根拠の経験的検証とされる国際紛争の歴史の跡がどのように含まれているかということ、これを問うべきことになる。

　民主的平和のテーゼに関する私の批判からすると、「民主政」とは「アメリカ」のことであると、また、政治学者が主張する民主的平和とは、より一般的には、「アメリカ的」諸国民間の平和という特殊な例であると理解すべきことになる。民主政（つまり、アメリカ）の規定は国際関係の研究者のデータにも浮上しているが、これは複雑な歴史過程の所産であって、既述のように、アメリカが敵との距離を縮めた概念の諸側面が無視され、敵との距離を拡げた諸次元が重視されることになる。こうした「レジーム類型」のデータが国際関係史に投影されると、「アメリカに類する諸国が互いに戦ったことはない」という仮説が「経験則」の如く浮上するのも驚くべきことではない。結局、民主的平和という概念は戦争と平和の歴史的パターンによって形成され、これが「データ」や「事例」とされることで、この概念が正当視されて

結論

いるに過ぎないことになる。すると、民主的平和のテーゼは同義反復の性格を帯びざるを得ない。政治学者が「民主的」であると分類している諸国でも、当該諸国間の(過去の)平和的状況の所産に照らしてのことであるし、民主的性格が共有される状況に至ってのことに過ぎない。政治学の主潮流の視点からすると、再帰的転回は反直感的で非伝統的な考察を求めるものであるが、それだけに、政治学を豊かなものとし得ると言える[16]。

第2に、アメリカ政治学の別の中心的理念について、つまり、「政治文化」(ないし「市民文化」)について検討しておこう。政治学者たちは「政治文化」を規定して、代表的には、何らかの政治的結果に影響を与える独立変数であるとする。例えば、アーモンドとヴァーバは、「政治システムの一部である政治文化が、このシステムにどのようなインパクトを与えるか」という問題を提起している。また、ロバート・パットナムは、有名なことに、イタリアの諸リージョンの市民文化の違いが、代議制の遂行にどのような影響を与えているかについて検討している。さらには、構成主義派の国際関係論者たちは、近年に至って、「文化」が「国家安全保障」の諸側面をどのように形成しているかについて考察している。多くの違いはあるにせよ、こうした研究には政治文化という概念が用いられているが、そこに共通していることは、当該の研究者たちが、また、研究者が属している学問が、自ら対象としている文化や政治過程から超然としているという仮説である[17]。換言すれば、文化の外部にいる政治文化の研究者であるということになる。

これにたいし、政治文化の再帰的アプローチは、政治文化が社会と政治の結果にどのような影響を与えるかを問題とする(あるいは、この疑問と結びつける)というより、政治文化の概念が歴史的にどのような発展を経たかを、また、その研究が自らを取り巻いている文化と政治にどの程度に埋め込まれているかについて考察することになる。このアプローチからすると、例えば、国民の市民的凝集力が民主的政府の力量や安定性にどのように影響するかということより、民主的政府が市民の凝集力の育成に(あるいは、敵の社会の凝集力の解体に)関心を深くするなかで、市民文化の調査というアジェンダ

299

が、歴史的に、どのように形成されることになったかについて検討し得ることになる。同様に、文化を「アイデンティティ」から規定し、それが「国家安全保障」にどのような影響を与えるかを問題とするより、(本書の第4章などで説明したように) アメリカの国家安全保障の政治のなかで、政治学者がアメリカの文化的アイデンティティをどのように位置づけたかを、あるいは、もっと広く、自らの「政治文化」の理解がどのように形成されたかを問い得ることになる[18]。(既述のように) 市民文化に対する研究者の関心と、国家安全保障機関のプロパガンダや心理戦に対する関心とが常に結びついているとすると、「文化」が国家安全保障を規定するだけでなく、その所産でもあることになる。

「世論」は、再帰的アプローチが有効な政治研究の別の中心領域である。世論研究の実質的領域において、世界の大事件がアメリカの世論にどのような影響を与えるかをめぐって、また、世論がアメリカの外交政策にどのようなインパクトを与えるかをめぐって論争が繰り返されている[19]。だが、再帰的アプローチからすると、世界的大事件が世論をどのように形成するかということだけでなく、世論の概念そのものを問題とせざるを得ないことになる。また、世論が対外政策に与えるインパクトから、外交政策と「世論」との関係に視点を移すことが求められることになる。これまで、研究者たちは世論の概念の規定を繰り返してきたが、その方法は連邦政府の外交政策の関心に発していたと言えるのではあるまいか。また、世論研究のインフラを制度的に確立するという点では、アメリカの政策機関の、あるいは、財団の支援が重要であったと言えるのではあるまいか[20]。さらには、世論によって政府の政策が形成されているだけでなく、政府の政策の所産でもあると言えるのではなかろうか。

以上のように、再帰的研究の理念を素描したが、これは、主として、私の関心領域である国際関係の研究者の関心を中心としている。だが、アメリカ政治を含めて、政治学の他の分野も再帰的理論に服し得ると言えよう。例えば、アメリカにおける資金と政治との関係を挙げてみよう。企業献金が選挙

結論

型政治にどのように影響しているかという問題にとどまらず、より広くアメリカの学界も含めることで、アメリカの政治システムの理解を深め得ることになろうし、さらには、選挙型政治における、また、学界と政治に占める資金の流れを明らかにすることもできよう。この流れは、どの程度に交差しているのであろうか。この種の再帰的姿勢からすると、政治学は、なぜアメリカにおける企業資金と政治との関係について批判的検討を避けてきたかを問題とせざるを得ないことになる。この問題は、近年に至って、国民の公的アジェンダとして注目されるようになったとはいえ、なお、不十分である（しかも、研究者というより、上院議員のジョン・マケインが取り上げたことである）。

最後に、「客観性」とは何かという問題に触れておかなければならない。本書で明らかにしようとしたように、アメリカ政治学の実際が科学的客観性の規範を大きく踏み外しているとすると、政治学は、こうした客観性の危機をどのように克服すべきであろうか。私の指摘に気付くところがあれば、政治学者たちは、直感的に、本書で検討した「バイアス」を「コントロール」し得る認識論的方法を、また、客観性に替わり得る新しい認識論的規範を、あるいは、いずれかを求めることで、この危機を解決しようとすることになると思われる。政治学が不断に理論的インスピレーションを他の専門分野に求めてきたことに鑑みると、政治学者には、この種の認識論的療法の、あるいは、他の認識論的基準の新しい科学哲学のテキストが求められることになろう。いずれにせよ、慣例的な認識論的発想に留まっている限り、客観性の問題を抽象的で非歴史的に論じ続けざるを得ないことになる。

では、なぜ、政治学の既存の認識論的規範を、上述のような、あるいは、他の学問分野から移入した規範をもって補強し、あるいは、代替すべきであろうか。また、政治学は、なぜ、伝統的な科学的客観性の規範ではなくて、新しい規範に依拠すべきであると言えるのであろうか。私は、政治学は客観性の問題を再帰的方法で取り組むべきであると判断している。過去のエピソードの研究を広げ、知的要求や政治的関心が同様の研究者や思想の学派によって、どのように取り組まれてきたかを想起すべきであろう。そして、政

治の「科学(サイエンス)」の意味が、歴史的に、どのように変化したかについて、また、過去の政治学者たちが、政治学とは客観的科学であるという主張を、どのように守り、正統化してきたかについて、さらには、「科学」の意味（あるいは、その弁護論）が、アメリカの、また、世界の社会や政治と、あるいは、経済過程と、どのように結びついていたかについて注意深く検討すべきであろう。一定の諸規範がどのように政治学に定着することになったかを再検討すること、これは倫理的学問の諸目的にかなうことであるし、演繹の方法や別の規範をもって、こうした規範自体を主張し、伝え得ることにもなる。

　アクトン卿は、炯眼にも、「諸発見のなかでも、理念の系譜を暴露するものほど気に障るものはない」と指摘している[21]。本書がアクトンの格言を冒頭に掲げたのは、政治学者のなかには、私の行論を歓迎しないむきもあるのではないかと思えたからである[22]。イライラしつつ対応したくはないとしても、政治学者は別の炯眼な指摘に、つまり、フリードリッヒ・ニーチェの「偉大な真理は、偶像化されることではなくて、批判されることを求めている」という指摘に耳を貸すべきであろう[23]。アメリカの政治学は、その指導者たちが描いているように、偉大かつ有望で、民主的な科学であるとすると、その実践者は、合意しないまでも、本書で指摘したことに耳を貸してもらいたいと思っている。本書の批判が直ちに認められることにはならないとしても、久しく待たれていたアメリカ政治学のアイデンティティをめぐる論争が活気づくことを期待して、本書を閉じることにする。

● 注

1) Max Weber, "'Objectivity' in Social Science and Social Policy," in Weber, *The Methodology of the Social Sciences*, trans. and ed. Edward Shils and Henry Finch（New York: Free Press, 1949）, 81.

2) Eric Foner, "American Freedom in a Global Age," *American Historical Review* 106（2001）: 1-16.

3）W. Wilson to Daniel Coit Gilman, April 13, 1889, in *Papers of Woodrow Wilson*, ed. Arthur S. Link et al., 69 vols.（Princeton: Princeton University Press, 1966-94）（以下、*PWW*と略記）, 6: 169-72.

4）バージェスは次のように述べている。「貴族政とは、人為的質ではなくて、現実的利点を持ったシステムにほかならないとすると、最も有効な政治システムとは、貴族的政府に依拠した民主的な〔つまり、立憲的〕国家ではなかろうか。これが共和政の〔つまり、アメリカの〕統治形態でないとすると、その原理とは、どのようなものとなるかは見当がつかないことになる」と。John Burgess, *The Foundations of Political Science*（1933; reprint, New Brunswick, N.J.: Transaction, 1944）, 75-76.

5）"A Lecture on Democracy," *PWW* 7: 356; "Notes on Administration," 1892-95, *PWW* 7: 392-93.

6）Charles E. Merriam, *What Is Democracy?*（Chicago: University of Chicago Press, 1941）, 92; idem, *On the Agenda of Democracy*（Cambridge, Mass.: Harvard University Press, 1941）, 98-99.

7）Arnold Lien and Merle Fainsod, *The American People and Their Government: A Textbook for Students in Introductory College Courses and for the Active Electorate*（New York: Appleton-Century, 1934）, 441; Gabriel Almond, *Plutocracy and Politics in New York City*（Boulder: Westview, 1998）, xxii.

8）Frank Knight, "Economic and Social Policy in a Democratic Society," *Journal of Political Economy* 58（1950）: 513.

9）Terence Ball, "American Political Science in Its Postwar Political Context," in *Discipline and History*, ed., James Farr and Raymond Seidelman（Ann Arbor: University of Michigan Press, 1933）, 207.

10）Weber, "'Objectivity'," 84.

11）次を参照のこと。David Campbell, *Writing Security: United States Foreign Policy and the Politics of Identity*（Minneapolis: University of Minnesota Press, 1992）, 23.

12）次を参照のこと。Max Horkheimer and Theodor Adorno, *Dialectic of Enlightenment*, trans. John Cumming（New York: Continuum, 2000）; Max Horkheimer, "Traditional and Critical Theory," in Horkheimer, *Critical Theory: Selected Essays*（New York: Continuum, 1979）. 次は人文科学における再帰的思考の優れた例にあたる。Edward Said, *Orientalism*（New York: Vintage, 1979）.

13）次の全ては国際関係の分野に属するが、注目すべき３つの例外にあたる。

Campbell, *Writing Security*; Roxanne Doty, *Imperial Encounters: The Politics of Representation in North-South Relations* (Minneapolis: University of Minnesota Press, 1996), chap.7; Isabelle Grunberg, "Exploring the 'Myth' of Hegemonic Stability Theory," *International Organization* 44 (1990): 431–77.

14) Jack Levy, "Domestic Politics and War," in *The Origins and Prevention of Major Wars*, ed., Robert Rotberg and Theodore Rabb (New York: Cambridge University Press, 1989), 88.

15) Bruce Russett, *Grasping the Democratic Peace: Princeples for a Post-Cold War World* (Princeton: Princeton University Press, 1993), 3.

16) 次を参照のこと。Ido Oren, "The Subjectivity of the 'Democratic' Peace: Changing U.S. Perceptions of Imperial Germany," *International Security* 20 (1995): 147–84.

17) Gabriel Almond and Sidney Verba, *The Civic Culture: Political Attitudes and Democracy in Five Nations* (Princeton: Princeton University Press, 1963), 337; Robert D. Putnam, *Making Democracy Work: Civic Traditions in Modern Italy* (Princeton: Princeton University Press, 1993); Peter J. Katzenstein, ed., *The Culture of National Security: Norms and Identity in World Politics* (New York: Columbia University Press, 1996).

18) Katzenstein, *Culture of National Security*; Ido Oren, "Is Culture Independent of National Security? How America's National Security Concerns Shaped 'Political Culture' Research," *European Journal of International Relations* 6 (2000): 543–73.

19) 例えば、次を参照のこと。Philip E. Converse, "The Nature of Belief Systems in Mass Publics," in *Ideology and Discontent*, ed., David Apter (New York: Free Press, 1964); Ole Holsti, "Public Opinion and Foreign Policy: Challenges to the Almond-Lippman Consensus," *International Studies Quarterly* 36 (1992): 439–66; Robert Y. Shapiro and Benjamin Page, "Foreign Policy and Public Opinion," in *The New Politics of American Foreign Policy*, ed., David Deese (New York: St. Martin's, 1994), 216–35; Richard Sobel, *The Impact of Public Opinion on U.S. Foreign Policy since Vietnam: Constraining the Colossus* (New York: Oxford University Press, 2001).

20) ある実態調査の歴史からすると、この種の政府支援が不可欠であったとされる。次を参照のこと。Jeane M. Converse, *Survey Research in the United States: Roots and Emergence, 1890-1960* (Berkeley: University of California Press, 1987).

21) 次から引用。Acton, *History of Freedom* (1907) in Edward H. Carr, *The Twenty Years Crisis: 1919-1939* (New York: Harper and Row, 1946), 71.

22) 私の疑念を確認するためには、とりあえず次を参照のこと。"Forum: Responses to Ido Oren's 'Is Culture Independent of National Security'," *European Journal of*

International Relations 7（2001）: 399-408.

23）次に引用。Martin Jay, *The Dialectical Imagination: A History of the Frankfurt School and the Institute of Social Research, 1923-1950*（Berkeley: University of California Press, 1973）, 50.

訳者あとがき

　本書は次の全訳である。Ido Oren, *Our Enemies and US: America's Rivalries and the Making of Political Science*, Cornell University Press, 2003.
　著者は1958年に生まれ、テルアビブ大学で中東とアフリカ史を学んだのち、ニューヨーク大学で修士の、また、シカゴ大学で博士の学位を取得している。ミネソタ大学での教育・研究歴を経て、1994年以降、フロリダ大学で政治学と国際関係論を担当している。
　本書は国際関係と結びつけて、とりわけ、アメリカの"論敵"との関係においてアメリカ政治学史を辿るという極めてユニークな構成にある。この分析から、アメリカ政治学が中立的客観性と「民主主義」を標榜しつつも、「ナショナリズム」(「例外主義」および「勝利主義」)と「調整主義」という2つの対応様式を主軸として、揺れを繰り返してきたことを、また、「対立的」イデオロギーも間歇的に浮上していることを明らかにすることで、アメリカ政治学の固有の「イデオロギー」性を衝くものとなっている。
　本書は、「民主的平和」のテーゼに関する疑問を起点とし、「帝政ドイツ」(第1章)、「ナチ・ドイツ」(第2章)、「スターリンのソ連」(第3章)、「冷戦政治」(第4章)という、いわば、アメリカ外交が直面した重大な論敵に、アメリカ政治学がどのように対応することで、自らの政治学を鋳直し、アメリカの政治体制を評価し、再確認してきたかを明らかにすることで、アメリカ政治学と「アメリカ的」民主政観の内実を照射するとともに、アメリカの対外政策立案機関との関連も明らかにしている。
　こうした示唆的で刺激的な書であるからこそ、N. チョムスキー(マサチューセッツ工科大学)は「論争喚起的で啓発的な書である」と、ジョン・J. ガネル(ニューヨーク州立大学元特別教授)は「無視し得ない研究の成果」で

あると、さらには、D. イーストン（カリフォルニア大学アーヴィン校、「アメリカ政治学会」元会長）はアメリカ政治学の「客観性」の「重大な限界」を指摘するものであると位置づけているのである（いずれも、原書のカバーより）。

本書は、アメリカ政治学が当初の「調整主義」的姿勢を変え、"論敵"と対峙することを媒介として自らを形成してきた軌跡を詳細な資料に依拠しつつ展開している。そして、「知識社会学」の視座を批判的に摂取しつつ、「再帰的政治学」というアプローチを提唱することで、政治学のありようも提示している。

アメリカ政治学史の研究は学史内在的系譜化であったり、内政史とのかかわりにおいて位置づけるものが多い。この作業が重要であることは論を俟たないが、この点で、本書は国際関係や"論敵"という、いわば外的契機と結びつけてアメリカ政治学の自己展開の系譜化を試み、そこに底流するイデオロギー性を剔抉し、明示するものとなっている。この点に本書の特徴と固有の視点を求めることができるし、「再帰的政治学」という視点は注目してしかるべきアプローチである。それだけに、アメリカ政治学と国際関係論の研究にとって注目すべき問題提起の書であり、ひとつの固有の学史研究の位置にあると言える。アメリカ政治学史の「内在的アプローチ」については、既に、ジョン・G. ガネル『アメリカ政治学と政治像（*Imagining the American Polity :Political Science and the Discourse of Democracy*）』（御茶の水書房、2007年）が残されている。この既訳書と併せて、本訳書も読まれることを期待したい。

本書が訳出されることになった経緯を簡単にとどめておきたい。訳者は、本書の原書が公刊されて、すぐに、これを読了し、新しい視点の提示に強い印象をもつとともに、著者と連絡をとり、2007年初夏に立命館大学の客員教授として招聘している。その折に、本書について意見を交換するとともに訳出についても打ち合わせている。また、この機に、同様に招聘していたM・オーゴ教授（コペンハーゲン・ビジネス・スクール）とも連れだって「祇園祭り」を見物したことは忘れがたい思い出である。

訳出に際しては、それなりに注意したが、ジェソップ『国家権力──戦

訳者あとがき

略・関係アプローチ』（御茶の水書房、2009年）では、1か所とはいえ、下訳で「サイード」（人名）を「セッド」と英語よみした間違いを、不注意から訳書にとどめてしまうことになった。今回は、すぐれた校正の専門家の点検をうけているとはいえ、なお、誤訳を残していることを恐れている。諸賢の御叱正をお願いする次第である。

　最後になったが、本書の訳出の意義を認め、今回も編集の労をとって下さったことにたいし、御茶の水書房の橋本盛作社長をはじめ、同社の皆様に謹んで感謝の意を表する。

　　　2009年12月25日

　　　　　　　　　　　　　　　　　　　　　　　　　　　　訳　　者

人名索引

(ア)

アーノルド（Arnold, Thurman） 108, 200
アーモンド（Almond, Gabriel） 44, 90, 243, 249, 254, 267, 293；経歴 20, 26, 218, 224-40, 278n.59；政治／市民文化 27, 164, 299；政治発展 42, 251
アーレント（Arendt, Hannah） 157
アイザック（Isaacs, Harold） 30, 37n.48
アクトン卿（Acton） 302
アダムズ（Adams, Herbert Baxter） 47, 71-2
アチソン（Acheson, Dean） 232
イーストン（Easton, David） 26, 254-5, 261
イエゼリッヒ（Jeserich, Kurt） 113-9, 123, 142
インケルズ（Inkeles, Alex） 280n.79
ヴァーバ（Verba, Sidney） 42, 241, 243, 267、と市民文化 27, 164, 224-5, 299
ウィアーダ（Wiarda, Howard） 268-9
ウィティカー（Whittaker, James） 245
ウィルソン（Wilson, Woodrow） 28, 51, 79-80n.72, 81n.98, 169, 222, 292；経歴 46, 56；ドイツ論 12, 56-69, 290-1；の政権 101, 183；の政治理論 56-67, 72, 78n.50, 101, 292
ウィルソン（Wilson, Elmo） 30, 240
ウィルソン（Wilson, Francis G.） 91-4
ウィルダウスキー（Wildavsky, Aaron） 216
ウィロビー（Willoughby, William F.） 131-2, 143n.2
ウィロビー（Willoughby, Westel W.） 131
ウィンクス（Winks, Robin） 232
ウェーバー（Weber, Max） 9, 17, 22, 142, 289, 296-7
ウェールズ（Wells, Roger） 115, 127-32
ウェスターフィールド（Westerfield, Bradford） 273
ウォルグリーン（Walgreen, Charles） 190, 196
ウォルツ（Waltz, Kenneth） 244
ウォルツァー（Walzer, Michael） 261

311

ウォルファーズ（Wolfers, Arnold）　232
ウォレス（Wallace, Henry）　194, 233-4
ウッド（Wood, Robert）　247
ウルフ（Wolfe, Alan）　253-4, 261
エグジュール（Egger, Rowland）　116, 129
エックシュタイン（Eckstein, Harry）　44, 243, 251, 254, 266-7, 280n.79
エリー（Eley, Geoff）　42
エルスバーグ（Ellsberg, Daniel）　247
オートマン（Oatman, Miriam）　99
オズグッド（Osgood, Robert）　249-50
オストロム（Ostrom, Vincent）　141
オッグ（Ogg, Frederick A.）　9, 130, 144n.17

（カ）

カー（Carr, Edward H.）　8-10
ガー（Gurr, Ted Robert）　43, 273
カークパトリック（Kirkpatrick, Evron）　249-63
カークパトリック（Kirkpatrick, Jeane）　249, 253, 255, 259
カーター（Carter, Jimmy）　259-60
カーティス（Curtis, Michael）　43
ガードナー（Gardner, John）　239
カーネギー（Carnegie, Andrew）　231
カッツネルソン（Katznelson, Ira）　160-2
カドゥーシン（Kadushin, Charles）　250
ガネル（Gunnell, John）　162
カムペルマン（Kampelman, Max）　251, 255-60
ガンディー（Gandhi, Mohandas K.）　106-7, 111
カントリル（Cantril, Hadley）　238, 280n.79
キー（Key, V. O.）　162
ギューリック（Gulick, Luther）　111-2, 114, 140
ギルバート（Gilbert, Charles）　259
クーン（Kuhn, Thomas）　32
グッドナウ（Goodnow, Frank）　70, 97, 131

人名索引

クノール（Knorr, Klaus）　236, 280n.79
クラフ（Clough, Shepard）　103
グラムシ（Gramsci, Antonio）　44-5, 251, 291
グリースン（Gleason, Abbott）　156
グリフィス（Griffith, William）　247
クルックホーン（Kluckhohn, Clyde）　234, 238
クレーン（Crane, Charles R.）　170, 182, 184
クレイ（Clay, General Lucius）　128
クレッブズ（Krebs, Gerhard）　138-9
ケープラン（Kaplan, Abraham）　19, 230
ゲイザー（Geiser, Karl F.）　82n.106, 135-6
ケイン（Kahin, George）　249
ゲズノー（Guetzkow, Harold）　270
ゲッペルス（Goebbels, Josef）　105, 112-3, 118
ゲッテル（Gettell, Raymond）　70
ケトラー（Kettler, David）　261
ケトル（Kettl, Donald）　142
ケネディ（John F.）、の政権　7, 244, 246, 276n.38；の大統領キャンペーン　245
ゲルシェンクロン（Gerschenkron, Alexander）　42, 74n.1
コール（Cole, G. D. H.）　267
ゴールドマン（Goldman, Emma）　90
ゴアラー（Gorer, Geoffrey）　234
コエトズィー（Coetzee, Johan）　5
ゴスネル（Gosnell, Harold）　189
ゴ・デイン・デム（Ngo Dinh Diem）　220-4

〈サ〉

サーキン（Surkin, Marvin）　261
サーニー（Cerny, Karl）　250, 255
サイード（Said, Edward）　8
サイモン（Simon, Herbert）　26, 121, 141, 189
サヴォナローラ（Savonarola）、メリアムの見解　111, 248n.83
サフラン（Safran, Nadav）　272-3

313

サミュエルズ（Samuels, Richard）　14
シーラハ（Schirach, Baldur von）　137
ジェニス（Janis, Irving）　19, 231
シェリング（Schelling, Thomas）　239
シャープ（Sharp, Walter）　216, 218
ジャノヴィッツ（Janowitz, Morris）　19, 230, 238
シューマン（Schuman, Frederick）　129, 165, 188-95, 293
シュトラウス（Strauss, Leo）　261
シュナイダー（Schneider, Herbert）　103
シュミット（Schmidt, Brian）　207n.76
シュンペーター（Schumpeter, Joseph）　198；の影響　18, 163, 201, 204n.34
ショー（Shaw, Albert）　97
ジョージ（George, Alexander）　19, 231, 280n.79
ジョナス（Jonas, Frank）　85
ジョンソン（Johnson, Willard）　6, 33n.10
ジョンソン（Johnson, Lyndon B.）　248；の政権　7
シリアーノ（Scigliano, Robert）　221, 224
シルズ（Shils, Edward）　19, 230
シンプソン（Simpson, Christopher）　244
スキャモン（Scammon, Richard）　255, 258
スケーパー（Schaper, William）　71
スターリン（Stalin, Joseph）、ソ連を参照
スパッツ（Spaatz, General Carl）　174
スペンサー（Spencer, Henry R.）　28, 34n.21
スミス（Smith, Adam）、シューマンの　191；フリードリッヒの　180
スマックラー（Smuckler, Ralph）　221
セルズニック（Selznick, Philip）　238
ゾンバルト（Sombart, Werner）　181

〈タ〉

ターナー（Turner, Richard, ナタール大学）　33n.10
ダール（Dahl, Robert）　18, 26, 213, 218, 260, 293；計画論　201；都市政治　216；都市政治論　169-70；ナチ・ドイツ論　85-7；民主政理論　161-5, 196, 201,

204n.34, 266；ユーゴスラビアについて　265-6
ダイアモンド（Diamond, Martin）　250
ダレス（Dulles, Allen）　241
ダン（Dunn, Frederick）　232, 236, 280n.79
ディギンズ（Diggins, John）　103
デューイ（Dewey, John）　103
デュランティ（Duranty, Walter）　167
ドイチュ（Deutsch, Karl）　29, 218, 231, 243
ドッド（Dodd, William）　113, 115
トマス（Thomas, Norman）　257
トルーマン（Truman, David）　18, 161-5, 280n.79
トルーマン（Truman, Harry）　157
トロッキー（Trotsky, Leon）　111；シューマンの意見　191；ハーパーの判断　184, 187

（ナ）

ナイト（Knight, Frank）　199, 294
ナフタリン（Naftalin, Arthur）　222, 257
ニーチェ（Nietzsche, Friedrich）　302
ネーザン（Nathan, Andrew）　264-5
ネイマーク（Naimark, Norman）　158

（ハ）

バーグホーン（Barghoorn, Frederick）　216
バーク（Burke, Edmund）　57, 63
バークレイ（Barclay, Thomas）　195
バージェス（Burgess, John W.）　71, 101, 194；経歴　46, 76n.24；政治理論　48-53, 67, 292-3, 303n.4；ドイツ論　12, 47-55, 70, 290
ハーツシュタイン（Herzstein, Robert）　135
ハーツバーグ（Herzberg, Donald）　249, 255
ハーパー（Harper, William Rainey）　182
ハーパー（Harper, Samuel N.）　14, 102-3, 105, 167, 170, 182-8, 192

ハーマン（Herman, Ellen） 240, 243
バーマン（Berman, Paul） 245-6
バール（Berle, Adolph） 200
パールミュッター（Perlmutter, Amos） 260
パイ（Pye, Lucian） 21, 241-50, 280n.79
ハイエク（Hayek, Friedrich） 198-201
ハイネマン（Hyneman, Charles） 257-9
ハイマン（Hyman, Herbert） 280n.79
ハウス（House, Edward M.） 89
ハウス（Hauss, Charles） 43
バクラック（Bachrach, Peter） 262
バジョット（Bagehot, Walter） 53
ハッチンス（Hutchins, Robert） 190
パットナム（Putnam, Robert） 27, 163, 299
バトラー（Butler, Nicholas M.） 125
ハナ（Hannah, John） 220
パレンティ（Parenti, Michael） 261
ハリガン（Horrigan, Fred） 219
ハルペリン（Halperin, Morton） 249
ハンチントン（Huntington, Samuel） 33-4n.14, 201-2, 276n.38；CIAの助成 272；会長講演 3-4；経歴 7, 249, 259；南アフリカ論 4-6, 260
バンフィールド（Banfield, Edward） 254
ハンフリー（Humphrey, Hubert） 223；政治学とのかかわり 249, 252, 256-60
ビアード（Beard, Charles） 108, 168, 184
ビスマルク（Bismarck, Ott von） スターリンとの比較 192-3；メリアムの 110；ウィルソンの 57
ヒルズマン（Hilsman, Roger） 280n.79
ピンズドーフ（Pinsdorf, Kate） 90-1
フーコー（Foucault, Michel） 8
プール（Pool, Ithiel de Sola） 19, 26, 90, 231, 239, 244-6, 247, 281n.90
フィシェル（Fishel, Wesley） 220-4
フィツパトリック（Fitzpatrick, Sheila） 203n.22
フェアバンク（Fairbank, John） 265
フェインソッド（Fainsod, Merle） 14, 18, 157, 165-6, 170, 175-8, 194, 231, 293

人名索引

フェスラー（Fesler, James W.）215-23
フォード（Ford, Henry）89
フォックス（Fox, Guy）221
ブラウンロー（Brownlow, Louis）114-6, 121-4, 140, 215
ブラックボーン（Blackbourn, David）42
ブラッチリー（Blachly, Frederick）57
フリードマン（Friedman, Edward）264-5
フリードリッヒ（Friedrich, Carl J.）14, 164, 231；行政論 133-4；経歴 133, 143n.2, 158-9, 166；全体主義論 133-4, 159, 169, 179；ソ連論 179-82；ナチ・ドイツ論 133-4；ニューディール論 179-82；ファシスト・イタリア論 133
フリーマン（Freeman, Edward）72
フリック（Frick, Wilhelm）128
ブリンクレー（Brinkley, Alan）200
フルウールト（Verwoerd, Hendrik）6
ブルムフィールド（Bloomfield, Lincoln）248
ブレジンスキー（Brzezinski, Zbigniew）7, 133, 157-9, 249, 259
プロイス（Preuss, Hugo）113-4, 119
ベイ（Bay, Christian）261-2
ヘイゲン（Hagen, Charles）258
ペイトマン（Pateman, Carole）266-7
ヘス（Hess, Rudolf）136
ペニマン（Penniman, Howard）256
ベルズレー（Belsley, G. Lyle）124-6
ペルタソン（Peltason, Jack）255, 258
ベントレー（Bentley, Arthur）72
ホーキンス（Hawkins, Ruth）261
ホー・チミン（Ho Chi Minh）246, 262
ボール（Ball, Terence）19, 295
ボーナー（Boerner, Alfred）124, 127-8, 137
ホッパー（Hopper, Bruce）165-6, 170-4, 186, 205n.47
ボニラ（Bonilla, Frank）280n.79
ポプキン（Popkin, Samuel）21, 246, 263
ホプフ（Hopf, Ted）29
ホフマン（Hoffmann, Stanley）249

317

ホフマン（Hoffmann, Rolf） 136
ホルコム（Holcombe, Arthur） 166
ポルスビー（Polsby, Nelson） 85, 259, 263
ポロック（Pollock, James K.） 124-9, 130, 136, 137, 143n.2
ホワイト（White, Leonard） 123

（マ）

マートン（Merton, Robert） 32
マキャヴェリ（Machiavelli, Niccolò） 148n.83
マケイン（MaCain, John） 301
マターン（Mattern, Johannes） 136
マッカーシー（MaCarthy, Joseph） 194
マッカーシー（MaCarthy, Eugene） 249
マックロスキー（McCloskey, Herbert） 257-9
マルクス（Marx, Karl） 8, 24, 31, 175；シューマンの 191；フリードリッヒの 180；メリアムの 108
マン（Mann, Thomas） 251
マンスフィールド（Mansfield, Harvey Sr.） 252
マンハイム（Mannheim, Karl） 8, 24, 31-2, 148n.79
マンロー（Munro, William B.） 176；アメリカ市政論 169；経歴 94, 143n.2, 166；スターリン論 168-9；の反セミ主義 94-6；プロシア行政論 99
ミード（Mead, Margaret） 234
ミッチェル（Mitchell, Timothy） 35n.30
ミラー（Miller, Warren） 255, 258
ミラー（Miller, James） 137
ミリカン（Millikan, Max） 243, 248
ミル（Mill, John Stuart） 267
ムーア（Moore, Barrington） 42, 55
ムッソリーニ（Mussolini, Benito） ファシスト・イタリアを参照
メイヤー（Meyer, Alfred） 160
メイン（Maine, Sir Henry） 72, 79n.59
メリアム（Merriam, Charles E.） 18, 20, 232, 278n.59；科学論 101, 109-10, 295；計画論 197-9；経歴 113-4, 132, 140, 143n.2, 166, 168；公行政論 113-5,

122-4；市民訓練／教育　20, 101-5, 161, 184, 195, 227；シューマン支援　189-90；政治権力論　106-12；ソ連論　102-5, 183-5, 195-6；第1次大戦の従軍　16, 70, 101；ファシスト・イタリア論　13, 102-5；プロパガンダへの関心　104-11, 118；ベルリンの　105；民主政論　18, 195-201, 293
モーゲンソー（Morgenthau, Hans）　189, 249, 262
モード（Mode, Walter）　221
モントゴメリー（Montgomery, John D.）　222

(ヤ)

ユーロー（Eulau, Heinz）　19, 193, 231, 255, 262

(ラ)

ラーナー（Lerner, Daniel）　19, 90, 238, 244
ライテス（Leites, Nathan）　19, 231
ライト（Wright, Quincy）　188, 194
ラスウェル（Lasswell, Harold D.）　7, 16, 21, 105, 189, 235-8, 243, 248, 256, 293；シューマン論　195；第2次大戦期の役割　19, 229-30；と反セム主義的ステレオタイプ89；と冷戦期の国家安全保障機関　218, 231, 238；プロパガンダ論　16, 120-1, 228-32
ラセット（Russett, Bruce）　217, 270-2
ラッシュ（Rush, Myron）　272
ラニー（Ranney, Austin）　252-4, 255, 259, 262
ラムル（Ruml, Beardsley）　123
リー（Lee, Ivy）　105-6
リーン（Lien, Arnold）　175-9
リグズ（Riggs, Fred W.）　219
リチャーズ（Richards, Allan）　218
リドレー（Ridley, Clarence）　121, 131
リヒテンバーガー（Lichtenberger, Henri）　125, 136
リプセット（Lipset, Seymour Martin）　26, 164, 213, 231, 243, 249, 266
リンス（Linz, Juan）　259
リンドブロム（Lindblom, Charles）　201, 266

ルーロフス（Roelofs, H. Mark） 261
ルイス（Lewis, John, Cornell） 249
ルイス（Lewis, John D., Oberlin） 138
ルヴィンソン（Levinson, Sanford） 261
ルソー（Rousseau, Jean-Jacques） 267
ルドルフ（Rudolph, Susanne） 263
ルメイ（LeMay, General Curtis） 239
レーニン（Lenin, V. I.） 111, 184
レーン（Layne, Robert E.） 262
レパウスキー（Lepawsky, Albert） 112-21, 131-2
ルメル（Rummel, Rudolph） 270
レリヴェルド（Lelyveld, Joseph） 4-6, 11
ロー（Rowe, David N.） 217
ローウェル（Lowell, A. Lawrence） 170
ローズヴェルト（Roosevelt, Franklin D.） 89, 106-7, 110, 140, 186, 198-200；の政権 139；『我が闘争』について 135
ロウィ（Lowi, Theodore） 216, 261
ロス（Ross, Dorothy） 31, 101
ロストー（Rostow, Walt W.） 246
ロックフェラー（Rockefeller, John D.） 231
ロッシュ（Roche, John） 259
ロットバーク（Rotberg, Robert） 4
ロワン（Rowan, Carl） 223
ロング（Long, Norton） 259

（ワ）

ワイドナー（Weidner, Edward） 221
ワイナー（Weiner, Myron） 241
ワルドー（Waldo, Dwight） 141

事項索引

(ア)

アジア財団　215, 260
アマースト大学　47, 70
『アメリカ社会学レビュー』　88
アメリカ情報局（USIA）　20, 219, 223, 256
『アメリカ人民と外交政策』（アーモンド）　233-6
アメリカ政治学会（APSA）　122, 249, 297；オーラル・ヒストリー・プロジェクト　85；カークパトリックのリーダーシップ　20-1, 251-63；会長と会長職　3, 8, 26, 34n.21, 70, 86, 94, 97, 100, 111, 128, 131, 133, 140, 143n.2, 166, 168, 193-4, 216, 224, 243, 249, 259, 260；中心分野　141, 215；年次大会　183, 199, 216, 261-2；副会長　121, 138, 216；ベトナム時代の混乱　253-6, 260-3；理事会　93, 121
『アメリカ政治学会誌』（APSR）　71, 175, 189, 194, 199, 259, 261；オッグの編集部　86, 91, 130, 144n.17；行動論者の編集部　252, 255, 263；創刊　70；ソ連の見解　184-6, 193；帝政ドイツの見解　70；ナチ・ドイツの見解　13, 86-8, 90-1, 119-20, 125-30, 133-9
アメリカ政治のサブフィールド　160-5, 270, 300
アメリカ戦略爆撃調査局　232
アメリカ・ベトナム友好協会（AFVN）　223
アルゼンチン　259, 268
イエール大学　22, 85, 201, 224, 231, 252, 270, 273；国際研究所　232-6, 241；政治学部　170, 215-8
イギリス　93, 107, 177, 237, 294；ウィルソンの　57-64, 69, 80n.72；ゲッテルの　70；政治発展　42-5；バージェスの　49-55；フリードリッヒの　180
イタリア　3, 16, 27, 64, 70, 101, 163, 226, 299；の共産主義　20, 232-3, 236-8, 241-2；ファシスト・イタリアも参照
イデオロギー、勝利主義的　25-6, 31, 164, 213；対立的　25, 265；調整主義とナショナリズムとの動揺　25-8, 31-2, 41, 45, 55, 69, 86, 100, 139-40, 155, 165, 173, 213-4, 227, 264-9, 290-5；の概念　8-10, 24, 32, 289；例外主義的　15, 31-2, 165, 213
イリノイ大学　93

321

インディアナ大学　219
インドネシア　219
ウィスコンシン大学　265
ウィリアムズ大学　190, 195
ウェズレアン大学　56
ウォルグリーン講座　196-7
エジプト　216
オーストラリア　61, 69
オーストリア＝ハンガリー　44, 59
オーバーリン（オベリン）大学　82n. 106, 135, 138
オランダ　49

（カ）

カーネギー財団　220；とアーモンド　239, 278n.59；とソ連研究　14
海軍調査局（ONR）　20, 239, 243, 251
海軍士官学校　173, 216
海兵隊教育センター　216-7
カリフォルニア工科大学　94, 168
カリフォルニア大学サン・ディエゴ校　247
カリフォルニア大学バークレー校　85, 121, 138
議会フェローシップ・プログラム　251, 253, 256, 258
客観性、ウェーバーの理解　9, 289；と政治学のアイデンティティ　3, 7-12, 22, 273-4, 301-2；モーゲンソーの理解　250
『共産主義のアピール』（アーモンド）　20, 236-40, 280n.79
『共産主義の諸問題』　203n.19
空軍　20, 174, 260
空軍カレッジ　7, 216；アカデミー　7；科学諮問局　239；作戦立案局　245；とソ連研究　157-8；と途上諸国の調査　213
空軍大学　20, 216, 239
軍部産業大学　7, 217
計画　18, 291；ダールとリンドブロムの　201；ハイエクの　198-9；フェインソッドの　178；フリードリッヒの　181；ホッパーの　173；メリアムの　197-9
現代世界問題研究所　170, 184

事項索引

ケンブリッジ・プロジェクト（MIT）　247-8
コーネル大学　5, 249, 272
コーポラティズム　21, 268-9
公行政、とウィルソン　63-7, 98；と途上国民　215-24；ナチ・ドイツ観　88, 112-34；の地位　17, 20-1, 73, 96-8, 140-3, 215, 290
公行政研究所（PACH）　17, 114, 116, 121-7, 132-3, 219；の閉鎖　141, 215
構成主義　28-30, 299
行動（論）革命　22, 100, 193, 214；イェールの役割　217-8；勢いの低下　270-2；カークパトリックの支援　252, 254-5
合理的選択分析　21, 247, 263-4
国際開発機構　244
国際関係分野　10, 29-31, 162, 207n.76, 244, 271, 298；シューマンの役割　108, 194
国際共産主義プロジェクト（MIT）　247-9
国際協力局（ICA）　215, 218-22
国際（世界）政治学界　128
国防省　7, 22, 236, 245；先端研究プロジェクト局も参照。
国防大学　7, 217
国防分析研究所　217
国務省　7, 194, 218-20, 236, 239, 244, 248, 256, 276n.38；と国際研究所　232；とソ連研究　157, 173, 184-5, 216；の情報部　20, 252-3
国家、ウィルソンの　56-67；1950年代の　161；1970年代の　268-9；第1次大戦後の　73；の概念（教義）　15, 18-9, 22, 23；バージェスの　48-51
国家安全保障会議　7, 223
コロンビア大学　7, 45, 54, 101, 103, 123, 125, 150n.119, 183, 265；教授の解雇　71；政治学部　166；ソ連研究　157

〈サ〉

再帰性　297-301
サイマルマティックス・コーポレーション　245-6
作戦と政策研究（OPR）　260-2
『ザ・ネーション』　166, 192
産業組織会議（CIO）　233, 257
ジェネラル・エレクトリック軍事技術計画部　217

シカゴ大学　14, 86, 89, 102, 112-3, 118, 123, 141, 150n.119, 196, 220, 226, 249, 262-3；
　　　　社会思想委員会　198；政治学部　16, 17, 100, 114, 122, 124, 132, 166, 182-99
『シカゴ・トリビューン』　112
司法省　230, 247
『市民文化』（アーモンドとバーバ）　20, 27, 164, 224-27, 239-40, 280n.79, 299
社会科学研究評議会　103, 116, 134, 224
社会コントロール　16, 18, 293
社会主義　17, 26, 163, 201, 265
従属理論　264
植民地主義、イギリスの　174, 180, 241；フランスの　178, 207n.76
諸国民の次元性（DON）プロジェクト　270
ジョンズ・ホプキンズ大学　46, 47, 71, 78n.49, 123, 136, 179
新政治学コーカス　261-3
心理戦　19, 158, 224, 228, 230-40, 242-6, 252-3, 260
心理戦略局　20, 238-40, 256
心理分析の諸方法　109, 228-9, 232, 236-7, 278n.59
スイス　49, 59, 61, 64, 69
スウェーデン　59, 174, 177
スタンフォード大学　91, 195, 224
ステレンボス大学　5-6
スペイン　61, 64, 68, 163, 259, 268
『政治学クォータリー』　103, 167
『政治経済ジャーナル』　103
政治調査研究所　131
政治と社会調査の大学間コンソーシアム　252
政治文化研究　224-8, 239, 243, 299
西部政治学会　121
世界データ分析プログラム　270
世論　233-6, 240, 246, 300
全国科学財団（NSF）　251, 256, 270
全国資源計画局　198
全国選挙研究　251
『全国都市レビュー』　121
戦時コミュニケーション研究の実験部（ラスウェル）　19, 230, 244

戦時情報局（OWI）　19, 230-1, 240
戦時生産局　216
戦時戦略局（OSS）　19, 174, 217, 252
全体主義、権威主義との区別　259-60；とソ連研究　156-60；の概念　14, 99, 156, 200；フェインソッドの見解　157-8；フリードリッヒとブレジンスキーの見解　132-4, 158-9
先端研究プロジェクト局（ARPA）　270-1；とサイマルマティックスの契約　245-6；ラセットと　217, 270
ソ連、政治学者の見解　14, 26-7, 87, 100-5, 107, 119, 133, 155-60, 165-96, 291；ロシアも参照
ソ連研究　155-60, 163, 195；の修正主義　160

(タ)

タイ（シャム）　177, 219
第1次大戦、政治学者の関与　15-6, 19, 70-1, 101, 135, 226；政治学へのインパクト　15-6, 46, 69-73, 98-9, 293
大統領行政管理委員会（ブラウンロー委員会）　115, 123-4, 140, 198, 215-6
第2次大戦、政治学者の関与　19-20, 216, 230-2, 239-40, 252；政治学へのインパクト　17, 139-43, 168, 294
『タイムズ・リテラリー・サプリメント』　184
多元主義理論　18, 21, 23, 73, 161-5, 291；ソ連への適用　160；批判　268-9
中央情報局（CIA）　7, 22, 174, 217, 221, 231, 236, 241, 244, 256, 260, 272-3, 281n.90；とＣＥＮＩＳ　20, 242-3, 248；とソ連研究　157
中国　20, 54, 102, 177, 217, 241, 264-5
中西部政治学会　93, 138
中東研究会　273
帝政（ウィルヘルム）ドイツ　11；アメリカとの対立　54, 70；ウィルソンの見解　12, 45-6, 56-69, 96-7, 290-1；学界の評価　48, 53-4, 64, 69-70, 73, 76n.18, 76n.22；公行政の見解　96-8；政治学者の一般的見解　12, 14, 41-5, 55, 68, 291；バージェスの見解　12, 45-56, 70
テネシー大学　218
テュートン（アーリア）理論　15, 23；ウィルソンの　58, 67；ナチ・ドイツの　93；の衰退　72；バージェスの　48-9, 290

325

デンマーク　177
ドイツ　3, 17, 98-9, 163, 177, 233；「特殊な道」の解釈　43, 290-2；帝政ドイツとナチ・ドイツも参照
統計局　232
東西センター　219
独ソ不可侵条約　156, 188, 192
トルーマン・ドクトリン　156-7, 194, 233
トルコ　64, 177
トロッキー主義　244, 252, 257

(ナ)

内乱、政治学へのインパクト　15, 47, 56, 101
ナチ・ドイツ　11, 200；アメリカ知識人の見解　86-90；政治学者の見解　13, 26-7, 89-96, 135-9, 194, 290-2；の公行政研究者　112-34
日本　232, 234；政治学者の見解　14-5, 42, 60, 107, 290-2
ニューディール、政治学者の関与と論評　19, 26, 134, 179-82, 198-201, 216
ニューヘブン　216；のダール　169-70
『ニューヨーカー』　273
ニューヨーク大学　261
『ニューヨーク・タイムズ』　4, 112, 167, 247, 248, 272
『ニュー・リーダー』　221
『ニュー・リパブリック』　166, 223；シューマン論文　190-3
認識論　296-7；再帰性も参照
ノースウェスタン大学　270
ノース・カロライナ大学　215

(ハ)

バージニア大学　116
ハーバード大学　3, 86, 89, 94, 123, 124, 165, 215, 222, 248, 272；公行政スクール　132, 141, 215；政治学部　132, 157, 166-82；ロー・スクール　247；ロシア研究センター　157-9, 174
パリ、のハーパー　182；のブラウンロー　115；のメリアム　113, 115-6

326

事項索引

ハイデルベルグ大学　122
ハワイ大学　219
反セム主義、アメリカにおける　86-90；政治学における　86-7, 89-96, 183
反全体主義プログラム　155, 160-5
ハンブルク、のレパウスキー　116-20
反乱対策研究、ベトナムにおける　21, 244-7；マラヤにおける241-4
比較政治分野　21, 43, 224, 243
ファシスト・イタリア　11, 200；政治学者の見解　13, 14, 28, 87, 100-5, 107, 132, 133, 292
フィリピン群島　54, 68, 219
フォード財団、とＣＩＡ　241-3；とソ連研究　157
武器管理と軍縮局　217
ブライアン・モール大学　56, 127, 130
フランクフルト学派　297
フランス　97, 107, 119, 136, 222；ウィルソンの　57-67, 80n.72, 81n.98；ゲッテルの　70；の共産主義　20, 232, 236-8, 241-2；の政治展開　41-5；バージェスの　49-51
プリンストン大学　116, 131, 150n.119, 224；国際研究センター　236, 241-51；のウィルソン　56
ブルッキングズ研究所　99, 131
プロジェクトCOMCOM　245, 248
プロパガンダ　242；アーモンドと　20, 224, 227-8, 240；カークパトリックと　252-3；と第１次大戦のキャンペーン　16, 19, 70-1, 101, 135, 183, 226；メリアムの関心　104-11, 118；ラスウェルの見解　16, 120, 228-32；レパウスキーの見解　116-20
文化自由会議　231
『紛争解決ジャーナル』　217
ベトナム戦争　7, 214；政治学者の関与　243-6；政治学者の見解　247-50；政治学へのインパクト　21-3, 160, 246, 264-72
ベルリン　90, 116, 122；ゲイザー　136；都市政治　66；バージェス　48；ブラウンロー　115, 122-3；メリアム　105, 113, 123；レパウスキー　112, 116-8
ベルリン大学　64, 76n.18, 115, 119
ペレストロイカ運動　263
ペンタゴン文書　21, 247

327

ベンディックス航空宇宙局　217
北東政治学会　216
ポリティ・データ　43, 251, 273
ボリビア　218
ポルトガル　268-9

(マ)

マカレスター大学　257
マサチューセッツ工科大学（MIT）　4, 6；国際研究センター（CENIS）　20, 241-51, 37n.48；政治学部　243；のプロジェクト・トロイ　242
マラヤ　241-4
マルクス主義　26, 163
ミシガン、の市民サービス改革　126
ミシガン州立大学　137；ベトナム派遣　220-4
ミシガン大学　86；のポロック　124, 128
南アフリカ　4-6, 11
南ベトナム、のフェスラー　216-8, 222-3；ミシガン大学の派遣　219-24；ベトナム戦争も参照
ミネソタ大学　82n.109, 137,；政治学部　71, 252, 257
民主政、アーモンドの　225, 293；ウィルソンの　59-63, 66, 292；ウィロビー（W. F.）の　131；産業の　176, 179；シューマンの　190-1, 293；シュンペーターの　18, 163, 198, 201；政治学のこだわり　3-6, 11, 22；ソ連の　178, 190-6；ダールの　18, 162-5, 196, 201, 265, 293；トルーマンの　18, 163-5；ナイトの　199；の概念変化　18, 23, 163, 168, 178, 195-201, 292-5；の量的データ　44；バージェスの　50, 292, 303n.4；ハーパーの　185-6；ハンチントンの　3-5, 201；フェインソッドの　18, 175-8, 293；ペイトマンの　266-7；メリアムの　18, 195-201, 293；リンドブロムの　266
『民主政理論序説』（ダール）　27, 161, 196, 201
民主的社会コントロール、社会コントロールを参照。
民主的平和　27, 297-9
民主党　21, 252, 256-60
メキシコ　177
メリーランド大学　273

328

モスクワ、のバーグホーン 216；のハーパー 105, 182-5, 187；のホッパー 167, 170, 173；のメリアム 184-5
モスクワ裁判 167, 187, 191

(ヤ)

ユーゴスラヴィア、政治学者の意見 265-7, 269
優生学 16, 88, 101
憂慮するアジア研究者の会 264

(ラ)

ラジオ・フリー・ヨーロッパ 245, 247
ラトガース大学 272
ランド・コーポレーション 20, 217, 231, 239
冷戦 30；政治学者の関与 20, 155-8, 213-26, 230-51, 256, 259, 273；政治学へのインパクト 17, 23, 155-65, 167-8, 194-5, 198-201, 293-4
ロシア 44, 54, 64, 71；ハーパーの見解 183-4；ソ連も参照
ロックフェラー財団 157, 230, 236

(ワ)

『我が闘争』(ヒトラー) 13, 135
ワシントン大学 85, 91
ワルシャワ、のメリアムとブラウンロー 123

訳者紹介
中谷義和（なかたに　よしかず）
1942年生まれ、立命館大学特任教授

〈主な著書と訳書〉
『アメリカ南部危機の政治論』（御茶の水書房、1979年）
『草創期のアメリカ政治学』（ミネルヴァ書房、2002年）
『アメリカ政治学史序説』（ミネルヴァ書房、2005年）
『グローバル化とアメリカのヘゲモニー』（法律文化社、2008年）
『グローバル化と国家の変容』（共編著、御茶の水書房、2009年）
B.ジェソップ『国家理論』（御茶の水書房、1994年）
D.ヘルド『民主政の諸類型』（御茶の水書房、1998年）
F.カニンガム『民主政の諸理論』（共訳、御茶の水書房、2004年）
J.G.ガネル『アメリカ政治学と政治像』（御茶の水書房、2007年）
B.ジェソップ『国家権力：戦略−関係アプローチ』（御茶の水書房、2009年）

アメリカ政治学と国際関係――論敵たちとの対応の軌跡

2010年5月25日　第1版第1刷発行

著　者　イド・オレン
訳　者　中　谷　義　和
発行者　橋　本　盛　作
発行所　株式会社　御茶の水書房
〒113-0033　東京都文京区本郷5-30-20
電話　03-5684-0751
振替　00180-4-14774

印刷／製本　㈱タスプ

Printed in Japan
ISBN978-4-275-00879-4　C3031

国家権力——戦略-関係アプローチ	ボブ・ジェソップ 著／中谷義和 訳	菊判・四三〇頁 価格四三〇〇円
グローバル化と国家の変容 立命館大学人文科学研究所研究叢書第一八輯	ボブ・ジェソップ 著／中谷義和 訳	菊判・四五〇頁 価格七〇〇〇円
グローバル化とリージョナリズム 立命館大学人文科学研究所研究叢書第一九輯	中谷義和 編	A5判・四五〇頁 価格五六〇〇円
資本主義国家の未来	篠田武司／松下冽 編	A5判・四五〇頁 価格五六〇〇円
国家理論——資本主義国家を中心に	ボブ・ジェソップ 著／中谷義和 監訳	菊判・六二〇頁 価格六二〇〇円
民主政の諸類型	ボブ・ジェソップ 著／中谷義和 訳	菊判・四五〇頁 価格四五〇〇円
民主政の諸理論	デヴィッド・ヘルド 著／中谷義和 訳	菊判・六二〇頁 価格八二〇〇円
二十一世紀の民主政	フランク・カニンガム 著／中谷義和・松井暁 訳	菊判・五二四頁 価格七八〇〇円
グローバル化と現代国家	フィリップ・レズニック 著／中谷義和 訳	菊判・三九〇頁 価格六〇〇〇円
アメリカ政治学と政治像	安本典夫 編	A5判・二五〇頁 価格二八〇〇円
民主主義と支配	ジョン・G・ガネル 著／中谷義和 訳	A5判・三三〇頁 価格四八〇〇円
	アレックス・デミロヴィッチ 著／仲正昌樹・中村隆一・古賀遥 訳	菊判・四〇〇頁 価格六〇〇〇円
		A5判・三五〇頁 価格三八〇〇円

御茶の水書房
（価格は消費税抜き）